Carl Honoré

Pochwała powolności

Jak zwolnić tempo
i cieszyć się życiem

Carl Honoré

Pochwała powolności

Jak zwolnić tempo i cieszyć się życiem

przełożył **Krzysztof Umiński**

tytuł oryginału
In Praise of Slow

koncepcja graficzna i zdjęcia na okładce
Michał Batory

zdjęcie Autora na okładce
Randy Quan

redakcja i korekta
Bogna Piotrowska

przygotowanie do druku
PressEnter

Drzewo Babel
ul. Litewska 10/11 • 00-581 Warszawa
www. drzewobabel. pl
listy@drzewobabel.pl

ISBN : 978-83-89933-23-2

Dla Mirandy, Benjamina i Susannah

W życiu chodzi o coś więcej
niż zwiększanie jego tempa

GANDHI

WSTĘP

WŚCIEKŁE CZASY

*Ludzie rodzą się i żenią, żyją i umierają,
wśród zgiełku tak obłędnego, że można by sądzić,
iż doprowadzi ich do szaleństwa.*

WILLIAM DEAN HOWELLS, 1907

Jest lato 1985 roku, krajobraz zblakł w popołudniowym słońcu, mam kilkanaście lat i moja podróż po Europie właśnie utknęła w martwym punkcie na placu na przedmieściach Rzymu. Powrotny autobus do miasta spóźnia się dwadzieścia minut i nadal go nie widać. Ale nie przejmuję się opóźnieniem. Zamiast krążyć nerwowo po chodniku lub dzwonić na skargę do biura przewoźnika, wkładam na uszy walkmana, wyciągam się na ławce i słucham Simona i Garfunkela, którzy śpiewają, jak wspaniale jest zwolnić i cieszyć się chwilą. Każdy szczegół tamtej sceny jest wyryty w mojej pamięci: dwóch małych chłopców kopie piłkę koło średniowiecznej fontanny; gałęzie drzewa ocierają się o szczyt kamiennego muru; stara wdowa wraca do domu z siatką warzyw.

Przewijam taśmę o piętnaście lat w przód: wszystko uległo zmianie. Scena przenosi się na ruchliwe rzymskie lotnisko Fiumicino, a ja jestem korespondentem zagranicznym i pędzę, by zdążyć na powrotny lot do Londynu. Zamiast jak w piosence kopać kamyk i czuć się *groovy*, gnam przez halę odlotów, po cichu przeklinając każdego, kto idąc nieco wolniej, stanie mi na drodze. Zamiast słuchać muzyki folkowej na tanim walkmanie, rozmawiam przez telefon komórkowy z redaktorem, który znajduje się tysiące kilometrów ode mnie.

Po dotarciu do bramek ustawiam się na końcu długiej kolejki. Do roboty nie ma tu nic poza – hm, poza nieróbstwem. Tyle że ja już nie potrafię nic nie robić. Aby czekanie było bardziej produktywne i mniej przypominało czekanie, zaczynam wertować gazetę. Nagle w oczy rzuca mi się artykuł, który koniec końców zainspiruje mnie do napisania książki o powolności. Słowa, które przykuły mój wzrok, brzmiały: „Jednominutowa bajka na dobranoc". Chcąc pomóc rodzicom w czasochłonnym zajmowaniu się małymi dziećmi, grono autorów wypreparowało sześćdziesięciosekundowe streszczenia klasycznych bajek. Wyobraźcie sobie połączenie Hansa Christiana Andersena z poetyką korporacyjnego briefingu. W pierwszym odruchu mam ochotę wykrzyknąć „Eureka!". W tym właśnie czasie prowadzę zażarte spory z moim dwuletnim synem, który preferuje długie historie, czytane w łagodnym tempie, z dygresjami. Mimo to każdego wieczora podsuwam mu najkrótsze książeczki i przelatuję je jak najprędzej. Kłócimy się często. „Czytasz za szybko!" – krzyczy. „Chcę jeszcze jedną bajkę!" – domaga się, kiedy zmierzam do drzwi. Z jednej strony, kiedy przyspieszam bieg dobranockowego rytuału, czuję się strasznym egoistą, z drugiej zwyczajnie nie umiem pohamować impulsu, by pędzić do kolejnych zajęć, jakie mam w planie – do kolacji, maili, lektur, rachunków, dalszej pracy, oglądania wiadomości w telewizji. Długie, leniwe przechadzki po świecie Kota Prota nie wchodzą w grę. Są zbyt powolne.

Dlatego też w pierwszej chwili kolekcja Jednominutowych Bajek wydaje się zbyt piękna, by mogła być prawdziwa. Cóż lepszego niż odbębnić sześć lub siedem „bajek" i zmieścić się w dziesięciu minutach? Później, kiedy zaczynam rozmyślać, jak szybko Amazon może mi przesłać pełen zestaw, nadchodzi otrzeźwienie, które przybiera formę pytania: czy już do reszty oszalałem? Kolejka podróżnych zbliża się zawijasami do kontroli biletów, a ja odkładam gazetę i zaczynam się zastanawiać. Całe moje życie zmieniło się w trening pospiesznego upychania jak największej liczby zajęć w każdą godzinę. Jestem Dickensowskim Scrooge'em ze stoperem w dłoni. Obsesyjnie próbuję zaoszczędzić każdy najmniejszy okruch czasu, kilka sekund tu, jedna minuta tam. I nie jestem w tym osamotniony. Wszyscy dookoła – przyjaciele, koledzy, rodzina – zostali wciągnięci przez ten sam wir.

W 1982 roku amerykański lekarz Larry Dossey ukuł pojęcie *time-sickness* – „choroby niedoczasu" – którym posłużył się, aby opisać obsesyjne przekonanie, że „czas ucieka, jest go za mało i trzeba pędzić coraz szybciej, aby dotrzymać kroku". Dziś cały świat cierpi na niedoczas. Wszyscy wyznajemy kult prędkości. Stojąc w tamtej kolejce na powrotny lot do Londynu, zaczynam zmagać się z pytaniami, które stanowią sedno tej książki: dlaczego zawsze tak się nam spieszy? Jakie jest remedium na chorobę niedoczasu? Czy można i czy w ogóle warto zwolnić tempo?

Dziś, w początkach XXI wieku, wszystko i wszyscy znajdują się pod presją, by przyspieszać. Nie tak dawno założyciel i przewodniczący Światowego Forum Ekonomicznego Klaus Schwab w brutalnych słowach wyartykułował konieczność pośpiechu: „Przechodzimy od epoki, w której duży pożera małego, do epoki, w której szybki pożera wolnego". Echo tego ostrzeżenia rozbrzmiewa daleko poza granicami darwinistycznego świata handlu. W tej ruchliwej i rozpędzonej epoce wyścig z czasem jest wszechobecny. Brytyjski psycholog Guy Claxton uważa, że pośpiech stał się naszą drugą naturą: „Wykształciliśmy wewnętrzną psychologię prędkości, oszczędzania czasu i maksymalizowania skuteczności. Nasila się to z każdym dniem". 11

Lecz oto nadeszła pora, by rzucić wyzwanie naszej obsesji robienia wszystkiego szybciej. Prędkość nie zawsze jest najlepszą strategią. Ewolucja przebiega podług zasady przetrwania najsprawniejszych, a nie najszybszych. Przypomnijcie sobie, kto wygrał wyścig: żółw czy zając? W miarę jak pędzimy przez życie, faszerując zajęciami każdą godzinę, naginamy własne możliwości aż do punktu, w którym coś musi pęknąć.

Zanim jednak pójdziemy dalej, należy jasno powiedzieć jedną rzecz: ta książka nie jest wypowiedzeniem wojny szybkości. Szybkość pomogła zmienić nasz świat w cudowny i wyzwalający sposób. Kto chciałby żyć bez Internetu albo samolotów? Problem polega na tym, że nasza miłość do szybkości i obsesja, by ciągle robić więcej i więcej w coraz krótszym czasie, zaszła za daleko; stała się uzależnieniem, czymś na kształt bałwochwalstwa. Ale nawet gdy szybkość daje poznać swoje złe strony, intonujemy mantrę przyspieszenia. Nie wyrabiasz się z pracą? Załóż sobie szybszy Internet. Brak ci czasu na książkę, którą dostałeś na Boże Narodzenie? Zapisz się na kurs szybkiego czytania. Dieta nie działa? Zrób sobie liposukcję. Nie masz czasu gotować? Kup mikrofalówkę. A jednak pewnych spraw nie można i nie należy przyspieszać. Są rzeczy, które potrzebują czasu, wymagają spowolnienia. Spieszenie się w sytuacjach, gdzie pośpiech jest niewskazany i zapominanie, czym jest wolniejsze tempo, ma swoją cenę.

Argumenty przeciw prędkości zaczynają się od gospodarki. Współczesny kapitalizm wytwarza zawrotne bogactwo, lecz robi to kosztem pochłaniania zasobów naturalnych w tempie tak szalonym, że Matka Natura nie nadąża z ich odnawianiem. Każdego roku wycina się tysiące hektarów lasów amazońskich, a nadmiernie intensywne połowy trałowe sprawiły, że jesiotr, antar patagoński i wiele innych ryb trafiło na listę gatunków zagrożonych. Kapitalizm pędzi tak szybko, że szkodzi nawet sam sobie, jako że presja, by przegonić innych, powoduje, że pozostaje zbyt mało czasu na kontrolę jakości. Weźmy przykład branży informatycznej. W ostatnich latach producenci oprogramowania notorycznie wypuszczają swoje wytwory na rynek, zanim zostaną one w pełni przetestowane. Efektem jest epidemia awarii, błędów oprogramowania i usterek, które co roku przynoszą przedsiębiorstwom straty liczone w miliardach dolarów.

Następnie mamy ludzkie koszty turbokapitalizmu. W dzisiejszych czasach to raczej my istniejemy dla gospodarki niż na odwrót. Długie godziny spędzane w pracy sprawiają, że jesteśmy mało produktywni, podatni na błędy, chorzy i nieszczęśliwi. Gabinety lekarskie pełne są osób dotkniętych chorobami wywoływanymi przez stres – bezsennością, migrenami, nadciśnieniem, astmą i dolegliwościami żołądkowo-jelitowymi, by wymienić zaledwie kilka. Dzisiejsza kultura pracy podkopuje także nasze zdrowie psychiczne. „Kiedyś wypalenie występowało przede wszystkim u ludzi powyżej czterdziestki – opowiada *life coach* pracujący w Londynie. – Dziś odwiedzają mnie pacjenci trzydziestoparoletni czy nawet dwudziestoparoletni, którzy są całkowicie wypaleni".

Ta etyka pracy, która przy stosowaniu z umiarem może być zdrowa, wymyka się spod kontroli. Weźmy rozprzestrzeniającą się epidemię „niedoczynności urlopowej", czyli niechęci do brania porządnego urlopu wypoczynkowego. W ankiecie przeprowadzonej przez firmę Reed wśród pięciu tysięcy brytyjskich pracowników, 60% badanych zadeklarowało, że w 2003 roku nie wykorzystali w pełni przysługującego im urlopu. Przeciętny Amerykanin nie wykorzystuje do jednej piątej swojego płatnego urlopu. Nawet choroba nie jest już w stanie powstrzymać współczesnego pracownika przed zjawieniem się w biurze: jeden na pięciu Amerykanów przychodzi do pracy wówczas, kiedy powinien leżeć pod pierzyną albo zasięgać porady u lekarza.

Aby przekonać się, dokąd prowadzi takie zachowanie, wystarczy rzucić okiem na budzący dreszcze przykład Japonii, gdzie istnieje specjalne słowo – *karoshi* – oznaczające „śmierć z przepracowania". Jedną z najsłynniejszych ofiar *karoshi* był Kamei Shuji, robiący zawrotną karierę makler, który za czasów japońskiego boomu giełdowego późnych lat osiemdziesiątych rutynowo pracował po 90 godzin w tygodniu. Firma Shujiego wychwalała pod niebiosa jego nadludzką kondycję w newsletterach i folderach szkoleniowych, stawiając go wszystkim pracownikom za wzorzec do naśladowania. W ramach rzadkiego odstępstwa od japońskich obyczajów poproszono go, by prowadził dla starszych kolegów szkolenia z zakresu sprzedaży, co obarczyło dodatkowym stresem jego ramiona obleczone w korporacyjny garnitur. Gdy w 1989 roku pękła japońska bańka giełdowa, Shuji zaczął spędzać jeszcze więcej czasu w pracy, aby nadrobić straty. W 1990 roku nagle zmarł na zawał serca. Miał 26 lat.

Choć dla niektórych historia Shujiego niesie ostrzegawczy morał, kult pracy do upadłego jest wciąż głęboko zakorzeniony w Japonii. Raport przygotowany przez rząd w 2001 roku podawał, że ofiarą *karoshi* padły 143 osoby. Niektórzy szacują roczną liczbę zgonów z przepracowania w Japonii na tysiące.

Jednak na długo zanim *karoshi* rozgości się gdzieś na dobre, wypalenie pracowników ma złe skutki dla wyników finansowych. National Safety Council (Narodowa Rada Bezpieczeństwa USA)[1] ocenia, że na skutek stresu związanego z wykonywaniem zawodu codziennie milion Amerykanów nie idzie do pracy, co dla gospodarki oznacza roczne straty w wysokości ponad 150 miliardów dolarów. W 2003 roku stres wyprzedził ból pleców jako główny powód absencji w Wielkiej Brytanii.

Przepracowanie szkodzi zdrowiu także na inne sposoby. Człowiek, który pracuje zbyt dużo, ma za mało czasu i energii na ćwiczenia fizyczne i jest bardziej skłonny przesadzać z alkoholem i jeść gotowe dania. To nie przypadek, że najszybsze nacje są zarazem najbardziej otyłe. Odsetek Amerykanów z kliniczną otyłością sięga dziś jednej trzeciej, a Brytyjczyków – jednej piątej społeczeństwa. Nawet Japonia przybiera na wadze. W 2002 roku ogólnonarodowe badania nad odżywianiem wykazały, że co trzeci japoński mężczyzna powyżej trzydziestki ma nadwagę.

---

[1] National Safety Council, amerykańska organizacja pozarządowa zajmująca się ochroną życia i zdrowia obywateli USA. Nie należy mylić jej z National Security Council (Radą Bezpieczeństwa Narodowego Stanów Zjednoczonych), która jest organem administracji państwowej odpowiadającym za bezpieczeństwo i obronę państwa. [Jeśli nie podano inaczej, przypisy pochodzą od tłumacza].

By dotrzymać tempa nowoczesnemu światu i zachować odpowiednią prędkość, wielu ludzi sięga po środki pobudzające mocniejsze niż kawa. Ulubionym stymulantem pracowników biurowych pozostaje kokaina, ale skutecznie z nią konkurują różne odmiany amfetaminy, zwanej także „speedem". W Ameryce przyjmowanie narkotyków w miejscu pracy wzrosło od 1998 roku o 70%. Wielu pracowników preferuje krystaliczną metamfetaminę, zapewniającą nagły przypływ euforii i wyostrzonej percepcji, które utrzymują się przez cały dzień. Narkotyk ten oszczędza też użytkownikowi żenującej gadatliwości towarzyszącej często wciąganiu koksu. Szkopuł w tym, że silniejsze odmiany speeda uzależniają bardziej niż heroina, a zjazd z działki może wywoływać depresję, wzburzenie i agresywne zachowania.

Jednym z powodów, dla których potrzebujemy środków pobudzających, jest to, że za mało śpimy. Wskutek obfitości obowiązków i niedoboru czasu przeciętny Amerykanin śpi dziś średnio o dziewięćdziesiąt minut mniej niż sto lat temu. W południowej Europie, duchowej ojczyźnie *la dolce vita*, popołudniowa sjesta odeszła w niepamięć śladami tradycyjnej pracy od dziewiątej do dziewiętnastej: tylko 7% Hiszpanów ma wciąż czas na poobiednią drzemkę. Niedobór snu może szkodzić układowi krążenia i układowi odpornościowemu, wywoływać cukrzycę i choroby serca, powodować niestrawność, drażliwość oraz depresję. Jeżeli ktoś śpi mniej niż sześć godzin na dobę, naraża się na zaburzenia mowy, koordynacji ruchowej, oceny sytuacji oraz spowolnienie reakcji. Przemęczenie miało swój udział w najstraszniejszych katastrofach naszych czasów – wybuchu w Czarnobylu, wycieku ropy z tankowca „Exxon Valdez", wypadku w elektrowni Three Mile Island, uwolnieniu gazu w fabryce Union Carbide w Bhopalu i eksplozji promu kosmicznego „Challenger".

Senność powoduje więcej wypadków samochodowych niż alkohol. W niedawnym badaniu przeprowadzonym przez Gallupa 11% brytyjskich kierowców przyznało, że zdarza im się zasnąć za kierownicą. Badania US National Commission on Sleep Disorders (amerykańskiej Narodowej Komisji do Spraw Zaburzeń Snu) składają odpowiedzialność za połowę wszystkich wypadków drogowych na zmęczenie. Dodajmy do tego nasze zamiłowanie do naciskania na pedał gazu i masakra gotowa. Roczna liczba śmiertelnych ofiar wypadków drogowych na całym świecie wynosi dziś 1,3 miliona, czyli ponad dwukrotnie więcej niż w 1990 roku. Chociaż lepsze normy bezpieczeństwa przyczyniają się w krajach rozwiniętych do zmniejszenia liczby śmiertelnych wypadków, ONZ przewiduje, że do 2020 roku ruch drogowy stanie się trzecią najczęstszą przyczyną śmierci na świecie. Już dziś na europejskich drogach rocznie ginie ponad 40 tysięcy ludzi, a 1,6 miliona odnosi obrażenia.

Nasza niecierpliwość sprawia, że nawet czas wolny staje się groźniejszy. Co roku miliony ludzi na całym świecie odnoszą kontuzje podczas uprawiania sportu lub w trakcie treningu na siłowni. Ćwiczy się zbyt szybko, zbyt intensywnie, a pewne wyzwania podejmuje się zbyt wcześnie. Dotyczy to nawet jogi. Niedawno moja znajoma nadwerężyła sobie kark podczas próby stanięcia na głowie – jej ciało nie było jeszcze gotowe na tę pozycję. Innym przydarzają się gorsze przygody. W Bostonie w stanie Massachusetts niecierpliwy nauczyciel złamał swojej uczennicy miednicę, kiedy zbyt mocno dociskał ją podczas wchodzenia do szpagatu. Pewien trzydziestokilkuletni mężczyzna na dobre stracił czucie w odcinku prawego uda po zerwaniu nerwu w trakcie sesji jogi w modnej szkole na Manhattanie.

Życie w pośpiechu w nieunikniony sposób staje się płytkie. Kiedy pędzimy przed siebie, ślizgamy się po powierzchni i nie nawiązujemy prawdziwych relacji z ludźmi i otaczającym nas światem. Jak pisał Milan Kundera w *Powolności*, minipowieści opublikowanej w 1996 roku: „Kiedy rzeczy dzieją się zbyt szybko, nikt nie może być niczego pewien, nawet siebie samego"[1]. Wszystko to, co nas łączy i sprawia, że warto żyć – społeczność lokalna, rodzina, przyjaciele – żywi się pokarmem, którego zawsze nam brakuje: czasem. W niedawnej ankiecie ICM połowa dorosłych Brytyjczyków stwierdziła, że z powodu napiętego terminarza tracą kontakt z przyjaciółmi.

Zastanówmy się, jak niszczący wpływ na życie rodzinne wywiera ciągłe zasuwanie po najszybszym pasie codzienności. W czasach gdy wszyscy dookoła gdzieś pędzą, karteczki przyklejane na lodówce stają się w wielu domach główną formą komunikacji. Według danych opublikowanych przez rząd brytyjski, przeciętny rodzic spędza dwukrotnie więcej czasu sprawdzając pocztę i wysyłając maile niż bawiąc się ze swoim dzieckiem. W dzisiejszej Japonii rodzice zapisują dzieci do centrów opieki czynnych przez dwadzieścia cztery godziny na dobę. W całym uprzemysłowionym świecie dzieci wracają ze szkoły do pustych domów, gdzie nie ma nikogo, kto by posłuchał ich opowieści i dowiedział się o ich problemach, sukcesach i obawach. W 2000 roku 73% uczestników ankiety przeprowadzonej przez „Newsweek" wśród amerykańskiej młodzieży twierdziło, że rodzice spędzają za mało czasu ze swoimi nastoletnimi dziećmi.

Być może to właśnie dzieci cierpią najbardziej na skutek orgii pośpiechu. Dorastają szybciej niż kiedykolwiek wcześniej. Wiele z nich jest tak samo zabieganych jak rodzice i gna przez labirynt planu wypchanego przeróżnymi zajęciami, od korepetycji po lekcje gry na fortepianie i treningi piłkarskie. Ten stan celnie podsumowywał pewien rysunek satyryczny: dwie dziewczynki stoją na przystanku szkolnego autobusu, każda wertuje swój kalendarzyk. Jedna mówi do drugiej: „Okay, przesunę balet o godzinę do tyłu, przełożę gimnastykę i odwołam fortepian... ty przeniesiesz skrzypce na czwartek i urwiesz się z piłki... w ten sposób w środę będziemy mieć czas od 15:15 do 15:45, żeby się pobawić".

[1] Milan Kundera, *Powolność*, przeł. Marek Bieńczyk, PIW, Warszawa 1997. [Jeżeli nie podano źródła polskiego przekładu, cytat został przełożony przez tłumacza].

Kiedy dziecko żyje w tempie ambitnego, dynamicznego dorosłego, zostaje mu niewiele czasu na najważniejsze zajęcia dzieciństwa: wygłupy z przyjaciółmi, zabawę bez nadzoru dorosłych i marzenia. Odbija się to również na jego zdrowiu, jako że dzieci są jeszcze mniej przystosowane do radzenia sobie ze stresem i brakiem snu, które stanowią koszt wypełnionego obowiązkami, pospiesznego życia. Gabinety psychologów zajmujących się nerwicą u młodzieży są pełne małych pacjentów, mających nieraz po pięć lat, którzy cierpią na bóle żołądka i głowy, bezsenność, depresję i zaburzenia odżywiania. W wielu uprzemysłowionych krajach rośnie liczba samobójstw wśród nastolatków. Trudno się temu dziwić, zważywszy z jakim obciążeniem wielu z nich styka się w szkole. W 2002 roku siedemnastoletnia Louise Kitching z Lincolnshire w Anglii wybiegła z płaczem z sali egzaminacyjnej. Ta wzorowa uczennica miała właśnie podejść do piątego egzaminu tamtego dnia. Przerwy pomiędzy kolejnymi testami wynosiły zaledwie dziesięć minut.

18

Jeśli się nie opamiętamy, kult szybkości może przybrać ostrzejszą formę. Kiedy każdy wybiera prędkość, przewaga wynikająca z pośpiechu znika i jesteśmy zmuszeni podkręcać tempo. Ostatecznie lądujemy w sytuacji wyścigu zbrojeń, gdzie bronią jest szybkość, a wszyscy wiemy, jak kończą się wyścigi zbrojeń: w posępnym impasie Wzajemnie Zagwarantowanego Zniszczenia.

I tak zdążyliśmy już ponieść duże straty. Nie umiemy wypatrywać czegoś z utęsknieniem i odczuwać przyjemności, gdy to coś nadejdzie. Restauratorzy donoszą, że coraz więcej zapracowanych klientów płaci rachunek i zamawia taksówkę, zanim skończą deser. Wielu kibiców opuszcza trybuny przed końcem zawodów, bez względu na to, jak emocjonująca jest końcówka, po to tylko, by wyprzedzić innych w pomeczowym korku. No i jeszcze ta piekielna wielozadaniowość. Wydaje się, że to takie inteligentne, nowoczesne i wydajne robić dwie rzeczy jednocześnie. A jednak często okazuje się, że w rezultacie żadna z czynności nie została wykonana dobrze.

Jak wielu innych ludzi czytam gazetę przed telewizorem i widzę, że wynoszę mniej i z jednego, i z drugiego. W przesyconej mediami i napakowanej danymi epoce gier komputerowych i skakania po kanałach zatracamy sztukę nicnierobienia, odcinania się od zewnętrznych hałasów i zakłóceń i przebywania sam na sam z własnymi myślami. Nuda – samo to słowo rzadko pojawiało się 150 lat temu – jest nowoczesnym wynalazkiem. Wystarczy, że znikną wszystkie narzucone zewnętrznie zajęcia, a już zaczynamy się wiercić i w panice wypatrywać czegoś, czegokolwiek, co pozwoli nam wykorzystać ten czas. Kiedy ostatni raz zdarzyło wam się widzieć kogoś, kto w pociągu po prostu gapiłby się przez okno? Wszyscy są zbyt zajęci wertowaniem gazety, graniem na game boyu, słuchaniem iPoda, stukaniem w klawiaturę laptopa lub trajkotaniem przez telefon komórkowy.

Zamiast zastanowić się nad czymś głęboko lub pozwolić, by jakaś myśl dojrzewała niespiesznie z tyłu głowy, instynktownie rozglądamy się za najbliższym telewizorem czy innym środkiem przekazu i serwowanymi przezeń strzępkami informacji. Podczas relacjonowania dzisiejszych wojen studyjni eksperci i terenowi korespondenci wypluwają z siebie analizy bieżących zdarzeń równolegle z ich rozwojem. Często ich diagnozy okazują się błędne, ale w dzisiejszych czasach w zasadzie nie ma to znaczenia: w krainie prędkości królem jest ten, kto zareaguje najszybciej. W epoce transmisji satelitarnych i całodobowych kanałów informacyjnych w mediach elektronicznych rządzi postać, którą pewien francuski socjolog ochrzcił mianem „*fast thinkera*"[1] – to ktoś, kto bez sekundy wahania potrafi udzielić gładkiej i powierzchownej odpowiedzi na każde pytanie.

W pewnym sensie wszyscy jesteśmy *fast thinkerami*. Trawi nas tak zajadła niecierpliwość, że – jak to

19

---

[1] Pierre Bourdieu, *O telewizji: panowanie dziennikarstwa*, przeł. Karolina Sztandar-Sztanderska i Anna Ziółkowska, PWN, Warszawa 2009. *Fast thinker* znaczy dosłownie „szybki myśliciel". Autorki polskiego przekładu zachowały anglojęzyczny termin ukuty przez francuskiego uczonego.

dowcipnie ujęła aktorka i pisarka Carrie Fisher – „nawet natychmiastowa gratyfikacja nie jest wystarczająco natychmiastowa". To nastawienie częściowo tłumaczy chroniczną frustrację kłębiącą się pod powierzchnią współczesnego życia. Wrogiem staje się każdy człowiek i każde zjawisko, które staje nam na drodze, spowalnia nas i sprawia, że nie dostajemy tego, co chcemy i kiedy chcemy. Dziś najmniejsze potknięcie, najdrobniejsze opóźnienie, najdyskretniejszy przejaw opieszałości może wywoływać ataki dzikiej furii u ludzi, którzy są poza tym całkowicie normalni.

Można przytoczyć setki anegdot ilustrujących ten stan rzeczy. W Los Angeles mężczyzna wszczyna bójkę przy kasie w supermarkecie, ponieważ stojący przed nim klient zbyt wolno pakuje swoje warzywa. Kobieta w Londynie zarysowuje lakier na samochodzie, który wyprzedził ją w poszukiwaniu miejsca parkingowego. Pracownik rangi kierowniczej rzuca się na stewardesę, gdy okazuje się, że jego samolot musi przez dodatkowych dwadzieścia minut pokrążyć nad Heathrow przed wylądowaniem. „Chcę lądować teraz! – drze się jak rozpieszczone dziecko. – Teraz! Teraz! Teraz!".

Furgonetka dostawcza zatrzymuje się przed domem mojego sąsiada, zmuszając jadące za nią samochody, by zaczekały, aż kierowca wyładuje niewielki stół. W przeciągu minuty czterdziestoparoletnia biznesmenka z pierwszego auta zaczyna miotać się na siedzeniu, wymachuje ramionami, rzuca głową w przód i w tył. Z uchylonego okna dobiega jej niski, gardłowy skowyt. Wygląda to jak scena z *Egzorcysty*. Uznaję, że musiała dostać ataku epilepsji i zbiegam po schodach na pomoc. Ale kiedy docieram na chodnik, okazuje się, że po prostu ogarnęła ją irytacja z powodu konieczności czekania. Wychyla się przez okno i wrzeszczy, nie zwracając się do żadnego konkretnego odbiorcy: „Rusz tę furgonetkę, bo cię, kurwa, zajebię!". Dostawca wzrusza ramionami, jak gdyby widział taką scenę tysiąc razy, siada za kierownicą i odjeżdża. Otwieram usta, chcąc wyjaśnić Wrzeszcącej Kobiecie, że nie warto się denerwować, ale moje słowa głuszy pisk opon szorujących po asfalcie.

Takie są właśnie konsekwencje naszej obsesji szybkości i oszczędzania czasu – wściekłość na drodze, wściekłość w samolocie, wściekłość na zakupach, wściekłość w związku, wściekłość w biurze, wściekłość na wakacjach, wściekłość na siłowni. Szybkość sprawia, że żyjemy we wściekłych czasach.

Po tym jak na rzymskim lotnisku doznałem oświecenia, wracam do Londynu z misją: zbadać cenę szybkości i szanse na spowolnienie w świecie ogarniętym obsesją przyspieszania. Wszyscy wyrzekamy na opętańcze plany dnia, ale czy ktokolwiek podejmuje jakieś kroki zaradcze? Otóż okazuje się, że tak. Gdy reszta świata z rykiem pruje naprzód, pewna spora i wciąż rosnąca mniejszość postanowiła nie robić wszystkiego na pełnym gazie. Buntownicy ci podjęli się niemożliwego: w każdej dziedzinie ludzkiego życia, jaką można sobie wyobrazić – od seksu i pracy, przez ćwiczenia fizyczne i jedzenie po medycynę i urbanistykę – starają się znaleźć przestrzeń dla powolności. Dobra nowina brzmi: to działa. Na przekór kasandrycznemu mamrotaniu handlarzy prędkości, „wolniejsze" często oznacza „lepsze" – lepsze zdrowie, lepszą pracę, lepszy biznes, lepsze życie rodzinne, lepszy trening, lepszą kuchnię i lepszy seks.

Już to kiedyś przerabialiśmy. W XIX wieku ludzie w podobny sposób jak my dzisiaj stawiali opór presji przyspieszania. Związki zawodowe domagały się więcej czasu wolnego. Zestresowani mieszkańcy miast poszukiwali na wsi schronienia i odnowy. Malarze i poeci, pisarze i rzemieślnicy rozglądali się za metodami ocalania estetyki powolności w epoce maszyn. Dziś jednak reakcja sprzeciwu wobec szybkości trafia do głównego nurtu i zyskuje nieznaną wcześniej intensywność. Opór zaczyna się oddolnie: w kuchni, w biurze, sali koncertowej, fabryce, na siłowni, w sypialni, na osiedlu, w galerii sztuki, szpitalu, centrum rozrywki i szkole, blisko ciebie.

Coraz więcej ludzi odrzuca bezwzględny aksjomat głoszący, że szybsze jest lepsze. W ich licznych i różnorodnych działaniach na rzecz spowolnienia leżą podwaliny światowego ruchu *slow*. Nadeszła pora, by zdefiniować kluczowe pojęcia. W tej książce Szybkość i Powolność opisują więcej niż tylko tempo przemiany. Stanowią skrót myślowy wyrażający pewien stosunek do rzeczywistości czy też pewne filozofie życia. Szybkość jest ruchliwa, nacechowana żądzą kontroli, agresywna, pobieżna, analityczna, zestresowana, niecierpliwa, aktywna, przyznaje pierwszeństwo ilości nad jakością. Powolność przeciwnie – spokojna, uważna, otwarta na otoczenie, nieruchoma, zawierzająca intuicji, niespieszna, cierpliwa, refleksyjna, przedkłada jakość nad ilość. Jej istotą jest nawiązywanie prawdziwych i obdarzonych sensem relacji z ludźmi, kulturą, pracą, jedzeniem – ze wszystkim. Paradoks tkwi w tym, że Powolność nie zawsze jest powolna. Jak się przekonamy, wykonanie pewnej czynności Powolną metodą często przynosi szybsze rezultaty. Można też działać szybko, choć w tym samym czasie nasz umysł pozostaje Powolny. Sto lat po tym, jak Rudyard Kipling zalecał, by zachować głowę wtedy, gdy inni ją tracą, ludzie uczą się zachowywać spokój i wewnętrzną Powolność wobec naglącego terminu w pracy lub wtedy, gdy spieszą się, by na czas zawieźć dzieci do szkoły. Jednym z celów tej książki jest pokazanie, jak to robią.

Wbrew twierdzeniom niektórych krytyków ruch powolnościowy nie polega na tym, by wszystko robić w ślimaczym tempie. Nie chodzi także o luddystyczne próby zaprowadzenia na całej planecie jakiejś przedprzemysłowej utopii. Przeciwnie, ruch ten tworzą ludzie tacy jak wy czy ja, ludzie, którzy pragną lepiej żyć w szybkim współczesnym świecie. Dlatego filozofia Powolności zawiera się w jednym słowie: równowaga. Bądźcie szybcy, gdy szybkość jest wskazana, bądźcie powolni, gdy sytuacja wymaga powolności. Postarajcie się odnaleźć w życiu to, co muzycy nazywają *tempo giusto* – właściwe tempo.

Jednym z czołowych rzeczników spowolnienia jest Carlo Petrini, włoski założyciel międzynarodowego ruchu Slow Food, który propaguje wielce cywilizowaną ideę głoszącą, że nasze pożywienie powinno być hodowane, przygotowywane i zjadane bez pośpiechu. Choć zasadniczym polem bitwy jest stół kuchenny, to w Slow Food chodzi o wiele więcej niż tylko pretekst do długich obiadów. Manifest grupy stanowi wezwanie do walki ze wszystkimi formami kultu prędkości: „Nasze stulecie, które rozpoczęło się i ubiegło pod znakiem cywilizacji przemysłowej, wymyśliło maszynę i przyjęło ją za wzór swojego stylu życia. Jesteśmy niewolnikami prędkości i wszyscy ulegliśmy podstępnemu wirusowi, jakim jest *Fast Life* (szybkie życie), które burzy nasze przyzwyczajenia, zakłóca naszą prywatność w domach i zmusza nas do objadania się Fast Foodami"[1].

Z Petrinim spotykam się w skwarne letnie popołudnie w Bra, małym piemonckim miasteczku, gdzie mieści się główna siedziba Slow Food. Jego przepis na życie ma krzepiąco nowoczesny wydźwięk. „Jeżeli zawsze jesteś powolny, jesteś głupcem. Nie o to nam chodzi – wyjaśnia. – Życie Powoli oznacza sprawowanie kontroli nad rytmem własnego życia. Człowiek sam decyduje, jak szybko chce postępować w danej sytuacji. Jeśli dziś chcę działać szybko, działam szybko; jeśli jutro zechcę być powolny, będę powolny. Celem naszej walki jest prawo do samodzielnego ustalania własnego tempa".

Ta bardzo prosta filozofia zyskuje zwolenników w różnych dziedzinach życia. W miejscach pracy miliony ludzi domagają się – i to skutecznie – lepszej równowagi między pracą a życiem prywatnym. W sypialniach, dzięki tantrze i innym formom erotycznego spowolnienia, kochankowie odkrywają radość powolnego seksu. Przekonanie, że powolne jest lepsze, leży u podstaw eks-

---

[1] Tekst przytoczony za stroną Slow Food Polska
<http://www.slowfood.pl/index.php?s=str-manifest>,
w nieznacznie zmienionym przekładzie.

plodującej popularności pewnych ćwiczeń fizycznych – od jogi do *tai chi* – i różnych odmian alternatywnej medycyny – od ziołolecznictwa po homeopatię – które proponują łagodniejsze i bardziej holistyczne podejście do ludzkiego organizmu. Miasta na całym świecie przebudowują się tak, by zachęcić ludzi, aby mniej jeździli samochodem, a więcej chodzili pieszo. Wiele dzieci także daje na luz, kiedy rodzice decydują się odchudzić ich plan zajęć.

W naturalny sposób działania ruchu powolnościowego zazębiają się z krucjatą alterglobalistyczną. Orędownicy obu wizji wierzą, że turbokapitalizm jest jednokierunkową drogą do wypalenia – zarówno dla naszej planety, jak i jej mieszkańców. Twierdzą, że możemy żyć lepiej, jeżeli będziemy konsumować, produkować i pracować w bardziej rozsądnym tempie. Jednakże działacze na rzecz Powolności – podobnie jak umiarkowani alterglobaliści – nie przymierzają się do obalenia systemu kapitalistycznego. Chodzi im raczej o to, by nadać mu ludzką twarz. Sam Petrini mówi o „szlachetnej globalizacji". Z tym, że zamiary ruchu powolnościowego sięgają dużo głębiej niż zwykła reforma gospodarcza. Biorąc na cel fałszywego bożka prędkości, ruch ten zadaje jednocześnie zasadnicze pytanie, co znaczy być człowiekiem w epoce czipów. Przesłanie Powolności może przynieść owoce, nawet jeśli realizować je po trochu i na wyrywki. Ale żeby osiągnąć pełne korzyści, musimy pójść dalej i na nowo przemyśleć nasz stosunek do wszystkiego. Prawdziwe Spowolnienie świata to nic innego jak rewolucja stylu życia.

Ruch powolnościowy wciąż się kształtuje. Nie ma głównej siedziby, strony internetowej, jednego przywódcy, ani partii politycznej, która propagowałaby jego hasła. Wielu ludzi postanawia zwolnić bez poczucia, że przynależą do jakiejś organizacji, ani tym bardziej do ogólnoświatowej krucjaty. Ważne jest jednak to, że ciągle rozrasta się mniejszościowa grupa, która przedkłada powolność nad szybkość. Każdy akt spowolnienia posuwa ruch powolnościowy o krok naprzód.

Podobnie jak alterglobaliści, powolnościowi działacze nawiązują kontakty, rozbudowują własny potencjał i udoskonalają swoją filozofię za pomocą międzynarodowych konferencji, Internetu i mediów. Grupy entuzjastów Powolności wyrastają jak grzyby po deszczu. Niektóre z nich, jak Slow Food, skupiają się przede wszystkim na jednej sferze życia. Inne propagują filozofię Powolności w szerszym wydaniu. Znajdują się wśród nich japoński Klub Leniwca, Fundacja Long Now z siedzibą w USA i europejskie Stowarzyszenie na Rzecz Spowolnienia Czasu. Dalszy rozwój ruchu będzie odbywać się w dużej mierze poprzez zapylanie krzyżowe. Slow Food zdążył już zrodzić organizacje-córki. Pod szyldem Slow Cities ponad 60 miast we Włoszech i innych krajach pracuje nad tym, by przemienić się w oazy spokoju. Bra jest też ojczyzną Slow Sex, grupy mającej za cel wygnanie pośpiechu z sypialni. W Stanach Zjednoczonych doktryna Petriniego zainspirowała pewnego postępowego pedagoga do założenia ruchu Slow Schooling – Powolnej Edukacji.

Moim zamiarem jest przedstawienie w tej książce ruchu powolnościowego szerszej publiczności i wyjaśnienie, jakie są jego cele, jak on sam się zmienia, na jakie przeszkody napotyka i dlaczego każdy z nas może w jakiś sposób skorzystać z jego propozycji. Motywy, które mną powodują, nie są całkowicie wolne od egoizmu. Sam jestem uzależniony od szybkości, a ta książka jest również osobistą podróżą. U jej kresu chcę odzyskać część błogości, którą czułem, czekając na tamten autobus do Rzymu. Chcę móc czytać mojemu synowi, nie spoglądając na zegarek.

Jak większość ludzi, chcę odszukać drogę do szczęśliwszego życia poprzez znalezienie równowagi między szybkością a powolnością.

1

RÓB WSZYSTKO SZYBCIEJ

Oświadczamy, że wspaniałość świata
wzbogaciła się o nowe piękno: piękno szybkości.

MANIFEST FUTURYZMU, 1909[1]

---

[1] Filippo Tommaso Marinetti, *Manifest futuryzmu*, przeł. Marcin Czerwiński w: *Artyści o sztuce. Od Van Gogha do Picassa*, wyb. i oprac. Elżbieta Grabska i Hanna Morawska.

Co robisz rano zaraz po przebudzeniu? Odsuwasz zasłony? Przetaczasz się na drugi bok, żeby wtulić się w swojego partnera, partnerkę lub poduszkę? Wyskakujesz z łóżka i robisz dziesięć pompek, żeby pobudzić krążenie? Nie, twój pierwszy odruch i pierwszy odruch każdego innego człowieka to sprawdzenie, która jest godzina. Usadowiony na piedestale nocnego stolika zegar daje nam wytyczne, wskazując nie tylko, na jakim etapie dnia się znajdujemy, ale też jak w związku z tym mamy się zachowywać. Jeśli jest wcześnie, zamykam oczy i staram się na nowo zasnąć. Jeśli jest późno, wyskakuję z łóżka i staję w kolejce do łazienki. Od pierwszych chwil przebudzenia to zegar rozdaje karty. I tak wygląda to przez resztę dnia, w miarę jak w pośpiechu przemieszczamy się od spotkania do spotkania i od terminu do terminu. Każda chwila jest wpleciona w plan i gdziekolwiek spojrzymy – na stolik nocny, ścianę w biurowej stołówce, róg monitora lub własny nadgarstek – zegar tyka, obserwując nasze poczynania i wywierając presję, byśmy nie pozostawali w tyle.

W naszym rozpędzonym współczesnym świecie trudno oprzeć się wrażeniu, że pociąg czasu zawsze odjeżdża w chwili, kiedy my wpadamy na peron. Nieważne jak szybko pędzimy, nieważne jak chytrze ułożymy nasze plany, dzień ma zawsze za mało godzin. Do pewnego stopnia było tak zawsze. Ale dziś czas wywiera na nas większą presję niż kiedykolwiek dotąd. Dlaczego? Czym różnimy się od naszych przodków? Jeśli w ogóle kiedyś mamy zwolnić, to najpierw musimy pojąć, dlaczego wcześniej tak przyspieszyliśmy oraz dlaczego świat tak zwiększył obroty i poddał się rygorowi ścisłego planowania. By to zrozumieć, trzeba byśmy zaczęli od samego początku, czyli od przyjrzenia się naszym relacjom z fenomenem czasu.

Człowiek od zawsze znajduje się we władaniu czasu, wyczuwa jego obecność i potęgę, a mimo to nie wie, jak go zdefiniować. „Czymże więc jest czas? – zastanawiał się w IV wieku święty Augustyn. – Jeśli nikt mnie o to nie pyta, wiem. Jeśli pytającemu usiłuję wytłumaczyć, nie wiem"[1]. Szesnaście stuleci później, po mocowaniu się przez kilka stron z pisarstwem Stephena Hawkinga, dokładnie rozumiemy, jak się czuł. Ale nawet jeśli czas pozostaje nieuchwytny, to wszystkie społeczeństwa wypracowały metody odmierzania jego upływu. Archeolodzy sądzą, że ponad dwadzieścia tysięcy lat temu europejscy łowcy z epoki lodowcowej liczyli dni pomiędzy kolejnymi fazami księżyca, wycinając linie i dziurki na kościach i drewnianych pałeczkach. Każda wielka cywilizacja starożytnego świata – od Sumerów i Babilończyków, przez Egipcjan i Chińczyków po Majów i Azteków – opracowała własny kalendarz. Jednym z pierwszych dokumentów, który wyszedł spod prasy drukarskiej Gutenberga, był „Kalendarz na rok 1448".

Skoro tylko nasi przodkowie nauczyli się mierzyć lata, miesiące i dni, następny krok polegał na poszatkowaniu czasu na mniejsze jednostki. Egipski zegar słoneczny z 1500 roku p.n.e. należy do najstarszych zachowanych narzędzi pozwalających podzielić dzień na równe części. Pierwsze „zegary" za punkt odniesienia przyjmowały czas konieczny na przepuszczenie pewnej ilości wody lub piasku przez dziurkę albo na wypalenie się świecy lub lampki oliwnej. Wielki skok w sztuce mierzenia czasu dokonał się wraz z wynalezieniem mechanicznego zegara w trzynastowiecznej Europie. U schyłku XVII wie-

---

[1] Św. Augustyn, *Wyznania* (XI, 14), przeł. Zygmunt Kubiak.

ku ludzie potrafili dokładnie liczyć nie tylko godziny, ale też minuty i sekundy.

Motywacji do mierzenia czasu dostarczała między innymi konieczność przetrwania. Starożytne cywilizacje posługiwały się kalendarzem, aby określić, kiedy siać i zbierać zboże. Niemniej od początku umiejętność liczenia czasu okazała się obosieczną bronią. Zaleta planowania polega na tym, że dzięki niemu każdy człowiek – od gospodarza wiejskiego po programistę – może wydajniej pracować. Jednak gdy tylko zaczynamy dzielić czas, role się odwracają i to on przejmuje kontrolę. Stajemy się niewolnikami planu. Plany wyznaczają nam terminy, zaś istotą terminów jest to, że dostarczają nam powodów do pośpiechu. Jak głosi włoskie przysłowie: człowiek mierzy czas, a czas mierzy człowieka.

Zegar umożliwił dokładne planowanie dnia, stwarzając tym samym nadzieję na większą wydajność – a także ściślejszą kontrolę. Wczesne narzędzia pomiaru były jednak zbyt zawodne, aby zawładnąć ludzkością tak, jak dziś robi to zegarek. Zegary słoneczne nie działały nocą ani w pochmurną pogodę, a długość mierzonej przez nie godziny wahała się z dnia na dzień ze względu na nachylenie osi ziemskiej. Klepsydry i zegary wodne – doskonałe, by zmierzyć czas trwania konkretnej czynności – zupełnie nie nadawały się do określania pory dnia. Dlaczego tyle pojedynków, bitew i innych wydarzeń historycznych odbywało się o świcie? Nie wynikało to z zamiłowania naszych przodków do wczesnych pobudek, lecz stąd, że wschód słońca był jedyną porą, którą każdy mógł rozpoznać i na którą można było się umówić. Pod nieobecność dokładnego zegara życie biegło podług tego, co socjologowie nazywają czasem naturalnym. Ludzie wykonywali różne czynności, gdy uznali, że nadeszła odpowiednia pora. Jedli, kiedy byli głodni i kładli się spać, gdy morzył ich sen. Niemniej od samego zarania wytyczanie czasu szło w parze z wytyczaniem ludzkich obowiązków.

Już w VI wieku benedyktyńscy mnisi żyli według rutyny, z której mógłby być dumny współczesny menedżer. Mierzyli czas przy pomocy prymitywnych zegarów i o określonych porach dnia i nocy bili w dzwony, by dawać sobie nawzajem znak, że nadeszła pora, aby przejść do kolejnego punktu planu: od modlitwy do nauki, od nauki do pracy w polu, od pracy w polu do wypoczynku i z powrotem do modlitwy. Gdy mechaniczne zegary zaczęły mnożyć się na placach Europy, granica między mierzeniem czasu a sprawowaniem kontroli jeszcze bardziej zatraciła ostrość. Wymownego przykładu dostarcza przypadek Kolonii. Dane historyczne pozwalają sądzić, że publiczny zegar zainstalowano w tym niemieckim mieście w okolicach roku 1370. W 1374 roku kolońscy rajcowie przyjęli uchwałę, która ustanawiała ścisły początek i koniec dnia pracy robotników, a także ograniczała ich przerwę obiadową do „najwyżej jednej godziny". W 1391 roku miasto wprowadziło godzinę policyjną dla gości spoza miasta, obowiązującą od 21:00 (w zimie od 20:00), a następnie, w 1398 roku, powszechną godzinę policyjną od 23:00. W ciągu jednego pokolenia mieszkańcy Kolonii przeszli od rzeczywistości, w której nigdy dokładnie nie wiedzieli, która jest godzina, do rzeczywistości, w której przyzwalali, by zegar dyktował im, kiedy mają pracować, ile czasu przeznaczą na obiad i o jakiej godzinie będą każdego wieczora wracać do domu. Czas Zegara począł przeważać nad Czasem Naturalnym.

Podążając szlakiem przetartym przez benedyktynów, nowocześnie usposobieni Europejczycy zaczęli posługiwać się planem dnia, aby żyć i pracować wydajniej. Żyjący w czasach włoskiego renesansu Leon Battista Alberti był, jako filozof, architekt, muzyk, malarz i rzeźbiarz, zajętym człowiekiem. Aby jak najlepiej wykorzystać czas, zaczynał każdy dzień od naszkicowania planu: „Kiedy wstaję rano, przede wszystkim zadaję sobie pytanie, co muszę zrobić tego dnia. Układam te liczne obowiązki w listę, zastanawiam się nad nimi i przypisuję je do odpowiedniej pory: to zrobię rano, to po południu, tamto wieczorem". Od razu widać, że Alberti zostałby miłośnikiem palmtopów. Planowanie stało się sposobem na życie podczas rewolucji przemysłowej, w miarę jak świat zaczynał kręcić się coraz prędzej. Zanim nadeszła era maszyn, żaden człowiek nie był w stanie przemieszczać się szybciej niż galopujący koń lub statek pod pełnymi żaglami. Moc silnika zmieniła wszystko. Nagle wystarczyło zakręcić korbką, by sprawić, że ludzie, informacje i towary zaczną się przemieszczać na ogromne odległości szybciej niż kiedykolwiek wcześniej. Zwykła fabryka w ciągu jednego dnia mogła wypluć więcej produktów niż rzemieślnik przez całe życie. Nowe tempo obiecywało niewyobrażalne emocje i dobrobyt. Ludzie zaakceptowali je bezkrytycznie. Kiedy w 1825 roku pierwszy na świecie pasażerski pociąg parowy kończył swój dziewiczy kurs w Yorkshire, powitał go tłum 40 tysięcy gapiów i 21 salw karabinowych.

Kapitalizm przemysłowy żywił się szybkością i nagradzał ją jak nigdy przedtem. Przedsiębiorstwo, które najszybciej wytwarzało i wysyłało swoje towary, mogło osłabić konkurencję. Im szybciej kapitał obrócono w zysk, tym szybciej można było zainwestować go ponownie, by osiągnąć jeszcze większe zyski. Nieprzypadkowo wyrażenie *„to make a fast buck"* („zarobić szybką forsę", dosłownie: „ zrobić szybkiego dolara") weszło do słownika w XIX wieku.

W 1748, u zarania epoki przemysłowej, Benjamin Franklin pobłogosławił małżeństwo zysku i pośpiechu aforyzmem do dziś przytaczanym z lubością: „Czas to pieniądz". Nic tak nie oddawało, ani nie wzmacniało nowego światopoglądu, jak zmiana, wskutek której robotnikom zaczęto płacić za godzinę pracy, a nie za wytworzony towar. Gdy tylko okazało się, że każda minuta kosztuje pieniądze, przedsiębiorcy przystąpili do niekończącego się wyścigu, w którym stawką był jak najszybszy efekt. Im więcej guzików czy śrubek w godzinę, tym większe zyski. Wyprzedzenie rywali oznaczało,

33

że będzie można zainstalować najnowsze maszyny pozwalające zaoszczędzić na czasie, zanim zrobi to konkurencja. Nowoczesny kapitalizm przyszedł na świat z zaszczepionym przykazaniem, by przyspieszać, wymieniać na nowsze i w nieskończoność podnosić wydajność. Urbanizacja, inne zjawisko epoki przemysłowej, pomogła w tym przyspieszeniu. Miasta od zawsze przyciągają energicznych i dynamicznych ludzi, ale miejskie życie samo w sobie zdaje się działać niczym gigantyczny akcelerator cząstek. Ktoś, kto przenosi się do miasta, zaczyna wszystko robić szybciej. W 1871 roku anonimowy autor tak opisywał stolicę Wielkiej Brytanii w swoim dzienniku: „W Londynie nerwy strzępią się w mgnieniu oka, a moce umysłu zużywają. Człowiek Londynu żyje szybko. W innych miejscach ludzie rdzewieją, tutaj ścierają się przed nadejściem rdzy... Umysł wiecznie pracuje na najwyższych obrotach pośród zmieniających się błyskawicznie nowych obrazów, nowych ludzi i nowych wrażeń. Interesy załatwia się coraz szybciej. Kupowanie i sprzedawanie, liczenie i ważenie, a nawet rozmowy przy ladzie odbywają się prędko i z pewną dozą cwaniactwa... Powolni i pozbawieni polotu szybko odkrywają, że nie mają szans; ale po pewnym czasie rozwijają tempo, jakiego wcześniej nie znali, jak opieszały koń w szybkim zaprzęgu".

Wraz z postępem industrializacji i urbanizacji XIX wiek przyniósł niekończące się fale wynalazków mających za zadanie sprawić, że ludzie będą szybciej podróżować, pracować i porozumiewać się. Jak zanotował pewien przybysz ze Szwecji, większość spośród piętnastu tysięcy urządzeń zarejestrowanych w 1850 roku w amerykańskim Urzędzie Patentowym służyła „zwiększaniu prędkości oraz oszczędzaniu czasu i pracy ludzkiej". Londyn otworzył pierwszą linię metra w 1863 roku; Berlin uruchomił pierwszy elektryczny tramwaj w 1879; firma Otis zaprezentowała pierwsze schody ruchome w roku 1900. Nim nadszedł rok 1913, kolejne egzemplarze modelu T schodziły z pierwszej na świecie linii montażowej w fabryce Forda. Branża łączności także nabrała rozpędu: w 1837 roku zademonstrowano telegraf, w 1866 przesłano pierwszy transatlantycki telegram, a dekadę po nim pojawiły się telefon, a następnie radio. Pełne wykorzystanie tych technik nie byłoby jednak możliwe bez dokładnego pomiaru czasu.

Zegar jest systemem operacyjnym współczesnego kapitalizmu: umożliwia istnienie jego wszystkich elementów, takich jak spotkania, terminy, umowy, procesy produkcji, rozkłady zajęć, transport, zmiany w fabryce. Szacowny badacz społeczny Lewis Mumford ogłosił zegar „kluczowym urządzeniem" rewolucji przemysłowej. Ale dopiero u schyłku XIX wieku ustanowienie standardowego czasu uwolniło jego pełny potencjał. Wcześniej każde miasto ustalało własny czas według słonecznego południa, tej niesamowitej chwili, kiedy cienie znikają i wydaje się, że słońce wisi nam dokładnie nad głową. Konsekwencją był anarchistyczny miszmasz lokalnych stref czasowych. Na przykład we wczesnych latach osiemdziesiątych XIX wieku czas w Nowym Orleanie spóźniał się o 23 minuty w stosunku do czasu w Baton Rouge położonym o około 130 kilometrów na zachód. W czasach kiedy koń był najszybszym środkiem transportu, podobne absurdy nie miały znaczenia, lecz teraz pociągi przemieszczały się tak szybko, że trudno było nie dostrzec różnicy. Aby umożliwić stworzenie działających rozkładów kolejowych, poszczególne państwa zaczęły synchronizować zegary w obrębie własnego terytorium. W 1855 roku znaczna część Wielkiej Brytanii akceptowała czas nadawany telegrafem z Królewskiego Obserwatorium w Greenwich. W 1884 roku 27 państw zawarło porozumienie, w którym uznawano Greenwich za punkt wyznaczający południk zerowy, co ostatecznie miało doprowadzić do opracowania standardowego czasu obejmującego cały glob. W 1911 roku większość świata chodziła już według tego samego zegarka.

Przekonanie robotników wczesnej epoki przemysłowej, by żyli według wskazówek zegara, nie było łatwym zadaniem. Wielu z nich pracowało we własnym tempie, robiło przerwy, kiedy im się zachciało, lub wcale nie przychodziło do pracy. Dla właścicieli fabryk płacących według stawek godzinowych oznaczało to katastrofę. Aby nauczyć robotników nowej dyscypliny czasowej wymaganej przez nowoczesny kapitalizm, klasy panujące poczęły propagować punktualność jako obowiązek obywatelski i cnotę charakteru, zaś opieszałość i spóźnianie się potępiać jako grzechy główne. W swoim katalogu z 1891 roku firma Electric Signal Clock przestrzegała przed demonem niedotrzymywania tempa: „Jeżeli istnieje jedna cnota, którą pragnący osiągnąć sukces człowiek powinien pielęgnować bardziej niż jakąkolwiek inną, jest nią punktualność. Jeśli istnieje jeden błąd, którego należy się ustrzec, jest to niezdążanie na czas". Jeden z zegarów firmy, celnie nazwany Autokratą, zapowiadano jako urządzenie, które „dokona przewrotu wśród maruderów i guzdrałów".

Punktualność ruszyła z kopyta, gdy w 1876 roku na rynek trafił pierwszy nakręcany budzik. Kilka lat później fabryki zaczęły instalować zegary do podbijania kart przez robotników na początku i na końcu każdej zmiany. W ten sposób dewiza „czas to pieniądz" została osadzona w codziennej rutynie.

W miarę jak rosła presja, by wykorzystywać każdą sekundę, posiadanie podręcznego czasomierza stawało się symbolem statusu. W Stanach Zjednoczonych biedniejsi ludzie zapisywali się do klubów, w których co tydzień rozlosowywano jeden zegarek. Szkoły także wspierały kampanię na rzecz punktualności. W podręczniku z serii McGuffey's Readers z 1881 roku czytanka ostrzegała dzieci przed straszliwymi konsekwencjami spóźnień – katastrofami pociągów, bankructwami przedsiębiorstw, klęskami militarnymi, omyłkowymi egzekucjami i udaremnionymi miłościami: „W życiu bowiem każdego dnia idą na marne najlepsze plany, najważniejsze przedsięwzięcia, losy jednostek, honor, szczęście, a nawet samo życie tylko dlatego, że ktoś się spóźnił".

W miarę jak zegar wzmacniał swój uścisk, a technika umożliwiała szybsze wykonywanie każdej czynności, pośpiech i gonitwa przenikały do wszystkich zakamarków życia. Oczekiwano, że ludzie będą szybciej myśleć, szybciej pracować, szybciej mówić, szybciej czytać, szybciej pisać, szybciej jeść i szybciej się poruszać. Pewien dziewiętnastowieczny obserwator zauważył dowcipnie, że przeciętny nowojorczyk „zawsze chodzi tak, jak gdyby czekała na niego dobra kolacja, a po piętach deptał mu komornik". W 1880 roku Nietzsche demaskował kult „gonitwy i nieprzyzwoitego, spoconego pośpiechu, która domaga się, żeby «wszystko było zrobione» natychmiast".

Intelektualiści zaczęli dostrzegać, że technika kształtuje człowieka w równym stopniu jak człowiek technikę. W 1910 roku historyk Herbert Casson pisał, że „z nastaniem telefonu uformował się nowy nawyk umysłowy. W niepamięć odszedł nastrój powolności i ociężałości... Życie stało się bardziej napięte, pobudzone, ruchliwe". Casson nie zdziwiłby się zapewne słysząc, że długie godziny spędzane w pracy przed komputerem sprawiają, że niektórzy ludzie reagują z niecierpliwością na każdego, kto działa wolniej niż procesor.

U schyłku XIX wieku kultura pośpiechu wspięła się o kolejny szczebel dzięki prekursorowi zarządzania strategicznego, Frederickowi Taylorowi. Pracując w stalowni Bethlehem w Pensylwanii, Taylor posługiwał się stoperem i suwakiem logarytmicznym, aby z dokładnością do ułamka sekundy obliczyć właściwy czas trwania każdej czynności, a następnie ułożyć je w porządku gwarantującym maksymalną wydajność. „Kiedyś na pierwszym miejscu stał człowiek – oświadczał złowróżbnie. – W przyszłości pierwsze miejsce winien zająć System". Ale choć jego pisma czytano z zainteresowaniem na całym świecie, to praktyczne stosowanie opracowanego przez siebie „naukowego zarządzania" wychodziło Taylorowi ze zmiennym szczęściem. W Bethlehem wyszkolił jednego robotnika tak, by dziennie przerzucał cztery razy więcej surówki niż przeciętny robotnik. Wielu pracowników odeszło jednak, skarżąc się na stres i przemęczenie. Taylor był człowiekiem trudnym w kontaktach i ostatecznie został zwolniony w 1901 roku. Ale choć ostatnie lata przeżył we względnym cieniu, znienawidzony przez związki zawodowe, to jego dewiza – najpierw plan, potem człowiek – zostawiła trwały ślad w mentalności Zachodu. Nie chodzi tylko o stosunki w pracy. Michael Schwarz, producent telewizyjnego dokumentu o Taylorze z 1999 roku, powiedział: „Być może Taylor zmarł upokorzony, ale zapewne to on śmieje się ostatni, bo jego przekonania dotyczące wydajności wyznaczają dziś rytm naszego życia, nie tylko w pracy, ale też w sferze prywatnej".

Mniej więcej w tym samym czasie, gdy Taylor obliczał, ile setnych sekundy potrzeba na wkręcenie żarówki, Henry Olerich opublikował powieść pod tytułem *A Cityless and Countryless World* (*Świat bez miast i bez państw*), w której opisywał pewną marsjańską cywilizację, gdzie czas nabrał takiej wartości, że zaczęto używać go jako waluty. Sto lat później jego przepowiednia w zasadzie się spełnia: dziś czas jest pieniądzem bardziej niż kiedykolwiek. Po angielsku mówimy nawet o tym, że ktoś jest zasobny (*time-rich*) lub, częściej, ubogi w czas (*time-poor*).

Jak to możliwe, że pośród takiego bogactwa materialnego ubóstwo czasowe jest równie rozpowszechnione? Duża część winy leży w naszej śmiertelności. Być może nowoczesna medycyna dodaje czasem około dekady do siedemdziesięciu lub, gdy jesteśmy mocni, osiemdziesięciu lat życia ludzkiego przewidzianych pierwotnie przez Biblię[1], ale wciąż żyjemy w cieniu największego z wszystkich *deadline*'ów: śmierci. Nic dziwnego, że czas wydaje nam się krótki i walczymy, by w pełni wykorzystać każdy moment. Jeśli jednak jest to powszechny instynkt, to dlaczego pewne kultury są bardziej skłonne, by ścigać się z czasem?

---

[1] „Czas naszych dni – to lat siedemdziesiąt/ lub, gdy jesteśmy mocni, osiemdziesiąt" (Ps 90, 10, przekład wg Biblii Tysiąclecia).

Częściowo może to wynikać z tego, w jaki sposób postrzegamy samo zjawisko czasu. W pewnych tradycjach filozoficznych – taoistycznej, hinduistycznej i buddyjskiej, by wymienić tylko trzy – czas uchodzi za cykliczny. Inuici z kanadyjskiej Ziemi Baffina posługują się tym samym słowem – *uvatiarru* – na określenie zarówno „dalekiej przeszłości", jak i „dalekiej przyszłości". W takich kulturach czas nie tylko odchodzi, ale też zawsze powraca. Jest nieustannie wśród nas i ciągle odnawia się jak powietrze, którym oddychamy. W tradycji zachodniej czas jest linearny, jak strzała nieubłaganie lecąca z punktu A do punktu B. To zasób ograniczony, a zatem cenny. Chrześcijaństwo dodatkowo zwiększa presję, by dobrze wykorzystać każdy moment. Mnisi benedyktyńscy trzymali się rygorystycznego planu dnia, ponieważ, jak wierzyli, dla bezczynnych rąk zajęcie znajdzie sam szatan. W XIX wieku Karol Darwin w surowym wezwaniu do działania dał wyraz zachodniej obsesji wyciskania jak najwięcej z każdej chwili: „Człowiek, który trwoni godzinę, nie odkrył sensu życia".

Sintoizm, tradycyjna religia japońska, która współistnieje w harmonii z lokalnym wydaniem buddyzmu, uznaje czas za cykliczny. Niemniej po 1868 roku Japonia z nadludzką niemal gorliwością rzuciła się, by nadrabiać zaległości w stosunku do Zachodu. Aby zbudować nowoczesną gospodarkę kapitalistyczną, rząd epoki Meiji sprowadził z Zachodu zegar i kalendarz, i zaczął propagować punktualność oraz maksymalne wykorzystywanie czasu. Kult wydajności pogłębił się, gdy Japonia wyszła z drugiej wojny światowej w ruinie. Dziś, kiedy stoicie na tokijskim dworcu Shinjuku i patrzycie jak pasażerowie dojeżdżający do pracy pędzą, by złapać pociąg, choć następny przyjedzie za dwie minuty, nie macie wątpliwości, że Japończycy przyswoili sobie przekonanie, że czas jest zasobem ograniczonym.

Konsumeryzm, również po mistrzowsku opanowany przez Japończyków, stanowi kolejną potężną zachętę do biegu. Już w latach trzydziestych XIX wieku francuski pisarz Alexis de Tocqueville winił instynkt kupowania o podkręcanie tempa życia: „Ten, kto poświęca się wyłącznie pogoni za ziemskim dobrobytem, zawsze będzie się spieszyć, ponieważ ma tylko ograniczony czas, by o niego zabiegać, zdobyć go i się nim cieszyć". Ta analiza brzmi jeszcze prawdziwiej dziś, kiedy cały świat zmienił się w supermarket, a ludzie są w nim zaledwie klientami. Wabieni i kuszeni na każdym kroku, staramy się skonsumować i przeżyć najwięcej jak się da. Marzą nam się błyskotliwe kariery, ale chcielibyśmy też uczęszczać na warsztaty artystyczne, ćwiczyć na siłowni, czytać gazety i wszystkie książki z listy bestsellerów, jadać z przyjaciółmi w restauracjach, imprezować w klubach, uprawiać sporty, oglądać godzinami telewizję, słuchać muzyki, spędzać czas z rodziną, kupować wszystkie najnowsze gadżety i modne ubrania, chodzić do kina, cieszyć się bliskością naszych partnerów i przeżywać z nimi fantastyczny seks, jeździć na wakacje w odległe miejsca i może nawet zająć się jakimś wartościowym wolonta-

40 riatem. W konsekwencji rodzi się gryząca rozbieżność między naszymi życiowymi oczekiwaniami a tym, co realistycznie możemy mieć; ta rozbieżność podsyca poczucie, że czasu zawsze jest za mało.

Moje własne życie wpisuje się w ten schemat. Dzieci wymagają wiele pracy, więc jedynym sposobem na przetrwanie rodzicielstwa jest odchudzenie planu zajęć. Tylko że dla mnie to trudne. Chcę zgarnąć wszystko. Dlatego, zamiast mniej czasu poświęcać na swoje hobby, kombinuję, jak upchnąć je w plan zajęć, który i tak pęka w szwach. Ilekroć wymknę się na dodatkową partię tenisa, przez resztę dnia pędzę, żeby nadrobić zaległości. Szybciej jeżdżę samochodem, szybciej chodzę i odfajkowuję bajki na dobranoc.

Jak każdy inny liczę, że technika pozwoli mi kupić więcej czasu, a wraz z nim szansę, by poczuć się mniej zabieganym. Ale technika jest fałszywą przyjaciółką. Nawet wówczas, gdy faktycznie oszczędza nam czasu, często marnuje tę zdobycz, wytwarzając szereg nowych obowiązków i pragnień. U progu XX wieku nadejście pralki wyzwoliło gospodynie domowe od wielogodzinnego zdzierania rąk w ciężkiej pracy. Później, w miarę jak płynęły lata i rosły standardy higieny, zaczęliśmy częściej prać ubrania. Wynik: przeładowany kosz z bielizną jest we współczesnym gospodarstwie domowym równie częstym widokiem jak stos rachunków piętrzący się w skrzynce na listy. Innym przykładem jest poczta elektroniczna. Za zaletę trzeba jej poczytać, że łączy ludzi jak nic innego wcześniej. Łatwość używania doprowadza jednak do gwałtownego nadużywania z chwilą, gdy każdy zaczyna bez cienia namysłu klikać „wyślij". Wielką autostradą informacji przelatuje codziennie ponad pięć miliardów maili, z których część stanowią nadgorliwe notatki służbowe, chamskie żarty i spam. Dla większości z nas oznacza to, że dzień w dzień wspinamy się na Mount Mail.

Kiedy nasz czas zostaje poddany takiemu obciążeniu, nawet najbardziej oddanym apostołom powolności trudno jest się nie spieszyć. Weźmy na przykład Satisha Kumara, byłego mnicha dżinijskiego, który w latach sześćdziesiątych przewędrował na własnych nogach z rodzinnych Indii do Wielkiej Brytanii i od tamtego czasu zwiedził pieszo dużą część świata. Dziś mieszka w Devon w południowo-zachodniej Anglii, gdzie wydaje dwumiesięcznik „Resurgence" („Odrodzenie"), popierający wiele idei drogich ruchowi powolnościowemu. Spotykam się z Kumarem w pogodny letni wieczór w londyńskim Hyde Parku. Smukła niewielka postać ubrana w lniany garnitur kroczy łagodnie wśród pracowitej hordy rolkarzy, chodziarzy i amatorów joggingu. Siadamy w cieniu drzewa. Kumar zdejmuje buty i skarpetki, i zanurza w trawie stopy, które deptały niejedną ziemię. Pytam go o chorobę niedoczasu.

„To bardzo zachodnia choroba: uznać czas za skończony, a następnie zaprowadzić rządy szybkości w każdej dziedzinie życia – mówi. – Moja matka zwykła mi mówić: «Kiedy Bóg tworzył czas, to stworzył go dużo». Miała rację".

Ale – zauważam – matka Kumara całe życie spędziła na indyjskiej wsi. We współczesnym świecie presja, by się spieszyć i kończyć wszystko z wyprzedzeniem, jest na pewno nie do odparcia.

„Tak, to do pewnego stopnia prawda. Kiedy tu mieszkam, także ulegam pośpiechowi i szybkości. Czasem inaczej się nie da, jeżeli mam wyrobić się ze wszystkimi terminami związanymi z wydawaniem mojego czasopisma. Kiedy człowiek żyje na Zachodzie, nieustannie walczy, by nie ulec dominacji zegara".

Nad naszymi głowami rozlega się mrukliwa skarga samolotu. Kumar zerka na zegarek. Następne spotkanie ma za piętnaście minut.

„Muszę iść – mówi, uśmiechając się słabo. – Nie chcę się spóźnić".

Choroba niedoczasu może też być symptomem głębszego, egzystencjalnego bólu. W ostatnich stadiach poprzedzających wypalenie ludzie często przyspieszają, aby zapomnieć, że są nieszczęśliwi. Kundera twierdzi, że szybkość pomaga nam odciąć się od grozy i pustki współczesnego świata: „Naszą epokę nawiedza obsesyjnie pragnienie zapomnienia i chcąc spełnić to pragnienie, oddaje się ona właśnie demonowi szybkości; przyśpiesza kroku, gdyż chce nam uzmysłowić, że nie życzy sobie, aby o niej pamiętano, że czuje się znużona sama sobą, sama sobą zdegustowana; że chce zdmuchnąć drżący płomyk pamięci"[1].

Inni uważają, że szybkość nie służy ucieczce przed życiem, lecz przed śmiercią. Mark Kingwell, profesor University of Toronto, trafnie opisuje nowoczesny kult szybkości. Kiedy spotykamy się przy kawie, Kingwell stroni od kwestii szerokopasmowego Internetu i silników rakietowych. „Wbrew temu, co myślą ludzie, dyskusja nad szybkością nie dotyczy tak naprawdę stanu techniki. Problem sięga dużo głębiej. Wracamy tu do ludzkiego

[1] Milan Kundera, *Powolność*, przeł. Marek Bieńczyk.

pragnienia transcendencji – mówi. – Ciężko jest myśleć o tym, że umrzemy; to nieprzyjemne, więc stale szukamy sposobów, by rozerwać się i zapomnieć o własnej śmiertelności. Szybkość i dostarczane przez nią pobudzenie zmysłów to jedna ze strategii zapominania". Czy nam się to podoba czy nie, ludzki umysł został zaprojektowany tak, by pędzić. Niebezpieczeństwo daje nam kopa, a napływ danych sensorycznych wyzwalanych przez szybkość wibruje, podnieca, pulsuje i uderza do głowy. Szybkość powoduje uwolnienie dwóch związków chemicznych – adrenaliny i noradrenaliny – które krążą w organizmie także podczas stosunku seksualnego. Kundera trafia w samo sedno, kiedy pisze o „szybkości-ekstazie"[1].

Nie tylko cieszymy się szybkością, ale także przywykamy do niej i prędkość nam powszednieje. Kiedy wjeżdżamy na autostradę, wydaje nam się, że 110 kilometrów na godzinę to dużo. Mija kilka minut i 110 staje się całkiem zwyczajne. A spróbujmy skręcić na zjazd i przyhamować do 50 – niższa prędkość wyda się teraz tak wolna, że przyprawi nas o zgrzytanie zębami. Powszednienie prędkości sprawia, że ciągle chcemy jechać szybciej. Gdy przyzwyczaimy się do 110 na godzinę, kusi nas, żeby docisnąć trochę mocniej i podbić wskazówkę do 130, 140 albo wyżej. W 1899 roku belgijski inżynier zbudował pierwszy samochód zaprojektowany wyłącznie w celu bicia rekordów prędkości. Z kształtu podobny do torpedy, napędzany przez dwa silniki, nosił imię, które doskonale wyrażało nasz głód szybkości: *La Jamais Contente* – Wiecznie Nienasycona.

Klątwa powszednienia prędkości nie dotyczy wyłącznie autostrad. Weźmy surfowanie po Internecie. Nigdy nie jesteśmy zadowoleni z szybkości łącza. Kiedy po raz pierwszy usiadłem do komputera z szerokopasmowym łączem, miałem wrażenie, że śmigam z prędkością światła. Dziś tamto tempo stało się rutyną, wydaje się nawet nieco ociężałe. Kiedy jakaś strona nie chce się na-

---

[1] Milan Kundera, *Powolność*, przeł. Marek Bieńczyk.

tychmiast załadować, tracę cierpliwość. Wystarczy nawet dwu- lub trzysekundowe opóźnienie, żebym kliknął jeszcze raz, starając się przyspieszyć. Jedynym rozwiązaniem wydaje się szybsze łącze.

W miarę jak przyspieszamy, nasze stosunki z czasem stają się coraz bardziej napięte i toksyczne. W każdym podręczniku medycyny przeczytacie, że drobiazgowa obsesja na punkcie detali jest klasycznym objawem nerwicy. Niestrudzone dążenie, by szatkować czas na coraz drobniejsze kawałki — nawiasem mówiąc, przysłowiowe pstryknięcie palcami zajmuje pięćset milionów nanosekund — powoduje, że coraz intensywniej zdajemy sobie sprawę z jego upływu, coraz żywiej pragniemy w pełni go wykorzystać i stajemy się coraz bardziej znerwicowani.

Wydaje się, że zmianie uległa także sama natura czasu. Przed wiekami Biblia nauczała, że „wszystko ma swój czas, i jest wyznaczona godzina na wszystkie sprawy pod niebem"[1] — jest czas rodzenia, czas umierania, czas leczenia, czas płaczu, czas śmiechu, czas miłowania i tak dalej. Cervantes pisał w *Don Kichocie*, że *„no son todos los tiempos unos"* — „nie zawsze czasy są jednakie"[2]. Ale w świecie, który działa 24/7, wszystkie dni są podobne: płacimy rachunki w sobotę, robimy zakupy w niedzielę, zabieramy laptopa do łóżka, pracujemy przez całą noc, o dowolnej porze dnia wcinamy dania śniadaniowe. Drwimy z pór roku, jedząc importowane truskawki w środku zimy i racząc się na okrągło wielkanocnymi drożdżówkami[3], które kiedyś były specjałem świątecznym. Telefony komórkowe, blackberry, pagery i Internet sprawiają, że wszystko i każdy jest pod ręką przez cały czas.

[1] Koh 3, 1, przekład Biblii Tysiąclecia.

[2] Miguel de Cervantes Saavedra, *Przemyślny szlachcic Don Kichote z Manczy*, przeł. Anna Ludwika Czerny i Zygmunt Czerny.

[3] Chodzi o *hot cross buns*, słodkie korzenne drożdżówki tradycyjnie jedzone w Wielkiej Brytanii w Wielkanoc, a zwłaszcza w Wielki Piątek. Na grzbiecie bułeczki umieszcza się znak krzyża (stąd nazwa: „cross" znaczy „krzyż") — wcięty lub odlany z ciasta, lukru itp.

Niektórzy przekonują, że w kulturze typu 24/7 człowiek nie musi czuć się zagoniony, ponieważ umożliwia mu ona wybranie, kiedy chce pracować lub załatwiać różne sprawy. Jest to myślenie życzeniowe. Z chwilą gdy zniesione zostają wszelkie ograniczenia, konkurencja, chciwość i strach sprawiają, że zasadę „czas to pieniądz" stosujemy w odniesieniu do każdej, nawet najkrótszej chwili o dowolnej porze dnia i nocy. W ten sposób nawet sen przestał dostarczać schronienia przed pośpiechem. Miliony ludzi przygotowują się do egzaminów, uczą się języków obcych lub szlifują techniki zarządzania, słuchając nagrań w trakcie drzemki. Na stronie internetowej Sleep Learning (Nauka Przez Sen) zamach na to, co niegdyś stanowiło jedyną porę spowolnienia nieobarczonego poczuciem winy, został udrapowany w szaty podniecającej szansy na samodoskonalenie: „Twój sen – jedna trzecia twojego życia – jest obecnie bezproduktywny. Wykorzystaj ten ogromny potencjał, by wspomóc swoją karierę, zdrowie i szczęście!".

Nasza nerwica na punkcie czasu przybrała takie rozmiary, że wynaleźliśmy nowy gatunek terapeuty, który ma nam pomóc w uporaniu się z nią. Oto guru od zarządzania czasem. Część z rad, których udzielają w niezliczonych książkach i na niezliczonych warsztatach, ma sens. Wielu zaleca, aby robić mniej rzeczy i dzięki temu robić je lepiej – jest to naczelna zasada filozofii powolnościowej. Większość z nich nie atakuje jednak przyczyny leżącej u podstaw naszej dolegliwości: obsesji oszczędzania czasu. W 2000 roku David Cottrell i Mark Layton opublikowali *175 Ways to Get More Done in Less Time* (*175 sposobów, by zrobić więcej w krótszym czasie*). Książka jest utrzymana w zdyszanej poetyce typu „przejdźmy do konkretów" i stanowi podręcznik maksymalizowania wydajności oraz przyspieszania. Rada numer 141 brzmi po prostu: „Rób wszystko szybciej!".

W tych trzech słowach autorzy gładko podsumowali problem współczesnego świata. Zastanówcie się przez chwilę: Rób Wszystko Szybciej. Czy naprawdę warto wykorzystywać umiejętność szybkiego czytania do lektury Prousta? Kochać się o połowę krócej, by przyoszczędzić na czasie? Przygotowywać każdy posiłek w mikrofalówce? Na pewno nie, ale sam fakt, że ktoś był w stanie napisać słowa „Rób wszystko szybciej", świadczy o tym, jak daleko się zapędziliśmy i jak pilnie potrzebujemy przemyśleć nasz styl życia.

Nie jest za późno, by naprawić pewne rzeczy. Nawet w epoce jednominutowych bajek na dobranoc istnieje alternatywa wobec ciągłego przyspieszania. I choć zabrzmi to jak paradoks, ruch powolnościowy rozwija się szybko.

2

POWOLNE JEST PIĘKNE

Aby jak najszybciej uwolnić się od stresu,
postaraj się zwolnić.

LILY TOMLIN, AMERYKAŃSKA AKTORKA
I ARTYSTKA KOMEDIOWA

Wagrain, wypoczynkowa miejscowość położona w zaciszu Alp Austriackich, żyje w powolnym tempie. Ludzie przyjeżdżają tu, aby uciec od wrzawy Salzburga i Wiednia. Latem wędrują leśnymi szlakami i piknikują na brzegach górskich strumieni. Kiedy spadnie śnieg, przemierzają na nartach leśne trasy lub zjeżdżają ze stromych oprószonych zboczy. Bez względu na porę roku, wypełniające płuca alpejskie powietrze obiecuje, że po powrocie do górskiego domku człowiek zaśnie w nocy mocnym snem.

Ale raz do roku ta niewielka miejscowość staje się czymś więcej niż tylko scenerią powolnego życia. Wagrain przeradza się w laboratorium filozofii powolnościowej. Co roku w październiku odbywa się tam konferencja Stowarzyszenia na Rzecz Spowolnienia Czasu.

To stowarzyszenie, mające siedzibę w austriackim mieście Klagenfurt i mogące pochwalić się posiadaniem członków w całej Europie Środkowej, należy do liderów ruchu powolnościowego. Ponad tysiąc osób zrzeszonych w organizacji to szeregowi żołnierze w wojnie przeciw kultowi ogólnego przyspieszenia. W życiu codziennym polega ona na tym, by działać wolniej wszędzie, gdzie spowolnienie faktycznie ma sens. Jeśli członek Stowarzyszenia jest lekarzem, to będzie na przykład nalegać, aby pozostawiono mu więcej czasu na rozmowę z pacjentami. Konsultant do spraw zarządzania może odmówić odbierania telefonów z pracy w weekendy, a projektant będzie dojeżdżać na spotkania na rowerze zamiast samochodem. Kredo Spowalniaczy wyraża niemieckie słowo *Eigenzeit*. *Eigen* znaczy „własny", *Zeit* znaczy „czas". Innymi słowy, każda żywa istota, każde zdarzenie, proces lub przedmiot posiada właściwy sobie czas czy też właściwe sobie tempo, swoje własne *tempo giusto*.

Stowarzyszenie nie tylko publikuje poważne teksty na temat relacji człowieka z czasem, ale także prowokuje do dyskusji za pomocą żartobliwych akcji propagandowych. Jego członkowie patrolują centra miast ubrani w tablice z wypisanym hasłem: „Proszę się pospieszyć!".

Niedawno Stowarzyszenie zwróciło się do Międzynarodowego Komitetu Olimpijskiego z propozycją, by przyznawać złote medale sportowcom, którzy osiągną najwolniejsze czasy.

„To, że ktoś należy do ruchu powolnościowego, nie oznacza, że zawsze musi być powolny. My też latamy samolotami! Nie znaczy też, że człowiek jest zawsze strasznie poważny, że ciągle filozofuje albo chce popsuć innym zabawę – mówi Michaela Schmoczer, niezwykle skuteczna sekretarz Stowarzyszenia. – Można być poważnym, ale nie trzeba tracić poczucia humoru".

Mając to na uwadze, Spowalniacze regularnie zastawiają w centrach miast „pułapki na szybkość". Przy pomocy stoperów mierzą czas pieszym, którzy biegają za swoimi codziennymi sprawami. Osoby przyłapane na pokonaniu dystansu 50 metrów w czasie mniejszym niż 37 sekund zostają zatrzymane i poproszone, by wyjaśniły, dlaczego tak się spieszą. Za karę muszą następnie przejść tę samą odległość, prowadząc trudnego do sterowania żółwia marionetkę. „Ta akcja zawsze odnosi duży sukces" – mówi Jurgen Adam, nauczyciel, który zastawiał pułapkę na szybkość w niemieckim mieście Ulm. – Większość ludzi nawet się nie zastanawia, dlaczego tak pędzi. Ale kiedy człowiek zacznie z nimi rozmawiać o szybkości i o czasie, są bardzo zainteresowani. Podoba im się pomysł, żeby zwolnić. Niektórzy wracają później tego samego dnia i proszą, czy mogliby jeszcze raz pospacerować z żółwiem, bo działa to na nich tak kojąco".

W 2002 roku 70 członków Stowarzyszenia z Niemiec, Austrii i Szwajcarii zjechało na doroczną konferencję do Wagrain, by przez trzy dni naprawiać świat nad kieliszkiem wina i sznyclem wiedeńskim. Stroje są swobodne, podobnie jak stosunek do kwestii punktualności. Hasło przytwierdzone w głównej sali posiedzeń głosi: „Zaczynamy, kiedy nadejdzie właściwa pora". Czytaj: wiele warsztatów zaczyna się z opóźnieniem. Z powodu sfuszerowanego wydruku z sobotniego programu zniknął cały punkt mający trwać trzydzieści minut. Kiedy zwracam uwagę jednego z delegatów na tę nieprawidłowość, spogląda na mnie ze zdumieniem, a następnie uśmiecha się, wzrusza ramionami i odpowiada: „Łatwo przyszło, łatwo poszło".

Nie zrozumcie tego źle. Spowalniacze nie są zakręconymi weteranami ery hipisów. Daleko im do tego. To zatroskani obywatele, jakich widuje się na zebraniach wspólnot osiedlowych na całym świecie – prawnicy, doradcy, lekarze, architekci, nauczyciele. Mimo to zdarza się od czasu do czasu, że konferencja obraca się w farsę. Podczas jednego z warsztatów odbywającego się w hotelowym lobby dwóch zarośniętych studentów filozofii prowadzi dyskusję poświęconą sztuce nie robienia kompletnie niczego. Około tuzina uczestników zjawia się w jakieś dziesięć minut po rozpoczęciu panelu. Siedzą bez słowa, wiercą się na składanych krzesłach. Ciszę zakłóca tylko odległy pomruk odkurzacza odbijający się echem na pobliskich schodach.

Za to w innych partiach hotelu pozostali uczestnicy zastanawiają się nad bardziej pragmatycznymi metodami spowalniania. Jeden przedsiębiorca prowadzi seminarium poświęcone swojemu projektowi uruchomienia pierwszego na świecie Powolnego hotelu. „W dzisiejszych czasach wakacje bywają na ogół bardzo stresujące – wyjaśnia Bernhard Wallmann, ogromny mężczyzna w średnim wieku obdarzony oczami szczeniaczka. – Na początek przemieszczacie się gdzieś samochodem lub samolotem, potem zasuwacie jak nakręceni, starając się odwiedzić jak najwięcej atrakcji. Sprawdzacie pocztę w kafejkach internetowych, w hotelowym telewizorze oglądacie CNN i MTV. Za pomocą telefonu komórkowego pozostajecie w kontakcie ze znajomymi i kolegami, którzy zostali w domu, a wreszcie wracacie do siebie, bardziej zmęczeni niż w chwili wyjazdu". Położony w zaciszu jednego z austriackich parków narodowych trzystułóżkowy Powolny Hotel Wallmanna ma być inny. Goście będą dojeżdżać do pobliskiej wioski parowozem, a do samego hotelu docierać pieszo lub pojazdem konnym. Wszystkie wynalazki wywołujące pośpiech — telewizory, telefony komórkowe, laptopy, palmtopy, samochody — będą zakazane. Zamiast tego goście będą oddawać się prostym, Powolnym przyjemnościom, takim jak ogrodnictwo, piesze wycieczki, czytanie, joga i zabiegi odnowy biologicznej. Zaproszeni prelegenci opowiedzą o czasie, szybkości i powolności. Kiedy Wallmann przedstawia swoją wizję, niektórzy Spowalniacze kręcą głowami. Twierdzą, że przedsięwzięcie jest zbyt duże, zbyt elitarne, zbyt komercyjne. Ale Wallmann, odziany w wypolerowane czarne buty znamionujące człowieka o poważnych zamiarach, nie traci animuszu. „W dzisiejszym świecie istnieje wielkie zapotrzebowanie na powolność — wyjaśnia mi później między dwoma kęsami jabłkowego strudla. — Myślę, że nadeszła pora, by otworzyć hotel, który naprawdę pozwoli ludziom zwolnić pod każdym względem".

Decyzja o porzuceniu kultury szybkości to skok w nieznane — a zawsze łatwiej skakać, kiedy widzi się, że inni dookoła robią to samo. Erwin Heller, monachijski prawnik specjalizujący się w nieruchomościach, mówi, że zetknięcie z innymi członkami Stowarzyszenia na Rzecz Spowolnienia Czasu pomogło mu wykonać ten krok. „Miałem poczucie, że ciągłe przyspieszanie w każdej dziedzinie jest złe, ale kiedy człowiek jest sam, to zawsze obawia się, że może się mylić, a wszyscy inni mają rację — tłumaczy. — Świadomość, że wielu ludzi myśli podobnie, a wręcz podejmuje konkretne działania, dała mi pewność, że warto samemu zacząć żyć wolniej".

Członkowie Stowarzyszenia nie są osamotnieni. Na całym świecie ludzie skrzykują się, by zakładać grupy propagujące Powolność. W 2004 roku ponad siedmiuset Japończyków należało do Klubu Leniwca, który popularyzuje mniej pospieszny i bardziej przyjazny środowisku tryb życia. Grupa ta prowadzi w Tokio kawiarnię, gdzie można zjeść ekologiczne jedzenie, posłuchać koncertu przy świecach i kupić T-shirty oraz kubki z napisem „Powolne jest piękne". Stoliki specjalnie rozstawiono w większych odstępach, niż jest to przyjęte w Japonii, aby zachęcić gości, by odprężyli się i zasiadywali na dłużej. Po części to dzięki Klubowi Leniwca spowolnienie stało się teraz modne w Japonii. Autorzy reklam posługują się angielskim słowem *slow*, by promować dowolne towary – od papierosów, przez wycieczki wakacyjne po mieszkania. Podziw dla swobodnego stylu życia Europejczyków z krajów śródziemnomorskich jest tak rozpowszechniony, że pewien komentator mówi o „latynizacji Japończyków".

W 2001 roku jeden z założycieli Klubu Leniwca, antropolog i działacz na rzecz środowiska Keibo Oiwa, opublikował przegląd rozmaitych kampanii propagujących powolność z całego świata. Książka nosiła tytuł *Powolne jest piękne* i doczekała się jak dotąd dwunastu dodruków. Kiedy odwiedzam autora w jego biurze na Uniwersytecie Meiji Gakuin na obrzeżach Tokio, Oiwa właśnie wrócił z cieszących się wysoką frekwencją warsztatów o powolności zorganizowanych przez prefekturę Hyogo. „Coraz więcej mieszkańców Japonii, zwłaszcza młodych ludzi, przekonuje się, że bycie powolnym jest w porządku – opowiada. – Dla nas oznacza to kolosalną zmianę w podejściu do życia".

Po drugiej stronie Pacyfiku ta sama fala narasta za sprawą Fundacji Long Now z siedzibą w San Francisco. Jej członkowie ostrzegają, że sprinterski bieg pośród codziennego młyna obowiązków absorbuje nas tak dalece, że rzadko udaje nam się sięgać wzrokiem dalej niż następny termin czy bilans kwartalny. „Cywilizacja nabiera tempa, które skutkuje patologicznie krótkim zakresem koncentracji uwagi" – twierdzą. Aby sprawić, że zwolnimy i zaczniemy widzieć świat w szerszej i dalszej perspektywie, Fundacja buduje wielkie skomplikowane zegary, w których wskazówka przesuwa się raz na rok, a jej pełny obrót wokół tarczy ma zająć dziesięć tysiącleci. Pierwszy z nich, piękną bestię z brązu i stali, można już oglądać w Muzeum Nauki w Londynie. Drugi, znacznie większy zegar ma zostać wpasowany w wapienny klif opodal Parku Narodowego Wielkiej Kotliny we wschodniej Newadzie.

Wielu sympatyków Fundacji Long Now zajmuje się zawodowo nowoczesnymi wynalazkami. W jej radzie zasiada Danny Hillis, który uczestniczył w projektowaniu superkomputerów. Wśród korporacji wspierających ją finansowo znajdują się tacy giganci najnowocześniejszych technik jak PeopleSoft, Autodesk, Sun Microsystems Inc. Dlaczego przedstawiciele najszybszej branży na Ziemi wspierają organizację propagującą powolność? Oni także dostrzegają, że kult szybkości wymknął nam się spod kontroli.

54

Dzisiejsze organizacje na rzecz Powolności wpisują się w tradycję oporu, który narodził się na długo przed nadejściem epoki przemysłowej. Nawet naszym przodkom ze świata starożytnego nie była obca irytacja wywoływana przez tyranię mierzenia czasu. W 200 roku p.n.e. spod pióra rzymskiego komediopisarza Plauta wyszedł następujący lament:

Niechaj bogowie przeklną męża, co jako pierwszy pojął
Jak odmierzać czas – i niechaj przeklną także tego,
Co wzniósł tutaj zegar słoneczny,
By tak koszmarnie ciąć i rąbać moje dni
Na drobne kawałeczki!
...[nawet spocząć, aby zjeść] nie mogę, póki mi słońce
nie da przyzwolenia.
Całe miasto pełne jest tych przeklętych zegarów...[1]

---

[1] Cytat przypisywany Plautowi został przekazany przez Aulusa Gelliusa, rzymskiego pisarza i erudytę żyjącego w II w., w dziele *Noce attyckie* (łac. *Noctes Atticae*).

Pojawieniu się mechanicznych zegarów w Europie stale towarzyszyły protesty. W 1340 roku walijski bard Dafydd ap Gwilym zżymał się następującymi słowami: „Niech przeklęty będzie czarnolicy zegar ze skarpy, który mnie obudził! Niech zgniją jego głowa i język, obie liny i koła, a także jego ciężarki, kule, otwory, młotek, kaczki kwaczące, jakby wypatrywały nadejścia dnia, i cały jego niestrudzony mechanizm".

Podczas gdy pomiar czasu wślizgiwał się w kolejne dziedziny życia, autorzy satyr szydzili z europejskiej uniżoności wobec zegara. W *Podróżach Guliwera* (1776) Liliputi orzekają, że skoro Guliwer tak często spogląda na swój zegarek, przedmiot ten najwyraźniej jest jego bogiem.

W miarę jak uprzemysłowienie nabierało tempa, narastał także sprzeciw wobec ubóstwienia zegarów i kultu szybkości. Wprowadzenie uniwersalnego czasu często potępiano jako formę niewolnictwa. W 1884 roku Charles Dudley Warner, amerykański wydawca i eseista, dał wyraz rozpowszechnionemu poczuciu niepokoju.
W jego słowach pobrzmiewały echa Plauta: „Siekanie czasu na sztywno ustalone odcinki stanowi zamach na wolność jednostki i nie pozostawia żadnego marginesu uwzględniającego różnice temperamentu lub nastroju". Inni skarżyli się, że przez maszyny życie staje się zbyt szybkie, zbyt wypełnione obowiązkami, że ulega odczłowieczeniu. Ruch romantyczny w sztuce, literaturze i muzyce, który rozprzestrzenił się w Europie po 1770 roku, był poniekąd reakcją przeciw kulturze nowoczesnej bieganiny, nawiązaniem do epoki utraconej idylli.

Przez cały czas rewolucji przemysłowej ludzie poszukiwali sposobów, by stawić czoła narastającemu tempu życia, powściągnąć je lub schronić się przed nim. W 1776 roku paryscy introligatorzy ogłosili strajk, żądając, by ich dzienny czas pracy ograniczyć do 14 godzin. Nieco później, w nowych fabrykach, związki zawodowe zaczęły domagać się wydłużenia czasu wolnego. Stałą śpiewką było wówczas: „Osiem godzin na pracę, osiem godzin na sen, osiem godzin na co nam się podoba". Radykalni związkowcy rozbijali zegary umieszczane nad bramami fabryk – gest ten szczególnie podkreślał zależność między czasem a władzą.

Tymczasem w Stanach Zjednoczonych grupa intelektualistów znanych jako transcendentaliści wychwalała spokojną prostotę życia zakorzenionego w naturze. Jeden z nich, Henry David Thoreau, przeprowadził się w 1841 roku do jednoizbowej chaty na brzegu Walden Pond opodal Bostonu, skąd potępiał nowoczesne życie jako kołowrót „nieustającej gonitwy... wypełniony tylko pracą, pracą i jeszcze raz pracą".

W 1870 roku zrodzony w Wielkiej Brytanii ruch Arts and Crafts (Sztuka i Rzemiosło) odrzucił masową produkcję na rzecz wykonywanej własnymi rękami powolnej i rzetelnej pracy rzemieślniczej. Znużeni mieszkańcy miast całego przemysłowego świata znajdowali uśmierzenie w kulcie wiejskiej idylli. Richard Jeffries zrobił karierę jako autor powieści i wspomnień o sielskich, zielonych terenach Anglii, gdy tymczasem romantyczni malarze, tacy jak Caspar David Friedrich w Niemczech, Jean-François Millet we Francji i John Constable w Anglii, zapełniali swoje płótna kojącymi pejzażami wiejskimi. Miejskie pragnienie, by spędzić nieco czasu wypoczywając i regenerując siły w arkadyjskim zaciszu prowincji, zaowocowało narodzinami nowoczesnej turystyki. W 1845 roku w brytyjskiej Krainie Jezior było już więcej turystów niż owiec.

Pod koniec XIX wieku uwagę na szkodliwe skutki szybkości zaczęli zwracać lekarze i psychiatrzy. Sygnał do debaty dał George Beard, publikując w 1881 roku *American Nervousness (Amerykańska nerwica)*, w której obciążał tempo życia winą za wszystkie dolegliwości, od nerwobóli po gnicie zębów i wypadanie włosów. Beard przekonywał, że nowoczesna obsesja punktualności i wykorzystywania każdej sekundy sprawia, że każdy jest przekonany jakoby „kilkuminutowe opóźnienie mogło zniweczyć nadzieje całego życia".

Trzy lata później sir James Crichton-Browne obwiniał wysokie tempo życia o odnotowany w Anglii gwałtowny wzrost zgonów na skutek niewydolności nerek, chorób serca i raka. W 1901 roku John Girdner ukuł termin „nowojorkenia" (*„newyorkitis"*) dla opisania choroby, której objawy obejmowały między innymi drażliwość, nerwowe ruchy i impulsywność. Rok po nim Francuz Gabriel Hanotaux antycypował koncepcje współczesnych ruchów ekologicznych, ostrzegając, że bezrefleksyjna pogoń za prędkością przyspiesza kurczenie się światowych zapasów węgla: „Wypalamy nasze zasoby podczas naszego pobytu na tej ziemi po to tylko, aby szybciej zobaczyć własny koniec".

Niektóre z obaw, które wyrażali wcześni krytycy szybkości, były jawnie absurdalne. Lekarze głosili, że pasażerowie pociągów zostaną zgnieceni pod ciśnieniem albo że sam widok pędzącego parowozu może doprowadzić obserwatora do szaleństwa. Kiedy w latach dziewięćdziesiątych XIX wieku rowery po raz pierwszy zyskały popularność, niektórzy obawiali się, że szybka jazda pod wiatr spowoduje trwałe zniekształcenie nazywane „twarzą rowerową". Moraliści ostrzegali, że rowery zdeprawują młodzież, ponieważ otworzą im drogę do romantycznych schadzek z dala od wścibskich oczu opiekunów. Bez względu, jak śmieszne okazywały się te obawy, pod koniec XIX stulecia nie ulegało jednak wątpliwości, że szybkość naprawdę zbiera swoje żniwo. Każdego roku tysiące ginęły w wypadkach z udziałem nowych pojazdów − rowerów, samochodów, autobusów, tramwajów, pociągów i statków parowych.

W miarę jak rosło tempo życia, wielu wypowiadało się przeciw dehumanizującym wpływom szybkości. Francuski pisarz Octave Mirabeau notował w 1908 roku: „(Nasze) myśli, uczucia i miłości to trąba powietrzna. Wszędzie dookoła życie pędzi obłąkańczo jak szarżujący oddział kawalerii (...). Wokół człowieka wszystko skacze, tańczy i galopuje, przesuwając się w ruchu, który pozostaje w dysonansie z jego ruchem". Przez cały wiek XX opór wobec kultu szybkości wzrastał, zyskując formę szerokich ruchów społecznych. Kontrkulturowe trzęsienie ziemi lat sześćdziesiątych stało się dla milionów ludzi inspiracją, by zwolnić i wieść prostsze życie. Podobne filozofie zrodziły ruch Voluntary Simplicity (Prostoty z Wyboru). Pod koniec lat osiemdziesiątych nowojorski Trends Research Institute (Instytut Badań nad Trendami) zdiagnozował zjawisko zwane *downshiftingiem*[1], które polega na porzuceniu życia charakteryzującego się wysokim tempem, presją i zarobkami na rzecz egzystencji swobodniejszej i mniej nastawionej na konsumpcję. W odróżnieniu od spowalniaczy z pokolenia hipisów, ludzie decydujący się na *downshifting* kierują się nie tyle ideałami politycznymi czy ekologicznymi, co pragnieniem szczęśliwszego życia. Są skłonni porzucić pieniądze w zamian za czas i powolność.

Współcześnie wielu ludzi chroni się przed szybkością w bezpiecznym porcie duchowości. W czasie gdy liczba wiernych w zinstytucjonalizowanych kościołach chrześcijańskich maleje, rywalizujące z nimi ruchy odnowy ewangelicznej prosperują. Na całym Zachodzie kwitnie buddyzm, sukces odnoszą też księgarnie, czaty i ośrodki leczenia związane z eklektycznymi, metafizycznymi doktrynami New Age. Żadne z tych zjawisk nie powinno dziwić w czasach, kiedy ludzie łakną powolności. Duch z istoty jest powolny. Choćbyście nie wiadomo jak się starali, oświecenia nie można przyspieszyć. Każda religia naucza, że w celu nawiązania łączności z samym sobą, z innymi i z wyższą siłą, człowiek powinien zwolnić. Pismo Święte powiada w Psalmie 46: „Zatrzymajcie się i wiedzcie, że Ja jestem Bogiem"[2].

Na początku XX wieku chrześcijańscy i żydowscy duchowni udzielali moralnego poparcia kampaniom na rzecz skrócenia tygodnia pracy, argumentując, że ludzie pracujący potrzebują więcej wolnego czasu na dokarmianie swych dusz. Dziś z ambon na całym świe-

---

[1] *Downshifting* oznacza dosłownie redukcję biegu w samochodzie.
[2] Ps 46, 11, przekład Biblii Tysiąclecia.

cie dobiega to samo wołanie o powolność. Za pomocą Google'a odnaleźć można mnóstwo kazań potępiających demona szybkości. W lutym 2002 roku w Pierwszym Kościele Unitarian w Rochester w stanie Nowy Jork wielebny Gary James wygłosił płomienną apologię filozofii powolnościowej. W kazaniu zatytułowanym *Zwolnijcie!* powiedział swojemu zgromadzeniu, że w życiu „potrzebne są chwile intensywnego wysiłku i przyspieszonego tempa (...), ale od czasu do czasu potrzebna jest też przerwa, odświętny moment, kiedy człowiek może zastanowić się, dokąd zmierza, jak prędko chce tam dotrzeć i – co najważniejsze – dlaczego".

Kiedy znany przywódca buddyjski Thich Nhat Hanh odwiedził w 2002 roku Denver w stanie Kolorado, na spotkanie z nim przybyło ponad pięć tysięcy słuchaczy. Usłyszeli od niego, że pora zwolnić i „poświęcać więcej czasu, by żyć głębiej". Podobnie brzmi nauczanie newage'owych guru.

Czy znaczy to wobec tego, że aby stać się Powolnym człowiek musi być także uduchowiony lub posiadać newage'owe ciągoty? W naszym cynicznym, świeckim świecie jest to pytanie niepozbawione znaczenia. Wielu ludzi, a wśród nich i ja, odnosi się nieufnie do każdego ruchu obiecującego ścieżkę do duchowej nirwany. Religia nigdy nie odgrywała istotnej roli w moim życiu, a wiele praktyk kultury New Age uważam za zabobon. Chcę zwolnić, ale nie życzę sobie, by oznaczało to, że siłą zapędza się mnie, bym odnalazł Boga lub wyznawał wiarę w kryształowe kule i astrologię. Ostateczny sukces ruchu powolnościowego zależeć będzie od tego, jak dyplomatycznie zdoła pogodzić ludzi takich jak ja ze spowalniaczami o bardziej uduchowionych skłonnościach.

Będzie on także zależeć od gospodarczych argumentów na rzecz porzucenia szybkości. Ile materialnego bogactwa – jeśli w ogóle – będziemy musieli poświęcić – jako jednostki i jako zbiorowość – aby żyć Powoli? Czy potrafimy i czy chcemy zapłacić tę cenę? I w jakim stopniu spowolnienie stanowi jedynie przywilej dla bogatych? Są to ważkie pytania, z którymi ruch powolnościowy musi się zmierzyć.

Jeżeli działacze propowolnościowi chcą dokonać jakiegokolwiek postępu, muszą wyplenić głęboko zakorzenione uprzedzenia dotyczące samej idei spowolnienia. W wielu środowiskach słowo „powolny" wciąż źle się kojarzy. Wystarczy rzucić okiem na definicję w Oxfordzkim Słowniku Języka Angielskiego: „taki, któremu rozumienie nie przychodzi łatwo, nudny, nieciekawy, mający kłopoty z uczeniem się, nużący, nieruchawy, ociężały". Nie są to raczej epitety, którymi zapełnilibyście swoje CV. W naszej nakręconej, faworyzującej szybkość kulturze życie z prędkością odrzutowca wciąż uchodzi za ostateczny wyróżnik sukcesu. Kiedy ktoś zawodzi: „Och, jestem taki zajęty, ciągle zasuwam, życie mi się rozmywa przed oczami, na nic nie mam czasu", często tak naprawdę mówi: „Popatrz na mnie, jestem bardzo ważny, fascynujący i pełen energii". Wprawdzie można odnieść wrażenie, że mężczyźni żywią większe upodobanie do szybkości niż kobiety, ale w zawodach „kto szybszy" o uznanie ścigają się przedstawiciele obu płci. Nowojorczycy z mieszanką dumy i politowania zdumiewają się wolniejszym tempem życia w innych miejscach w Stanach Zjednoczonych. „Żyją, jakby cały czas byli na wakacjach – prycha pewna mieszkanka Manhattanu. – Niech tak spróbują w Nowym Jorku, będą mieli przerąbane".

Być może największym wyzwaniem dla ruchu powolnościowego jest naprawienie naszych neurotycznych stosunków z samym zjawiskiem czasu: nauczenie nas jak – by przywołać słowa byłej premier Izraela, Goldy Meir – „rządzić zegarkiem, a nie być rządzonym przez zegarek". Niewykluczone, że ten proces już się niepostrzeżenie rozpoczął. Jako kurator działu czasomierzy w Muzeum Nauki w Londynie, David Rooney dogląda imponującej kolekcji pięciuset urządzeń do pomiaru czasu, począwszy od starożytnych zegarów słonecznych i klepsydr, a kończąc na nowoczesnych zegarkach kwarcowych i zegarach atomowych. Trudno się dziwić, że stosunki tego dwudziestoośmioletniego okularnika z czasem są wyjątkowo klaustrofobiczne. Na jego nadgarstku znajduje się przerażająco dokładny zegarek kontrolowany przez wieżę radiową. Antena ukryta w pasku pobiera codzienną aktualizację wysyłaną z Frankfurtu. Kiedy zegarek nie otrzyma sygnału, w lewym dolnym rogu ekraniku pojawia się cyfra „1". Jeśli sygnał nie dotrze następnego dnia, jedynka zmienia się w dwójkę i tak dalej. Cała ta precyzja faktycznie wprawia Rooneya w stan wielkiego niepokoju.

„Ilekroć nie odbiorę sygnału, mam prawdziwe poczucie straty — opowiada mi, gdy przechadzamy się po wystawie pod tytułem Pomiar Czasu w jego muzeum, podnosząc głosy, aby móc usłyszeć się nawzajem pośród uporczywego tykania. — Kiedy licznik na ekranie wskazuje dwójkę, zaczynam się na serio przejmować. Raz doszedł do trójki i musiałem zostawić zegarek w domu, w szufladzie. Zaczynam się stresować, jeśli wiem, że spóźnia się albo spieszy choćby o milisekundę".

Rooney zdaje sobie sprawę, że to niezdrowe podejście, ale z optymizmem myśli o innych ludziach. Historyczny trend, by przestawiać się na coraz precyzyjniejsze urządzenia pomiaru czasu, dobiegł końca wraz z zegarkiem kontrolowanym przez radio, który nie przyjął się na rynku. Nabywcy, przedkładając styl nad precyzję, chętniej noszą swatche albo roleksy. Rooney uważa, że odzwierciedla to subtelną zmianę w naszym podejściu do czasu.

„Podczas rewolucji przemysłowej, kiedy życiem człowieka zaczęła rządzić praca, straciliśmy kontrolę nad tym, jak wykorzystujemy czas — mówi. — Niewykluczone, że obserwujemy właśnie początki przeciwnej reakcji. Wygląda na to, że ludzie dotarli do momentu, gdy nie życzą sobie, by ich czas szatkowano z coraz to większą precyzją na coraz to mniejsze skrawki. Nie chcą ulegać obsesji czasu ani stawać się niewolnikami zegara. Możliwe, że towarzyszy też temu uczucie w stylu: «Szef mierzy czas, więc ja nie chcę»".

W kilka miesięcy po naszym spotkaniu Rooney postanowił stawić czoła swojej obsesji na punkcie mierzenia czasu. Zamiast zamartwiać się rozbieżnościami wielkości milisekundy, nosi teraz nakręcany zegarek z lat sześćdziesiątych, który zwykle spóźnia się lub spieszy o mniej więcej pięć minut. „To moja prywatna reakcja na nadmiar precyzji" – wyjaśnia. Rooney rozmyślnie wybrał nakręcany zegarek jako symbol odzyskania przewagi nad czasem. „Jeśli nie nakręcasz go codziennie, zatrzymuje się, więc to ty sprawujesz kontrolę – tłumaczy. – Mam teraz poczucie, że to czas działa na moją korzyść, a nie na odwrót, i dzięki temu odczuwam mniejszą presję. Nie spieszę się tyle".

Niektórzy posuwają się dalej. Kiedy niedawno przebywałem w Niemczech, mój tłumacz zachwycał się korzyściami płynącymi z nienoszenia zegarka w ogóle. Wprawdzie wciąż pozostaje skrupulatnie punktualny dzięki zegarkowi w telefonie komórkowym, ale jego dawna obsesja minut i sekund zaczęła się rozmywać.

„To, że nie noszę zegarka na ręce, na pewno sprawia, że mam większy luz w stosunku do czasu – opowiadał mi. – Łatwiej mi zwolnić, kiedy czas nie jest ciągle obecny w polu widzenia i nie powtarza: «Nie możesz zwolnić, nie możesz mnie marnować, musisz się spieszyć»".

Czas stanowi dziś bez wątpienia gorący temat. Jak powinniśmy go używać? Kto sprawuje nad nim kontrolę? W jaki sposób możemy bronić się przed obsesją na jego punkcie? Amerykański ekonomista Jeremy Rifkin sądzi, że to zagadnienie może stać się kluczową kwestią XXI wieku. „Nadciąga bitwa o politykę czasu – pisał w 1987 roku w książce *Time Wars*. – Jej wynik może wyznaczyć przyszły kurs w światowej polityce w nadchodzącym stuleciu". Niewątpliwie wynik ten wpłynie także na dalsze losy ruchu powolnościowego.

3

JEDZENIE:

WYRZUCIĆ SZYBKOŚĆ OD STOŁU

Jesteśmy tym, co jemy.

LUDWIG FEUERBACH, XIX-WIECZNY NIEMIECKI FILOZOF

Czy oglądaliście kiedyś *Jetsonów*, starą amerykańską kreskówkę opowiadającą o życiu w dalekiej przyszłości pełnej zaawansowanych wynalazków? Dla wielu dzieci była ona źródłem pierwszych wyobrażeń co do tego, jak może wyglądać XXI wiek. Jetsonowie byli tradycyjną czteroosobową rodziną zamieszkującą świat, gdzie wszystko było superszybkie, ultrawygodne i w stu procentach wykonane przez człowieka. Niebem pruły statki kosmiczne, zakochane pary spędzały wakacje na Wenus, a roboty w zawrotnym tempie uwijały się przy domowych obowiązkach. Jeśli chodzi o gotowanie, to Jetsonowie bili McDonalda na głowę. Wystarczyło nacisnąć guzik, by ich „preparator" wyrzucił z siebie syntetyczne porcje lazanii, pieczonego kurczęcia i ciasteczek czekoladowych, a cała rodzina je wsuwała. Czasami na kolację Jetsonowie jadali same pigułki.

Chociaż dorastałem w domu, gdzie ceniono dobre jedzenie, pamiętam, że podobał mi się pomysł pełnego posiłku w jednej pigułce. Wyobrażałem sobie, jak ją połykam i zaraz pędzę na dwór, żeby bawić się z kolegami. Jedzenie błyskawiczne nie zostało oczywiście wymyślone przez twórców *Jetsonów* – to nieodłączna fantazja każdej kultury, gdzie ludzie chcą cały czas przyspieszać. W 1958 roku, na cztery lata przed pierwszym odcinkiem *Jetsonów*, czasopismo „Cosmopolitan" przewidywało bez cienia smutku, że pewnego dnia każdy posiłek będzie się przygotowywać w mikrofalówkach, które trafiły na rynek we wczesnych latach pięćdziesiątych. Według tej wizji mielibyśmy wtedy rozpylać po kuchni sztuczne aromaty – świeżego chleba, pieczonych kiełbasek, grillowanego czosnku – aby przypominały nam o czasach, kiedy gotowanie było prawdziwsze i mniej błyskawiczne. Ostatecznie proroctwa „Cosmopolitan" sprawdziły się jedynie w połowie: jesteśmy dziś zbyt zapracowani, by trwonić czas na sztuczne aromaty. Jedzenie, podobnie jak wszystko inne, stało się zakładnikiem pośpiechu i nawet jeżeli pigułki z błyskawicznym posiłkiem wciąż należą do domeny opowieści science-fiction, to każdemu z nas zdarza się korzystać z książki kucharskiej Jetsonów.

Pośpiech rozgościł się przy stole w czasach rewolucji przemysłowej. W XIX wieku, na długo przed wynalezieniem samochodowych barów z hamburgerami, pewien obserwator opisywał amerykańskie zwyczaje jedzeniowe hasłem: „Połknij, popij, pędź". Margaret Visser pisze w *The Rituals of Dinner* (*Rytuały posiłku*), że społeczeństwa znajdujące się w procesie uprzemysłowienia poczęły wysoko cenić pośpiech podczas oficjalnych posiłków jako „oznakę kontroli i wydajności". U schyłku drugiej dekady XX wieku nestorka amerykańskiej etykiety Emily Post ogłosiła, że uroczysta kolacja nie powinna trwać dłużej niż dwie i pół godziny, począwszy od pierwszego dzwonka do drzwi, a skończywszy na wyjściu ostatniego gościa. Obecnie większość posiłków niewiele różni się od postoju na zatankowanie. Zamiast zasiąść do stołu w towarzystwie rodziny lub przyjaciół, często jadamy w pojedynkę, w ruchu lub podczas wykonywania innej czynności – pracując, prowadząc samochód, czytając gazetę, surfując po Internecie. Dziś niemal połowa Brytyjczyków zjada wieczorny posiłek przed telewizorem, a przeciętna brytyjska rodzina więcej czasu spędza ze sobą w samochodzie niż przy stole. Kiedy rodziny już zasiadają razem do jedzenia, często ma to miejsce w barach szybkiej obsługi w rodzaju McDonalda, gdzie posiłek trwa przeciętnie jedenaście minut. Visser utrzymuje, że wspólne jadanie z bliskimi osobami jest zbyt wolne dla współczesnego świata: „W porównaniu z zaspokojeniem nagłej chętki na kubek zupy odgrzewanej w mikrofali – co zajmuje nie więcej niż pięć minut – zjedzenie posiłku w gronie przyjaciół może się jawić jako oficjalne i czasochłonne wydarzenie o sztywnym protokole (...), tymczasem przebywanie sam na sam z własnym pośpiechem daje wolność i uchodzi za pożądane".

Przyspieszenie przy stole znajduje odbicie w gospodarstwie rolnym. Sztuczne nawozy i pestycydy, intensywne tuczenie i stosowanie antybiotyków przyspieszających trawienie, hormony wzrostu, rygorystyczne reguły rozmnażania i modyfikacja genetyczna – każdy naukowy trik znany człowiekowi został zaprzężony, aby obniżyć koszty, powiększyć plony i sprawiać, że zwierzęta hodowlane i zboża będą szybciej rosnąć. Dwa wieki temu przeciętna świnia osiągała masę 60 kilogramów w pięć lat; dziś dochodzi do stu kilo w zaledwie sześć miesięcy i jest ubijana, nim straci mleczne zęby. Łososie w Ameryce Północnej poddano genetycznej modyfikacji, która powoduje, że rosną od czterech do sześciu razy szybciej niż przeciętny normalny łosoś. Drobni właściciele ziemscy ustępują pola fermom zajmującym się hodowlą przemysłową, które masowo produkują szybkie, tanie i ustandaryzowane jedzenie.

Kiedy nasi przodkowie przenosili się do miast i zatracali związki z ziemią, ulegali zauroczeniu ideą szybkiego jedzenia na szybkie czasy. Im bardziej przetworzone i gotowe do spożycia, tym lepsze. W latach pięćdziesiątych restauracje umieszczały zupę z puszki na honorowym miejscu w karcie dań. W amerykańskiej sieci o nazwie Tad's 30 Varieties of Meals (30 Różnych Dań od Tada) klienci sami podgrzewali mrożone posiłki w mikrofalówkach stojących przy stolikach. Mniej więcej w tym samym czasie wielkie sieci fast foodów zaczęły stosować bezwzględną logikę masowej produkcji, która ostatecznie zaowocowała hamburgerami za 99 centów.

W miarę jak życie przyspieszało, ludzie rzucili się, by powielać gotowe potrawy lub dania z fast foodów w domach. W 1954 roku amerykańska firma Swanson zaprezentowała pierwszy gotowy zestaw do odgrzewania – umieszczony na jednej tacce wysoko przetworzony posiłek, złożony z indyka w panierce z mąki kukurydzianej, sosu pieczeniowego, słodkich ziemniaków i groszku okraszonego masłem. Mężowie – rozjuszeni, że ich żony już nie przygotowują dań od podstaw – zasypali producenta listami pełnymi obelg, ale nic już nie było w stanie zatrzymać rozprzestrzeniania się kultu gotowych dań. Pięć lat później w Japonii zadebiutował kolejny klasyk kulinarnego oszczędzania czasu – makaron błyskawiczny. Wszędzie na świecie jedzenie poczęto reklamować nie tyle ze względu na jego smak lub wartości odżywcze, co z uwagi na krótki czas przygotowania. Słynne stały się umizgi Uncle Ben's, który zalecał się do udręczonych gospodyń domowych hasłem: „Ryż długoziarnisty gotowy w... pięć minut!".

Kiedy w latach siedemdziesiątych mikrofalówki opanowały kuchnię, czas gotowania poczęto mierzyć w sekundach. Pierwotna wersja tacki Swansona, którą w tradycyjnym piecyku należało podgrzewać przez 25 minut, nagle zdawała się czymś tak wolnym, jak gdyby pochodziła z epoki zegarów słonecznych. Rynek ciast w torebkach zapadł się jak spartaczony suflet, ponieważ zbyt mało ludzi było skłonnych poświęcić 30 minut na wykonanie wszystkich punktów przepisu. Dzisiaj nawet najprostsze dania, od jajecznicy po purée z ziemniaków, można dostać w wersji błyskawicznej. Supermarkety oferują gotowe wersje niemal każdej potrawy pod słońcem – dania typu curry, hamburgery, mięsa z rusztu, sushi, sałatki, potrawki, zapiekanki i zupy. Aby dotrzymać kroku swym niecierpliwym klientom, Uncle Ben's wprowadził ryż przeznaczony do przyrządzenia w mikrofalówce, którego przygotowanie zajmuje dwie minuty.

Oczywiście stosunek do jedzenia różni się w zależności od miejsca. Amerykanie spędzają na jedzeniu mniej czasu niż jakakolwiek inna nacja – około godziny dziennie – i częściej kupują przetworzone jedzenie oraz jadają kolację w pojedynkę. Brytyjczycy i Kanadyjczycy są niewiele lepsi. W Europie Południowej, gdzie dobre jedzenie wciąż postrzega się jako przyrodzone prawo, ludzie i tak przyswajają anglosaski model pospiesznego odżywiania się w trakcie tygodnia. W Paryżu, który chlubi się opinią światowej stolicy dobrej kuchni, bary specjalizujące się w *restauration rapide* odbierają chleb dawnym swojskim bistro. W Goûts et Saveurs w IX dzielnicy lunch to dwudziestominutowa akcja: wino nalewa się zaraz po tym, jak gość usiądzie, a jedzenie wjeżdża na stół prosto z mikrofalówki. W Hôtel Montalambert na lewym brzegu Sekwany kucharz serwuje trzydaniowy lunch na jednej tacy w samolotowym stylu.

Przed blisko dwustu laty legendarny francuski gastronom Anthelme Brillat-Savarin stwierdził, że „losy narodów zależą od ich sposobu odżywiania się"[1]. Dziś ta przestroga jest bardziej aktualna niż kiedykolwiek. Pędząc, odżywiamy się źle i ponosimy tego bolesne konsekwencje. Współczynniki otyłości rosną w kosmicznym tempie, między innymi dlatego, że zajadamy się przetworzonym jedzeniem, które jest naładowane cukrem i tłuszczem. Wszyscy znamy skutki zbierania owoców nim dojrzeją, wysyłania ich przez cały świat w chłodniach i poddawania sztucznym procesom dojrzewania: awokado jednego dnia jest twarde jak kamień, a następnego gnije, zaś pomidory smakują jak gaza opatrunkowa. W pogoni za niskimi kosztami i jak największym obrotem fermy przemysłowe szkodzą zwierzętom hodowlanym, środowisku, a nawet konsumentowi. Rolnictwo intensywne stanowi dziś naczelną przyczynę zanieczyszczenia wody w większości zachodnich krajów. W swoim demaskatorskim bestsellerze *Kraina Fast Foodów* Eric Schlosser ujawnił, że w Stanach Zjednoczonych mielona wołowina z masowej produkcji jest często zanieczyszczona resztkami kału i innymi patogenami. Co roku przez hamburgery tysiące Amerykanów zarażają się bakterią *Escherichia*

69

---

[1] Anthelme Brillat-Savarin, *Fizjologia smaku albo medytacje o gastronomii doskonałej*, przeł. Joanna Guze.

coli. Wystarczy odrobinę pogmerać, a rzekomo tanie jedzenie dostarczane przez fermy przemysłowe okaże się złudną oszczędnością. W 2003 roku badacze z Uniwersytetu Essex obliczyli, że brytyjscy podatnicy płacą rocznie do 2,3 miliardów funtów, aby pokryć koszty szkód wywoływanych przez rolnictwo przemysłowe w środowisku i w zdrowiu ludzkim.

Wielu z nas uwierzyło, że jeśli chodzi o jedzenie, to szybsze jest lepsze. Spieszymy się i chcemy, żeby posiłki dotrzymywały nam tempa. Wielu ludzi otwiera jednak oczy na wady systemu „połknij, popij, pędź". I zwalniają: w gospodarstwach, w kuchniach i przy stole. Na czele tego pochodu kroczy międzynarodowy ruch, którego nazwa sama mówi za siebie: *Slow Food* (Powolne Jedzenie).

Rzym to stolica kraju rozkochanego w jedzeniu. Na cienistych tarasach z widokiem na pokryte winoroślą wzgórza Toskanii lunch przeciąga się aż do późnego popołudnia. Kiedy zegar wybija północ, w osteriach jak Włochy długie i szerokie pary wciąż flirtują nad talerzami *prosciutto* i ręcznie lepionych ravioli. Ale współcześni Włosi często decydują się na szybsze załatwianie kwestii związanych z jedzeniem. Młody mieszkaniec Rzymu prędzej złapie w biegu big maca niż poświęci popołudnie na przygotowanie domowego makaronu. W całym kraju bary szybkiej obsługi wyrastają jak grzyby po deszczu. Ale jeszcze nie wszystko stracone. Kultura *mangiare bene*[1] wciąż odciska ślad na włoskiej mentalności i dlatego też Włochy kroczą w awangardzie ruchu na rzecz kulinarnej powolności.

Wszystko zaczęło się w 1986 roku, kiedy koło słynnych Schodów Hiszpańskich w Rzymie otworzono McDonalda. Dla wielu miejscowych było to o jedną restaurację za daleko: barbarzyńcy wdarli się do grodu i należało podjąć jakieś kroki. Aby zawrócić tsunami fast foodów przetaczające się przez całą planetę, charyzmatyczny krytyk kulinarny Carlo Petrini założył organizację Slow Food. Jak sama nazwa wskazuje, ruch

---

[1] *Mangiare bene* (wł.) – dosłownie: dobrze jeść.

broni tego wszystkiego, co obce jest duchowi McDonalda: świeżych, lokalnych, sezonowych składników, przepisów przekazywanych z pokolenia na pokolenie, zrównoważonych rozwiązań w rolnictwie, tradycyjnych wyrobów, kolacji pojmowanej jako forma spędzania czasu wolnego z rodziną i przyjaciółmi. Slow Food nawołuje także do „eko-gastronomii" − za pojęciem tym stoi przekonanie, że jedzenie dobrych rzeczy może i powinno iść w parze z ochroną środowiska. Niemniej istotą całego przedsięwzięcia jest przyjemność.

Petrini jest zdania, że to dobre miejsce, by rozpocząć próby uporania się z naszą obsesją szybkości we wszystkich dziedzinach życia. Manifest stowarzyszenia głosi: „Nieustępliwa obrona spokojnej materialnej przyjemności jest jedynym sposobem przeciwstawienia się globalnemu szaleństwu szybkości (...). Nasza obrona powinna zacząć się przy stole ze Slow Foodem"[1].

Wielce nowoczesny przekaz Slow Foodu − jedz dobre jedzenie i uratuj planetę − przyciągnął jak dotąd 78 tysięcy członków z ponad 50 krajów. W 2001 roku „New York Times Magazine" zaliczył Slow Food do grona „osiemdziesięciu pomysłów, które wstrząsnęły światem (lub przynajmniej dały mu małego kuksańca)". Wybór ślimaka na symbol ruchu jest trafny, nie oznacza jednak, że jego członkowie są leniwi lub opieszali. Nawet w upalny lipcowy dzień w głównym biurze − mieszczącym się w Bra, miasteczku na południe od Turynu − wrze jak w ulu. Młody, międzynarodowy personel odpisuje na maile, redaguje komunikaty prasowe i dokonuje ostatnich poprawek w newsletterze wysyłanym do wszystkich członków na całym świecie. Slow Food wydaje także kwartalnik w pięciu językach oraz szereg cieszących się uznaniem przewodników po jedzeniu i winie. Wśród pozostałych projektów znajduje się opracowanie internetowego katalogu wszystkich tradycyjnych wyrobów kulinarnych z całego świata.

---

[1] Tekst manifestu przytoczono za stroną internetową Slow Food Polska: <www.slowfood.pl>.

Jak świat długi i szeroki działacze Slow Food organizują kolacje, warsztaty i odwiedziny w szkołach oraz inne wydarzenia propagujące korzyści płynące z poświęcania czasu i uwagi temu, co jemy. W 2004 roku Slow Food otworzył własny Uniwersytet Nauk Gastronomicznych w Pollenzo nieopodal Bra, gdzie studenci studiują nie tylko technologię żywności, ale też poznają historię jedzenia i jego zmysłowy charakter. Organizacja zdołała już przekonać władze Włoch, by wprowadzić „wiedzę o jedzeniu" do szkolnych programów. W 2003 roku Petrini osobiście pomagał niemieckiemu rządowi w opracowaniu podstaw ogólnokrajowego projektu „szkoły smaku".

Jeśli chodzi o kwestie gospodarcze, Slow Food zajmuje się wyszukiwaniem tradycyjnych wyrobów kulinarnych zagrożonych wyginięciem i pomaga im stabilnie ulokować się na światowym rynku. Kontaktuje ze sobą drobnych producentów i uczy ich, jak przebijać się przez biurokratyczne zapory i docierać ze swoimi artykułami do kucharzy, sklepów i smakoszy na całym świecie. We Włoszech udało się jak dotąd ocalić 130 ginących wyrobów delikatesowych, wśród nich soczewicę z Abruzji, ziemniaki z Ligurii, czarny seler z Trevi, wezuwiańskie morele i fioletowe szparagi z Albengi. Niedawno Slow Food zdołał odratować odmianę sieneńskiego dzika, ongiś wysoko cenioną na dworach średniowiecznej Toskanii. Obecnie dziki są odchowywane – a następnie przerabiane na soczyste kiełbasy, salami i szynki – w prosperującym toskańskim gospodarstwie. Podobne operacje ratunkowe odbywają się w innych krajach. W Grecji Slow Food pracuje nad zachowaniem jabłek *firiki* i tradycyjnego nasączonego oliwą sera *ladotiri*, a we Francji użył swoich wpływów, by chronić śliwki *pardigone* i delikatny kozi ser o nazwie Brousse du Rove.

Jak łatwo zgadnąć, Slow Food ma najsilniejszą pozycję w Europie, gdzie istnieje bogata tradycja kuchni lokalnych i gdzie słabiej zakorzeniona jest kultura fast foodu. Niemniej ruch czyni postępy także po drugiej stronie Atlantyku. Obecnie w Ameryce liczy sobie 8 tysięcy członków, a ich liczba ciągle rośnie. W Stanach Zjednoczonych Slow Food miał udział w przekonaniu redakcji „Time'a" do zamieszczenia dużego artykułu o uprawianych w północno-wschodniej Kalifornii brzoskwiniach z gatunku *sun crest*, które obdarzone są wyśmienitym smakiem, ale źle znoszą transport. Po tej publikacji niedużego producenta brzoskwiń zalała fala nabywców pragnących spróbować jego owoców. Slow Food prowadzi też z powodzeniem kampanię mającą na celu wskrzeszenie smakowitych indyków z rzadkich ras, takich jak *narragansett, jersey buff, standard bronze* czy *bourbon red,* które w Święto Dziękczynienia zajmowały najważniejsze miejsce na każdym amerykańskim stole do czasu, gdy zostały wyparte przez pozbawione smaku indyki z masowej hodowli.

Slow Food nie obawia się rzucać wyzwania grupom trzymającym władzę. W 1999 roku doprowadził do zebrania ponad pół miliona podpisów i przekonania włoskiego rządu do zmodyfikowania ustawy, która – gdyby weszła w życie – zmusiłaby nawet najmniejszych producentów żywności do podporządkowania się rygorystycznym standardom higieny obowiązującym gigantyczne korporacje w rodzaju Kraft Foods. Dzięki temu tysiące drobnych wytwórców ocalono przed utonięciem w niepotrzebnej papierkowej robocie. W 2003 roku tradycyjni serowarzy utworzyli przy wsparciu Slow Food ogólnoeuropejskie porozumienie, aby walczyć o prawo do używania nieprzetworzonego mleka. Kampania przeciw pasteryzacji wkrótce zawędruje do Ameryki Północnej.

W ramach swego ekologicznego programu Slow Food sprzeciwia się genetycznemu modyfikowaniu artykułów spożywczych i propaguje rolnictwo ekologiczne. Wprawdzie jak dotąd nikt nie udowodnił w rozstrzygający sposób, że jedzenie ekologiczne ma wyższe wartości odżywcze lub smakuje lepiej niż zwyczajnie wytwarzana żywność, ale nie ulega wątpliwości, że metody stosowane w wielu standardowych gospodarstwach rolnych powodują straty w środowisku, zanieczyszczając wody gruntowe, zabijając inne rośliny i powodując wyjałowienie gleby. Według danych Smithsonowskiego Centrum Migracji Ptaków każdego roku pestycydy w bezpośredni lub pośredni sposób zabijają w Ameryce co najmniej 67 milionów ptaków. Tymczasem dobrze prowadzone gospodarstwo ekologiczne może w celu użyźnienia gleby oraz ustrzeżenia się przed szkodnikami stosować płodozmian – i wciąż być bardzo wydajne.

Slow Food walczy także o bioróżnorodność. W przemyśle spożywczym pośpiech staje się przyczyną ujednolicania: producenci szybciej przetwarzają składniki – wszystko jedno, czy będą to indyki, pomidory czy rzepa – jeśli są one identyczne. Farmerzy stykają się więc z naciskami, by skupiali się na hodowli jednej odmiany lub rasy. W ciągu ostatniego stulecia na przykład liczba odmian karczocha uprawianych we Włoszech spadła z dwustu do około tuzina. Ginięcie roślin nie tylko zubaża gamę dostępnych nam smaków, ale też zaburza delikatne ekosystemy. Stawiając wszystko na parę gatunków, sami prosimy się o katastrofę. W sytuacji, gdy istnieje tylko jedna rasa indyków, jeden wirus wystarczy, by spowodować zagładę całego gatunku.

Miłość, którą Slow Food otacza wszystko, co małe, regionalne i niespieszne, może stwarzać wrażenie, że ruch jest urodzonym wrogiem kapitalizmu. Nic bardziej mylnego. Aktywiści Slow Food nie sprzeciwiają się globalizacji jako takiej. Wiele rzemieślniczych wyrobów kulinarnych – od parmezanu po tradycyjny sos sojowy – dobrze znosi transport i potrzebuje zagranicznych rynków, aby móc trwać i prosperować. Kiedy Petrini mówi o „szlachetnej globalizacji", ma na myśli porozumienia handlowe, które umożliwią europejskiemu kucharzowi importowanie komosy ryżowej z rodzinnej fermy w Chile lub rozwiązania komunikacyjne, dzięki którym dostawca wędzonych łososi z gór w północnej Szkocji znajdzie nabywców w Japonii.

Zalety globalizacji w pełni widać podczas Salone del Gusto, odbywającego się co dwa lata zlotu Slow Food. Podczas edycji w 2002 roku do Salonu w dawnej fabryce Fiata w Turynie zawitało pięciuset producentów tradycyjnej żywności z trzydziestu krajów — było to prawdziwe królestwo wszelkiego rodzaju bufetów. W ciągu pięciu rozpasanych dni 138 tysięcy gości przepływało wśród stoisk, delektując się cudowną wonią i degustując niezrównane sery, szynki, owoce, kiełbasy, wina, makarony, pieczywo, musztardy, przetwory i czekoladki. We wszystkich zakątkach Salonu ludzie nawiązywali kontakty, smakując jednocześnie różne specjały. Japoński wytwórca sake dyskutował z boliwijskim hodowcą lam o marketingu internetowym, a francuscy i włoscy piekarze wymieniali się doświadczeniami dotyczącymi mąki ze zboża mielonego na tradycyjnych żarnach.

Gdzie tylko nie spojrzeć, ktoś przekuwał zasady Slow Food na zyski. Susana Martinez przybyła z Jujuy – odległej górzystej prowincji na północy Argentyny — aby lansować *yacón*, znaną od stuleci bulwę rosnącą w Andach, która popadała w zapomnienie. Słodki i chrupki *yacón* przypomina *jicamę* oraz poniklo słodkie[1] i jest łaskawy dla naszej sylwetki, ponieważ zawarte w nim cukry nie są przyswajane przez ludzki organizm. Przy wsparciu ze strony Slow Food Martinez oraz czterdzieści innych rodzin prowadzi obecnie ekologiczną uprawę *yacón* na małych poletkach i sprzedaje bulwy na eksport. Z zagranicy napływają liczne zamówienia: umieścić ją w menu pragną ekskluzywne hiszpańskie restauracje, a japońscy sklepikarze domagają się skrzynek dżemu z *yacón*. Podczas pobytu na Salonie w 2002 roku Martinez tryskała optymizmem: „Kiedy człowiek rozgląda się po Salonie i patrzy na tych wszystkich producentów, to zdaje sobie sprawę, że aby przetrwać, wcale nie musi być ani szybki, ani duży — mówiła. – Można być małym i powolnym, i mimo to cieszyć się powodzeniem. Coraz więcej ludzi

---

[1] Polska nazwa *jicamy* to kłębian kątowaty. Poniklo słodkie częściej występuje w Polsce pod potoczną nazwą kasztana wodnego.

na świecie ma ochotę na jedzenie, które jest wytwarzane naturalnymi, nieprzemysłowymi metodami".

Wobec tak wielkiej uwagi poświęcanej jedzeniu, można by się spodziewać, że każdy uczestnik targów będzie mieć sylwetkę Pavarottiego. Otóż bynajmniej tak nie jest. Znacznie więcej nadprogramowych kilogramów przechadza się w pierwszym lepszym Dunkin' Donuts. Niemniej dla załogi ze Slow Food rozkosze podniebienia są dużo ważniejsze niż możliwość wymieniania się sukienkami z Calistą Flockhart. Nic dziwnego, że w 2002 roku na Salonie obecna była też Elena Miro, włoska projektantka mody specjalizująca się w odzieży dla „puszystych". Podczas mojej wizyty przy jej stoisku broszury rozdawała młoda, zaokrąglona modelka imieniem Viviane Zunino. Do królowych wybiegu żyjących o wodzie mineralnej i liściu sałaty Viviane odnosiła się z drwiną. „Diety tylko unieszczęśliwiają ludzi – mówiła. – Jedna z najpiękniejszych rzeczy w życiu to spokojnie usiąść przy stole z przyjaciółmi i rodziną i cieszyć się dobrym jedzeniem i winem". Obok nas przemaszerował, dysząc ciężko i ocierając czoło jedwabną chusteczką, mężczyzna w średnim wieku z ogromnym brzuchem. Popatrzyliśmy, jak ustawia się w kolejce do herbatników posmarowanych galaretką z *jalapeño* serwowanych przy amerykańskim pawilonie. „Ale są pewne granice" – uśmiechnęła się Zunino.

Ruch Slow Food stanowi część znacznie szerzej zakrojonej antagonistycznej reakcji wobec globalnego przemysłu żywnościowego charakteryzującego się wysokim tempem działania i dużymi obrotami. Po pięćdziesięciu latach ciągłego wzrostu w 2002 roku McDonald's zanotował pierwsze straty i niezwłocznie począł zamykać zagraniczne oddziały. Na całym świecie klienci zaczynają omijać żółto-czerwone logo, bo jedzenie podawane w środku uznają za mało inspirujące i niezdrowe. Dla wielu bojkot McDonalda to metoda, by powiedzieć „nie" globalnemu ujednolicaniu smaku. Jak zauważył brytyjski komentator Philip Hensher, ludzie wreszcie uświadamiają sobie, że „fundamentem ich kultury nie jest, i nie będzie, przypalony kotlet w bułce smakującej nadtlenkiem wapna". Na własnym podwórku McDonald's mierzy się z lawiną pozwów składanych przez Amerykanów, którzy twierdzą, że na skutek jedzenia w barach tej sieci stali się otyli.

Na całym świecie wszelkiej maści wytwórcy żywności dostarczają dowodów, że małe i powolne jest nie tylko piękne, ale także zyskowne. Weźmy przykład rynku piwowarskiego w USA, na którym piętnaście lat temu hegemonami były dwie duże marki – Miller i Busch. Dziś 1500 rzemieślniczych browarów warzy piwo według wytycznych Slow Food. Wracają też tradycyjni piekarze, którzy wykazują, że czas jest nieodzownym składnikiem dobrego chleba. Większość z nich używa mąki mielonej na kamiennych żarnach, a nie tańszych, przemysłowych wersji, które na skutek przetworzenia ziarna w ekspresowych mlewnikach tracą wiele naturalnych składników odżywczych. Prawdziwi piekarze wolą też zostawiać ciasto, by wyrastało dłużej – od 16 godzin do 3 dni – dzięki czemu ulega ono fermentacji i zyskuje aromat. W efekcie powstaje chleb i smaczniejszy, i zdrowszy. Lokalna piekarnia może też przyczynić się do odnowienia więzi sąsiedzkich. W 2001 roku tuż koło mojego domu w Londynie dwie byłe wydawczynie otworzyły piekarnię o nazwie Lighthouse Bakery. Ich celem, oprócz pieczenia niebiańskiego chleba, było stworzenie miejsca spotkań. Dziś sobotnia kolejka po chleb to idealna okazja, by wpaść na kogoś z sąsiadów i usłyszeć najświeższe plotki z okolicy.

Z większej powolności cieszą się dziś także kurczęta. Te z przemysłowych hodowli żyją przez marne cztery tygodnie, z czego większość w ciasnych klatkach, i dostarczają mięsa o smaku i konsystencji tofu. Coraz więcej hodowców wybiera jednak chów drobiu w Powolnym stylu. Na farmie Leckford Estate w angielskim hrabstwie Hampshire kurczęta spędzają do trzech miesięcy hasając wolno wokół obejścia, a w nocy śpią w przestronnym kurniku. Ptaki te dają mięso jędrne, soczyste i pełne smaku. Aby odzyskać klientów, którym przejadły się przemysłowe specjały z rusztu, także japońscy farmerzy wracają do ras kurcząt, które rosną wolniej i smakują lepiej, jak na przykład *akita hinaidori* czy *nagoya cochin*. Nic tak jednak nie świadczy o rozprzestrzenianiu się dobrej nowiny niesionej przez Slow Food jak renesans tradycyjnego targu z żywnością. W miastach i miasteczkach uprzemysłowionego świata, i to często o parę ulic od wielkich supermarketów, gospodarze znowu rozkładają stragany, by bezpośrednio sprzedawać swoje owoce, warzywa, sery i mięsa. Nie chodzi tylko o to, że klient lubi przypisać wyrób do konkretnej twarzy – żywność z targu na ogół także lepiej smakuje. Warzywa i owoce są sezonowe, dojrzewają naturalnie i podróżują jedynie na krótkich trasach. Bazary te nie są wyłącznie rozrywką garstki smakoszy. Ceny bywają tam często niższe niż w dużych supermarketach, które wydają majątek na transport, reklamę, personel i magazynowanie towarów. W Stanach Zjednoczonych działają obecnie 3000 takich targowisk. Ich roczny dochód wynosi ponad miliard dolarów, dzięki czemu blisko 20 tysięcy farmerów może całkowicie zrezygnować z udziału w przemysłowym łańcuchu dostaw jedzenia.

Wielu ludzi idzie krok dalej i postanawia samodzielnie uprawiać własną żywność. Jak Wielka Brytania długa i szeroka, młodzi mieszkańcy miast tłoczą się przed lokalnymi urzędami, aby wydzierżawić małe skrawki ziemi. Na takich „działkach" opodal mojego domu można zobaczyć *yuppies*, jak wysiadają z roadsterów marki BMW, żeby doglądać rukoli, marchewek, młodych ziemniaków i czuszki.

W miarę, jak rośnie świadomość konsumentów, wszyscy są zmuszeni do podwyższania standardów. Ambitne restauracje dokładają starań, by używać składników pochodzących z lokalnych gospodarstw. Producenci dań gotowych i sprzedawanych na wynos podnoszą jakość swoich towarów. Supermarkety wygospodarowują przestrzeń dla serów, kiełbas i innych wyrobów pochodzących od drobnych, tradycyjnych wytwórców.

Wspólnym mianownikiem tych wszystkich tendencji jest smak, który w znacznym stopniu zanika za sprawą przemysłowych technologii. Weźmy na przykład ser cheddar. Fabryczny towar z półek supermarketów jest zwykle nudny i przewidywalny. Cheddar od serowara, wykonany ręcznie z naturalnych składników, niesie ze sobą kalejdoskop subtelnych odcieni smakowych, które zmieniają się wraz z każdą kolejną partią towaru.

Sklep nabiałowy Neal's Yard Dairy na londyńskim Covent Garden oferuje około 80 gatunków sera od drobnych wytwórców z Wielkiej Brytanii i Irlandii. Odwiedziny w nim to prawdziwa uczta dla zmysłów. Za ladą i na drewnianych półkach kruchy *wensleydale* sąsiaduje ze *stiltonem* bardziej spoistej konsystencji, roztaczając cudowne aromaty. Tutaj królem jest smak. Neal's Yard proponuje szereg odmian domowego cheddara, z których każda ma własną, odrębną specyfikę. Cheddar marki Keen's jest miękki, nieco woskowaty, z ostrą, trawiastą nutą. Cheddar Montgomery jest bardziej suchy, twardszy, obdarzony nieco orzechowym, słonawym smakiem. Aksamitna, łagodna odmiana Lincolnshire poacher zawiera odcień alpejskiej słodyczy. Szkocki cheddar z wyspy Mull, gdzie rośnie niewiele trawy, a krowy żywią się głównie młótem z miejscowego browaru, jest dużo bledszy od pozostałych gatunków i ma smak bliski smakowi skruszałej dziczyzny.

Jeśli chodzi o dostarczaną przyjemność, fabryczne sery są najzwyczajniej w świecie bez szans. Większość z nich pobudza kubki smakowe w znikomym stopniu. Tymczasem smak tradycyjnie wyrabianego sera rozwija się w ustach powoli, a potem trwa, łaskocząc podniebienie jak dobre wino. „Często zdarza się, że klient próbuje jakiegoś sera, wzrusza ramionami i sunie dalej wzdłuż lady – opowiada Randolph Hodgson, założyciel i menedżer Neal's Yard Dairy. – Dopiero po paru sekundach czuje smak na języku. Odwraca się i mówi: «Wow, to naprawdę dobre!»".

Wytwarzanie żywności w Powolnym stylu to zaledwie początek. Nawet w epoce bzika na punkcie wygody wielu z nas rezerwuje więcej czasu na jedzenie i gotowanie. Ludzie stadnie zmierzają na kulinarne wakacje do Tajlandii, Toskanii i innych egzotycznych miejsc. Młodzi Włosi zapisują się na kursy gotowania, by poznać kuchenne sztuczki, których nie przekazała im *mamma*. Północnoamerykańskie przedsiębiorstwa organizują dla swojego personelu wspólne gotowanie wystawnych posiłków w charakterze zajęć integracyjnych. Gwiazdy kuchni, takie jak Nigella Lawson, Jamie Oliver czy Emeril Lagasse, królują na telewizyjnych kanałach, a ich książki kucharskie sprzedają się w milionach egzemplarzy. Owszem, wielu z ich wielbicieli to podglądacze, którzy patrzą, jak gwiazdy wyczyniają swoje kuchenne cuda, a jednocześnie pałaszują spaghetti po bolońsku w wersji „gorący kubek" albo kawałek pizzy z Domino's Pizza. Ale przekaz nadawany przez kulinarne sławy – zwolnijcie, aby cieszyć się gotowaniem i jedzeniem – trafia do świadomości odbiorców, także w najbardziej zabieganych punktach globu.

W Japonii, gdzie na fast foody natykamy sie na każdym kroku, Slow Food zdobywa popularność. Wśród młodzieży pojawiła się moda na gotowanie dla rozrywki. Po latach wtranżalania kolacji przed telewizorem, niektórzy Japończycy na nowo odkrywają radość wspólnego posiłku. Właściciele sklepów donoszą, że coraz liczniej sprzedaje się *chabudai*, składany, przenośny okrągły stolik, wokół którego jedzący zbierają się na klęczkach.

Dobra nowina głoszona przez Slow Food dociera też do rozpędzonych nowojorczyków. Podczas mojej wizyty Nowy Jork jest sobą, czyli kipi od pośpiechu. Mimo ciężkiego letniego upału ludzie energicznie przemieszczają się ulicami: widać, że wiedzą, dokąd idą. W porze drugiego śniadania każdy zdaje się chwytać w przelocie nadziewanego bajgla czy sałatkę. W pierwszym czasopiśmie, które wpada mi w ręce, znajduję artykuł, z którego dowiaduję się, że przeciętna długość biznes lunchu spadła do 36 minut. A jednak niektórzy nowojorczycy poświęcają kwestii jedzenia więcej czasu. Weźmy Matthew Kovacevicha i Catherine Creighton, małżeństwo trzydziestoparolatków pracujące razem w firmie marketingowej na Manhattanie. Jak większość mieszkańców Wielkiego Jabłka ich stosunki z własną kuchnią ograniczały się do krótkich pozdrowień wymienianych z pewnej odległości. Podgrzewanie gotowych zup lub wymieszanie sosu ze słoika z makaronem to najbliższe gotowaniu czynności, jakie podejmowali. Na ich kolację często składały się dania kupowane na wynos zjadane przed telewizorem. A później nadeszły wakacje w południowej Europie i wszystko się zmieniło.

Kiedy odwiedzam ich w ich brooklyńskim mieszkaniu, zasiadamy przy stole w jadalni i sączymy kalifornijskie chardonnay, przekąszając ekologicznym kozim serem posmarowanym domowej roboty pastą z czerwonej papryki. Matthew, masywny trzydziestojednolatek, opowiada o nawróceniu na kulinarną powolność z zapałem gorliwego wyznawcy: „W Stanach wydaje nam się, że robimy coś lepiej, bo robimy to szybciej. Bardzo łatwo jest dać się wessać przez taki tryb życia. Ale kiedy człowiek widzi, jak jedzą Francuzi i Włosi, ile czasu przeznaczają na jedzenie, jakim szacunkiem je darzą, wówczas zauważa się, jak dalece błędne jest amerykańskie podejście".

Po powrocie z Europy Matthew i Catherine podjęli pierwsze kroki w kierunku przestawienia się na życie według zaleceń Slow Food. Zamiast zjadać coś w kuchni lub pogryzać samotnie przed telewizorem, starają się, kiedy tylko jest to możliwe, zasiąść razem do przygotowanej w domu kolacji. Nawet gdy dzień pracy przeciąga się do dwunastu godzin, znajdują miejsce na drobny akcent w duchu Slow Food. Może to być domowej roboty sałatka towarzysząca pieczonemu kurczakowi z supermarketu albo chociażby schludnie nakryty stół, przy którym jedzą kupioną na wynos pizzę.

Dziś wszystko, co jedzą, smakuje lepiej, a jedzenie stanowi ważny składnik każdego weekendu. Sobotnie poranki spędzają na farmerskim bazarze przy Grand Army Plaza. Catherine piecze ciasta z owocami, na które akurat jest sezon – truskawkami, rabarbarem, borówkami, brzoskwiniami lub jabłkami – a Matthew własnoręcznie przyrządza pesto. Przygotowanie przepysznego sosu do grillowania pochłania mu cały niedzielny poranek. Jest to długi, powolny taniec, na który składają się siekanie, ucieranie, mieszanie, duszenie, próbowanie, doprawianie i najzwyklejsze oczekiwanie. „Duża część przyjemności płynie z tego, że człowiek się nie spieszy" – wyjaśnia Matthew.

Gotowanie to potencjalnie znacznie więcej niż zwykły obowiązek domowy. Dzięki niemu nawiązujemy łączność z naszym jedzeniem – dowiadujemy się, skąd pochodzą produkty, jak zachowują się smaki, jak działają na organizm. Przyrządzanie posiłków, które dają innym przyjemność, może stać się prawdziwą radością. A kiedy człowiek ma dość czasu i pośpiech nie należy do składników przepisu, gotowanie bywa kapitalnym sposobem na relaks. Staje się wówczas czymś bliskim medytacji. Odkąd Matthew zwolnił tempo w kuchni, również reszta życia zdaje się mu mniej szalona. „W mieście pokroju Nowego Jorku człowiekowi łatwo tak się nakręcić, że koniec końców biega za wszystkim – mówi. – Gotowanie stwarza małą oazę powolności. Przywraca spokój i pozwala uniknąć powierzchowności wielkomiejskiego życia".

Matthew i Catherine twierdzą, że powolne podejście do jedzenia wzmocniło także ich związek i trudno się temu dziwić. W samej naturze wspólnego gotowania i jedzenia jest coś, co buduje więź między ludźmi. Nieprzypadkowo słowo „companion" (towarzysz, słowo bliskie polskiemu „kompan") wywodzi się od łacińskich słów oznaczających „z chlebem". Posiłek spożyty w swobodnej, przyjemnej atmosferze ma uspokajające, wręcz cywilizujące działanie, które łagodzi brutalną gwałtowność współczesnego pospiesznego życia. Żyjący w Kolumbii Brytyjskiej Indianie z plemienia Kwakiutlów ostrzegają, że szybkie jedzenie może „poprzez zwiększenie agresji sprawić, że zniszczenie świata nadejdzie prędzej". Z właściwą mu zjadliwością Oscar Wilde dał wyraz podobnym odczuciom: „Po zjedzeniu dobrej kolacji człowiek jest gotów przebaczyć każdemu, nawet własnym krewnym".

Wspólne jedzenie może owocować nie tylko poprawą stosunków między ludźmi. Badania z kilku krajów przekonują, że dzieci z rodzin, które regularnie jadają razem, mają większe szanse, by dobrze radzić sobie w szkole. Są też mniej zagrożone stresem i niższe jest prawdopodobieństwo, że wcześnie zaczną palić lub pić alkohol. Spokojne zjedzenie porządnego posiłku może też przynieść pożytki w miejscu pracy, gdzie króluje obyczaj posilania się nad klawiaturą. Jessie Yoffe, pracowniczka waszyngtońskiego biura rachunkowości, miała w zwyczaju jeść przed komputerem. Sądziła, że jej szef pracoholik nie zareaguje przychylnie, jeśli będzie wychodziła z biura na lunch, nawet w spokojniejsze dni. Wreszcie, pewnego popołudnia kiedy przeżuwała sałatkę, przeglądając z uwagą jakąś umowę, zauważyła nagle, że właśnie przeczytała po raz szósty ten sam akapit i nie zapamiętała z niego ani słowa. W tym momencie postanowiła, że odtąd będzie wychodziła z biura w trakcie przerwy obiadowej, bez względu na to, co powie szef. Dziś najczęściej każdego dnia spędza pół godziny jedząc coś w pobliskim parku lub kawiarni, często ze znajomymi. Zgubiła dwa kilo i odkryła w sobie nowe pokłady energii. „Zabawne, bo wydawałoby się, że jeśli człowiek spędza mniej czasu przy biurku, to mniej zrobi, a tymczasem tak się nie dzieje – mówi Yoffe. – Zauważyłam, że zjedzenie lunchu na spokojnie odpręża mnie i po południu udaje mi się zrobić więcej niż przedtem". Nie wspominając o nowych zwyczajach lunchowych, szef pogratulował Yoffe lepszych wyników w pracy.

Jedzenie w powolniejszym tempie służy też sylwetce, ponieważ dzięki temu żołądek ma więcej czasu, by poinformować mózg, że został napełniony. Doktor Patrick Serog, dietetyk z paryskiego szpitala Bichat, tłumaczy: „Mózg potrzebuje piętnastu minut, by odnotować sygnał, że człowiek zjadł zbyt wiele, więc jeśli ktoś je za szybko, to sygnał nadejdzie zbyt późno. Bardzo łatwo nieświadomie zjeść więcej niż potrzeba, dlatego lepiej jeść powoli".

Każdy, kto ma za sobą kilka prób z rozmaitymi dietami, powie wam, że niełatwo zmienić przyzwyczajenia, co się je i jak się je. Cofnięcie nawyków żywieniowych spod znaku Szybkości jest jednak możliwe, zwłaszcza jeśli zacznie się w młodym wieku. Dziś niektóre szkoły w Wielkiej Brytanii zabierają dzieci na wycieczki do gospodarstw rolnych, żeby zobaczyły, skąd bierze się ich jedzenie. W innych zachęca się uczniów, by gotowali i planowali jadłospis dla szkolnej stołówki. Jeśli dzieci dostaną wybór, to często przedkładają porządne jedzenie, którego przygotowanie wymaga czasu, nad przetworzone przekąski.

84

W Kanadzie Jeff Crump poświęca wiele czasu na reedukację młodych podniebień. Choć sam dorastał w rodzinie, gdzie domowy posiłek oznaczał hot dogi, Crump jest dziś kuchmistrzem w restauracji położonej na farmerskim bazarze na przedmieściach Toronto. W wieku trzydziestu jeden lat stoi na czele ruchu Slow Food w Ontario. „Jestem żywym dowodem na to, że przy odrobinie ciekawości każdy może nauczyć się kochać dobre jedzenie" – mówi. W ciepły wrześniowy wieczór dołączam do Crumpa, który wyrusza na swoją kulinarną krucjatę. Miejscem akcji jest dziś szkoła w centrum Toronto. Piętnaścioro dzieci w wieku od dziewięciu do szesnastu lat zasiada na stołkach wokół drewnianego stołu w sali lekcyjnej. Większość z nich pochodzi z rodzin należących do klasy średniej, gdzie rodzice podają w domu przetworzone jedzenie, a sami na przystawkę przełykają poczucie winy. Dzieci zjawiły się tu, by porównać Kraft Dinner – gotowe danie z makaronu z żółtym serem – z jego wersją slowfoodową.

Odziany w nieskazitelnie biały fartuch szefa kuchni Crump zaczyna od wyłożenia składników potrzebnych do przygotowania prawdziwego dania: mleka, masła, jajek, ciasta na makaron, soli i pieprzu. Obok stawia zawartość pudełka Kraft Dinner – suchy makaron i jasnopomarańczową przyprawę w proszku. W trakcie gdy opowiada o chemikaliach stosowanych w przetworzonej żywności, jego asystent przygotowuje porcję Kraft Dinner na przenośnej stalowej kuchence: gotuje makaron, a następnie dorzuca proszek oraz nieco mleka i masła. Gdy danie jest gotowe, Crump wyjmuje z piecyka przygotowany zawczasu własny domowy makaron z serem. Zaczyna się degustacja. Zapada cisza, dzieci porównują konkurencyjne potrawy, a następnie rozpętuje się dziki jazgot, gdy krytycy-amatorzy wymieniają między sobą uwagi. Dwanaścioro spośród piętnaściorga opowiada się po stronie wersji slowfoodowej. Trzynastoletnia Sarah mówi: „Kiedy człowiek dostaje sam Kraft Dinner, to nie zastanawia się, jak to smakuje, i po prostu zjada. Ale kiedy położyć go na talerzu obok prawdziwego makaronu z serem, to wtedy widać, jak bardzo smakuje chemią. Jest obrzydliwy. Wersja Jeffa jest lepsza. Smakuje tak, jak ser powinien smakować". Na zakończenie Crump rozdaje kartki z przepisem. Kilkoro dzieci wyraża nadzieję, że u nich w domu zastąpi on Kraft Dinner. „Ugotuję go na pewno" – zapowiada Sarah, wciskając kartkę do plecaczka.

Niektórzy krytycy odrzucają Slow Food jako klub dla zamożnych epikurejczyków i łatwo ich zrozumieć, kiedy oglądamy jak członkowie stowarzyszenia wydają setki dolarów na wiórki truflowe podczas Salone del Gusto. W rzeczywistości zarzuty elitaryzmu są jednak mocno chybione. Wyrafinowane jedzenie to tylko jeden z elementów ruchu. Slow Food ma wiele do zaproponowania także tym, którzy posiadają znacznie skromniejsze zasoby finansowe.

Przecież koniec końców jedzenie Powoli nie oznacza koniecznie jedzenia drogiego. Warzywa i owoce często są tańsze na farmerskich targowiskach. W miarę jak rośnie popyt i poprawia się wydajność, ceny żywności ekologicznej spadają. W Wielkiej Brytanii spółdzielnie pojawiają się w zaniedbywanych dotąd rejonach jak grzyby po deszczu i oferują po przystępnych cenach wyroby z lokalnych gospodarstw, a także wskazówki, jak je przyrządzić. Gotowanie w domu to także niezawodny sposób na oszczędzenie pieniędzy. Posiłki przygotowane własnoręcznie od a do z zwykle są tańsze – oraz smaczniejsze – od swoich gotowych odpowiedników. Jajecznica z pudełka kosztuje dwadzieścia razy więcej niż surowe jajka na jajecznicę.

Z drugiej strony wiele Powolnych wyrobów kulinarnych jest z natury droższa od masowo produkowanych konkurentów. Kotlet z ekologicznej wołowiny pochodzącej od krowy wypasanej na zielonym pastwisku nigdy nie będzie równie tani co whopper, a mięso kurcząt z wolnego wybiegu zawsze będzie kosztować drożej niż drób z masowej hodowli. Oto cena, którą płacimy za lepsze jedzenie. Problem polega na tym, że świat przywykł do taniego jedzenia. Pół wieku temu przeciętna europejska rodzina wydawała połowę dochodu, aby się wyżywić. Dziś proporcja ta jest bliższa 15%, a w Wielkiej Brytanii i Stanach Zjednoczonych nawet niższa. Włosi wydają 10% dochodów na telefony komórkowe przy 12% przeznaczanych na jedzenie. Szykuje się jednak zmiana. W epoce, która nastała po epidemii choroby wściekłych krów, sondaże wykazują, że ludziom mocno zależy, by na jedzenie poświęcać więcej czasu i pieniędzy.

Ten rosnący apetyt na kulinarne spowolnienie działa na mnie inspirująco, chętnie poddałbym próbie zasady głoszone przez Petriniego. Wyruszam więc, aby odnaleźć idealny posiłek slowfoodowy. Poszukiwania prowadzą mnie do Borgio Verezzi, kipiącej życiem miejscowości, nadmorskiego kurortu położonego opodal Genui. Jest środek lata i ulice prowadzące na plażę są pełne włoskich letników w japonkach, którzy przechadzają się po barach i *gelateriach*. Odszukuję drogę wśród tłumu i wąskimi brukowanymi uliczkami starej części miasteczka pnę się na wzgórze. Celem mojej wędrówki jest Da Casetta, rodzinna restauracja wyróżniona specjalną pochwałą w Slowfoodowym przewodniku.

Docieram na miejsce o dwudziestej, czyli o godzinie otwarcia, aby potwierdzić rezerwację na późniejszą porę tego samego wieczoru. W drzwiach już stoją pierwsi klienci – para młodych ludzi. Cinzia Morelli z rodziny właścicieli odprawia ich uprzejmie. „Bardzo przepraszam, ale wciąż jeszcze przygotowujemy *antipasti* – tłumaczy. – Może napijecie się czegoś albo przespacerujcie i poczekacie, aż będziemy gotowi?". Młodzi spokojnie przyjmują informację o opóźnieniu i spacerem oddalają się w stronę starówki z uśmiechami, które zdają się mówić: „Wiemy, że na tę kolację warto zaczekać".

Półtorej godziny później wracam na kolację. Moje nadzieje są wielkie, a apetyt jeszcze większy. *Antipasti* zostały już przygotowane i czekają na bocznym stole w jadalni, ozdobnie ustawione na kształt flotylli. Cinzia prowadzi mnie na drewniany pomost na zewnątrz, gdzie ze stolików rozciąga się widok na pejzaż wyjęty wprost z katalogu włoskiego biura podróży. Da Casetta umościła się nad spadzistym, otoczonym drzewami placykiem. Po jednej stronie ponad dachami krytymi czerwoną dachówką wznosi się osiemnastowieczny kościół, z którego co pół godziny rozlega się leniwe bicie dzwonów. Poniżej, na brukowanym placu, tłoczą się ubrane w biel zakonnice, szepczące między sobą jak małe dziewczynki. W cieniu obściskują się pary. Z położonych nad głową balkonów dobiega dziecięcy śmiech.

Mój towarzysz od stołu zjawia się z dwudziestopięciominutowym opóźnieniem. Vittorio Magnoni ma 27 lat, zajmuje się handlem tekstyliami i należy do ruchu Slow Food. Jest już niemal dwudziesta druga, ale on nie spieszy się z zamawianiem.

Sadowi się na krześle naprzeciw mnie, zapala papierosa i zdaje mi relację z wakacji na Sycylii. Opowiada, jak miejscowi rybacy łowią tuńczyka, rozciągnąwszy między kutrami jedną sieć. Następnie opisuje, jak serwuje się tuńczyka na brzegu: ryba jest krojona w cienkie plastry i podawana jako *carpaccio*, grillowana z cytryną lub dodawana do zawiesistej zupy.

Jego opowieści są źródłem tak niepohamowanego ślinotoku, że obaj odczuwamy ulgę, gdy nadchodzi kelner. Nazywa się Pierpaolo Morelli i wygląda jak John McEnroe, tyle że nie łysieje. Pierpaolo objaśnia, w jaki sposób Da Casetta wciela ideały ruchu Slow Food. Większość kwiatów, warzyw i owoców wymienionych w karcie pochodzi z rodzinnego ogrodu. Wszystkie dania są tradycyjnymi liguryjskimi potrawami, wykonanymi własnoręcznie, powoli i *con passione*. Nikt nie wpada tu, żeby w przelocie rzucić coś na kieł. „To przeciwieństwo fast foodu" – oświadcza Pierpaolo. Kiedy mówi, kilka stolików dalej dostrzegam parę, która przyszła, zanim przygotowano *antipasti*. Mężczyzna podaje kobiecie do ust coś, co wygląda jak krewetka. Ona je powoli, prowokująco oblizując wargi, a następnie kładzie mu dłoń na policzku.

Zamówiwszy jedzenie, medytujemy nad kartą win. Pierpaolo wraca, by udzielić nam wsparcia. Mamrocząc pod nosem nazwy wybranych potraw, głaszcze się po podbródku i wpatruje w nocne niebo w poszukiwaniu natchnienia. Wydaje się, że mija wieczność, zanim wreszcie ogłasza werdykt. „Mam wino, które nada się doskonale – oznajmia. – To *pigato* z niewielką domieszką *vermentino*. Znam człowieka, który je robi".

Wino zjawia się błyskawicznie. Jest wyborne, świeże i lekkie. Następnie przybywa taca rozmaitych *antipasti*. Jest to zachwycająca mieszanka, na którą składają się maleńka pizza, kawałek tarty ze szparagami i cukinia faszerowana jajkiem, mortadelą, parmezanem, kartoflami oraz pietruszką. Po środku talerza ułożono w niewielki stosik najcenniejsze klejnoty tego skarbca: maleńkie cebulki, inaczej *cipolline*, upieczone w occie winnym. To kulinarne cudo: są jędrne, a zarazem miękkie, słodkie, a przy tym kwaskowate. „Mój ojciec zebrał je dziś rano w ogrodzie" – mówi Pierpaolo, zmierzając do innego stolika. Pomimo głodu jemy powoli, smakując każdy kęs. Dookoła nas płynie wino, unoszą się aromaty, śmiech tańczy w chłodnym powietrzu wieczora. Tuzin rozmów rozmywa się i łączy w jeden niski, słodki, symfoniczny pogwar. Vittorio podziela właściwą Włochom namiętność do kuchni i kocha gotować. Jego specjalnością są *pappardelle* z krewetkami. Jemy, a on wyjaśnia mi krok po kroku, jak je przygotować. Szczegół jest wszystkim. „Musisz wziąć małe pomidory, koniecznie sycylijskie – objaśnia. – Kroisz je na pół, nie drobniej". Jego innym firmowym daniem jest spaghetti z małżami. „Zawsze, ale to zawsze, musisz odcedzić sok, który wychodzi z małży, kiedy je gotujesz. I pamiętaj, żeby wyciąć wszystkie twarde kawałki" – instruuje, potrząsając w powietrzu wyimaginowanym sitem. Domowym chlebem o chrupiącej skórce wycieramy do czysta talerze po *antipasti* i porównujemy przepisy na risotto.

Nadszedł czas na *primo piatto*. Ja zamówiłem *testaroli* z borowikami. *Testaroli* to płaskie kluski z czegoś, co przypomina dobrze wysmażone naleśniki, które po ostudzeniu kroi się w romby, a następnie wrzuca na chwilę do wrzącej wody. Jakimś trafem są zarazem *al dente* i przyjemnie soczyste. Zebrane w okolicy grzyby są mięsiste, ale lekkie. Całość składa się na danie najwyższego lotu. Vittorio wybrał inną liguryjską specjalność: *lumache alla verezzina* – ślimaki w orzechowym sosie. To kolejny triumf.

Rozmowa oddala się od tematu jedzenia. Vittorio tłumaczy mi, na czym polega różnica między bardziej nowocześnie usposobionymi Włochami z północy a ich południowymi kuzynami. „Kiedy przyjeżdżam do Neapolu, wystarczy, że na mnie spojrzą i już wiedzą, że jestem z północy" – mówi. Rozmawiamy o innej wielkiej namiętności Włochów – o *calcio*, czyli piłce nożnej.

Vittorio jest zdania, że jego ulubiona drużyna, Juventus, wciąż ma wszelkie dane, by triumfować w europejskich pucharach, mimo że sprzedała Zinedine'a Zidane'a, arcymistrza środka pola, przez wielu uważanego za najlepszego piłkarza na świecie. Później rozmowa nabiera osobistych tonów. Vittorio wyznaje, że, jak wielu włoskich mężczyzn, wciąż mieszka z *mammą*. „We włoskiej rodzinie żyje się bardzo wygodnie: gotują dla ciebie, piorą – mówi z uśmiechem. – Ale teraz mam narzeczoną, więc ostatecznie wyprowadzę się i zamieszkamy razem".

Zachwycony swoimi ślimakami Vittorio zaczyna pieśń pochwalną na cześć Slow Food. Szczególnie lubi spotykać się z innymi uczestnikami ruchu na wielogodzinne posiłki. Slowfoodowy pogląd na świat podsumowuje takimi słowami: „McDonald to nie jest prawdziwe jedzenie. Zapycha cię, ale nie odżywia. Myślę, że ludzie mają już dosyć jedzenia bez smaku, historii i związków z ziemią. Chcą czegoś lepszego".

Jak gdyby na dany znak Pierpaolo wyrasta przy moim boku, niosąc główne danie: *cappon magro*, idealny przykład slowfoodowego rarytasu. Danie składa się z kolejnych warstw wymieszanych owoców morza, *salsa verde*, kartofli i wędzonego tuńczyka. Usuwanie ości, obieranie z muszli, czyszczenie i krojenie trwają tyle, że aby przygotować tuzin porcji *cappon magro*, cztery osoby muszą pracować przez trzy godziny. Danie jest jednak warte każdej minuty: to prawdziwe dzieło sztuki, *opera d'arte*, idealne małżeństwo morza i lądu.

Jesteśmy w połowie tego arcydzieła, kiedy Vittorio wypala z grubej rury. „Muszę ci coś wyznać – mówi z pewnym zakłopotaniem. – Czasami jadam w McDonaldzie". Zapada cisza pełna osłupienia. Mężczyzna przy stoliku obok, dotąd całkowicie oddany swojemu pieczonemu królikowi, podnosi wzrok, jak gdyby Vittorio właśnie puścił bąka.

„Że niby jak? – pytam. – Czy to aby nie bluźnierstwo? Coś jak rabin jedzący kanapkę z szynką?".

Wino rozwiązuje języki. Ośmielony własną szczerością Vittorio próbuje wytłumaczyć swoją apostazję. „We Włoszech jest bardzo mały wybór miejsc, gdzie możesz zjeść, kiedy zależy ci na czasie: albo zasiadasz w restauracji i zamawiasz posiłek, albo zjadasz kawałek pizzy czy kanapkę w jakimś obskurnym barze – mówi. – Wiele można powiedzieć o McDonaldzie, ale tam przynajmniej jest czysto".

Przerywa, by pociągnąć łyk wina. Mężczyzna z pieczonym królikiem słucha teraz uważnie, z brwiami ściągniętymi jak u postaci z komiksu.

„Zawsze czuję się trochę winny, kiedy zjem w takim miejscu jak McDonald – kontynuuje Vittorio. – Ale myślę, że inni członkowie Slow Food też to robią, tylko o tym nie mówią".

Kończymy *cappon magro*, a mały brudny sekret unosi się pomiędzy nami. Nadszedł czas na deser. Pierpaolo? Pierpaolo? Otóż i on, sprząta stłuczony kieliszek pod sąsiednim stołem. Wysuwa się stamtąd, by opowiedzieć nam o *dolci*. Kilka minut później zjawia się deser – czekoladowy tort hojnie polany kremem z mascarpone i zabaglione, sorbet jabłkowy i krem bawarski z truskawkami. Wszystko smakuje wybornie, zwłaszcza w połączeniu z regionalnym winem Malvasia, które jest słodkie, gładkie i ma kolor syropu klonowego. „Pycha" – pomrukuje Vittorio.

Wilde miał rację: po dobrym posiłku można wybaczyć każde przewinienie. Kiedy odpływamy w pokolacyjną nirwanę, ten wspaniały stan, gdy apetyt został zaspokojony i na świecie dzieje się dobrze, wyznanie Vittoria o McDonaldzie jawi się już jako odległe wspomnienie. Syci i zadowoleni w milczeniu pijemy mocne espresso. Pierpaolo przynosi butelkę grappy i dwa kieliszki. Sączymy i gawędzimy, aż nadchodzi moment, gdy jesteśmy ostatnimi gośćmi w Da Casetcie. Pozostali członkowie klanu Morellich wyszli z kuchni na pomost, by zaczerpnąć świeżego powietrza. Panuje nastrój pogody i życzliwości.

Spoglądam na zegarek: jest 1:25! Spędziłem przy stole cztery godziny i ani razu nie odczułem znudzenia, ani zniecierpliwienia. Czas przepływał niepostrzeżenie jak woda w weneckich kanałach. Być może właśnie dlatego ta kolacja okazała się jednym z posiłków, które w całym dotychczasowym życiu zapamiętałem najbardziej. Kiedy w ponad rok później piszę te słowa, wciąż pamiętam słodko-kwaśny zapach *cipolline*, delikatne morskie tony *cappon magro* i szelest liści na spowitym ciemnością placu. Czule wspominając kolację w Da Casetcie, łatwo wyobrazić sobie, że przyszłość należy do Slow Food. Niemniej organizacja natrafia na poważne przeszkody. Po pierwsze, światowy przemysł żywnościowy faworyzuje model produkcji cechujący się wysokimi obrotami i niskimi kosztami – a wszyscy producenci żywności, przedsiębiorstwa zajmujące się długodystansowym transportem towarów, fastfoodowi giganci, firmy reklamowe, supermarkety i fermy przemysłowe mają swój interes w utrzymaniu aktualnego stanu rzeczy. W większości państw systemy dotacji, przepisy i transport działają na niekorzyść Powolnego wytwórcy.

Zwolennicy *status quo* przekonują, że przemysłowe gospodarstwa są jedyną szansą, by nakarmić wszystkich mieszkańców ziemi, których liczba ma według prognoz sięgnąć 10 miliardów w 2050 roku. Argument zdaje się logiczny: musimy podnieść wyniki, by zagwarantować, że nikt nie będzie głodny. Ale dzisiejsze metody prowadzenia gospodarstw ewidentnie nie są zrównoważone z punktu widzenia ekologii. Przemysłowe rolnictwo wyniszcza środowisko. Niektórzy eksperci sądzą obecnie, że najlepszym sposobem na wyżywienie świata jest powrót do mniejszych, mieszanych gospodarstw, które pozwalają osiągnąć przyjazną naturze równowagę między uprawą roślin a hodowlą zwierząt. Podobny sposób myślenia zaczyna już zyskiwać posłuch w Unii Europejskiej. W 2003 roku Unia zgodziła się wreszcie zreformować Wspólną Politykę Rolną, aby wśród rolników nagradzać nie tyle ilość, co jakość produktów oraz wysiłki na rzecz ochrony środowiska.

Do zmiany naszych własnych przyzwyczajeń Slow Food podchodzi z realizmem. Wiadomo, że nie każdy posiłek może być czterodaniowym bankietem złożonym z ręcznie wykonanych frykasów. Współczesny świat po prostu na to nie pozwala. Żyjemy w szybkich czasach i często Szybkie podejście do jedzenia to jedyna możliwość. Czasem jedyne, czego chcemy – lub potrzebujemy – to zjedzona w biegu kanapka. Niemniej część slowfoodowych pomysłów, które kształtują menu w Da Casetcie, da się zaszczepić w naszych domowych kuchniach. Zacząć trzeba od nieprzetworzonych składników. Regionalnych, sezonowych wyrobów. Od mięsa, sera i chleba od rzetelnych producentów. A może nawet uda nam się zasadzić jakieś zioła na balkonie lub w ogródku – na przykład miętę, pietruszkę albo tymianek?

Następny krok: więcej gotować. Po długim, wycieńczającym dniu w pracy w pierwszym odruchu mamy ochotę wrzucić gotowe danie do mikrofalówki albo zamówić przez telefon tajskie jedzenie. Ale czasem ten odruch jest niczym więcej jak właśnie odruchem. Można go przezwyciężyć. Można znaleźć czas i siły na to, by troszeczkę posiekać, podsmażyć i pogotować. Z moich doświadczeń wynika, że nieraz wystarczy wziąć głęboki oddech i wkroczyć do kuchni, aby znaleźć się za najwyższą górą, czyli nastawieniem w stylu: „Mam dość roboty, żeby zawracać sobie głowę gotowaniem". A gdy już pokonamy tę pierwszą przeszkodę, czeka nas nagroda nie tylko gastronomiczna. Kiedy na patelni z rozgrzaną oliwą zaczynają skwierczeć zmiażdżone ząbki czosnku, czuję jak topnieją napięcia z całego dnia.

Ugotowanie posiłku nie musi być długotrwałym i znojnym przedsięwzięciem. Każdy jest w stanie machnąć domową kolację w krótszym czasie niż zajmuje dojazd zamówionej pizzy. Nie mówimy tutaj o *cappon magro*. Powolne danie może być szybkie i proste. Jedno ze stoisk książkowych na Salone del Gusto oferowało czasopismo zawierające przepisy – od makaronu w sosie pomidorowym po zupę grzybową – których wykonanie zajmuje zaledwie 15 minut. Inna metoda na przechytrzenie niedoboru czasowego polega na tym, by w chwili, gdy ma się czas, ugotować więcej niż potrzeba, a zapas zamrozić. Dzięki temu, zamiast podgrzewać gotowe danie albo dzwonić po chińszczyznę, możecie rozmrozić domową potrawę. U mnie w domu zamawiamy znacznie rzadziej jedzenie na wynos – i zaoszczędzamy przy tym majątek – odkąd nasz zamrażalnik jest wypchany pudełkami zawierającymi własnej roboty *chili con carne* i *dhal* z soczewicy.

Nie ulega wątpliwości, że każdy z nas może odnieść korzyści z bardziej Powolnego podejścia do kwestii jedzenia. Trudniej cieszyć się potrawą, kiedy wcinamy ją w biegu albo przed ekranem telewizora bądź komputera. Staje się ona wówczas paliwem. Łatwiej smakować posiłek, kiedy zwolnimy i poświęcimy mu uwagę. Znacznie bardziej doceniam kolację, kiedy zjadam ją przy stole, a nie balansując z talerzem na kolanach przed wieczornym wydaniem wiadomości albo odcinkiem *Przyjaciół*.

Niewielu z nas ma dość czasu, pieniędzy, energii i samodyscypliny, by zostać idealnymi slowfoodowymi smakoszami. Takie jest życie w galopującym XXI wieku. Mimo to coraz więcej z nas uczy się, jak zwalniać. Slow Food podbija zbiorową wyobraźnię i rozprzestrzenia się po świecie, ponieważ dotyka podstawowego ludzkiego pragnienia. Wszyscy lubimy dobrze zjeść, a kiedy to nam się udaje, jesteśmy o wiele zdrowsi i szczęśliwsi. Nikt nie ujął tego lepiej niż Anthelme Brillat-Savarin w swoim arcydziele z 1825 roku, *Fizjologii smaku*: „Rozkosze stołu są przywilejem każdego wieku, każdej kondycji, każdego kraju, każdego dnia; mogą być w zgodzie z wszelką przyjemnością i one na dodatek są nam pociechą po utracie innych"[1].

[1] Anthelme Brillat-Savarin, *Fizjologia smaku*, przeł. Joanna Guze.

4

MIASTO:

TAM GDZIE STARE STAPIA SIĘ Z NOWYM

Rytm życia, zawsze prędki w swoim biegu,
W mieście ma większą może siłę pędu,
Lecz nigdzie nie jest jego nurt tak błogi
ni czysty, jak gdzie wiejskie leżą progi.

WILLIAM COWPER, 1782.

Po spotkaniu z Carlem Petrinim wyprawiam się na piesze zwiedzanie Bra. Nawet w dzień powszedni miasto będące siedzibą Slow Food wydaje się idealnym miejscem, by uciec od zgiełku codzienności. Mieszkańcy przesiadują nad kawą przy stolikach ustawionych na chodniku, plotkując ze znajomymi, albo patrząc, jak świat płynie wokół nich. Przy cienistych, otoczonych drzewami placach, gdzie w powietrzu czuć zapach bzów i lawendy, starzy mężczyźni siedzą jak posągi na kamiennych ławkach. Każdy ma dość czasu, by wypowiedzieć ciepłe „*buon giorno*".

I trudno się dziwić. Na mocy lokalnego dekretu *la dolce vita* stała się tutaj prawem. W 1999 roku Bra i trzy inne włoskie miasta podpisały z inspiracji Slow Food zobowiązanie, że przekształcą się w oazy wolne od szalonego pędu współczesnego świata. Dziś każdy element życia miasta jest modyfikowany tak, aby pozostawał w zgodzie z zasadami Petriniego – prymatem przyjemności nad zyskiem, jednostki nad urzędem, powolności nad szybkością. Ruch ten nazwano Citta Slow, czyli Powolne Miasta, i dziś liczy on ponad trzydzieści miast członkowskich we Włoszech i za granicą.

Mieszkańcowi chaotycznego i zdyszanego Londynu zestawienie słów „powolność" i „miasto" niezwłocznie przypada do gustu. Aby przekonać się, czy cały pomysł jest czymś więcej niż budowaniem zamków na piasku lub sztuczką marketingową, umawiam się na wywiad z Bruną Sibille, wiceburmistrzynią Bra i główną siłą napędową ruchu Citta Slow. Spotykamy się w sali konferencyjnej na pierwszym piętrze ratusza mieszczącego się w ładnym czternastowiecznym pałacu. Sibille stoi przy oknie, podziwiając widok: przed nią rozciąga się w dal morze czerwonych terakotowych dachów, spomiędzy których gdzieniegdzie wystrzeliwuje w górę kościelna wieża. Przez położony w dole plac leniwie pedałuje młody rowerzysta – wiceburmistrzyni uśmiecha się z satysfakcją.

„Ruch powolnościowy postrzegano z początku jako pomysł dla garstki ludzi lubiących dobrze zjeść i wypić. Teraz przekształcił się jednak w szerszą kulturową debatę o korzyściach, które płyną z wykonywania różnych czynności w bardziej ludzkim, nie tak szaleńczym tempie – mówi mi. – Trudno jest iść pod prąd, ale uważamy, że nie ma lepszych metod rządzenia miastem niż zgodnie z wytycznymi filozofii Powolności".

Manifest Citta Slow zawiera 55 postanowień, takich jak ograniczenie hałasu i ruchu samochodowego, powiększanie terenów zieleni i stref przeznaczonych tylko dla pieszych, popieranie miejscowych gospodarstw rolnych oraz sklepów, bazarów i restauracji, które się w nich zaopatrują, wspieranie technologii chroniących środowisko, ochrona lokalnej estetyki i tradycji kulinarnych, krzewienie ducha gościnności i wspólnoty sąsiedzkiej. Towarzyszy temu nadzieja, że ostateczny wynik reform stanie się czymś więcej niż sumą zrealizowanych punktów, że przyniesie on rewolucję w myśleniu o życiu w mieście. Sibille z zapałem opowiada o „stworzeniu nowego klimatu, całkowicie nowego sposobu patrzenia na życie".

Innymi słowy, Powolne Miasto to coś więcej niż szybkie miasto w zwolnionym tempie. Chodzi o stworzenie środowiska, w którym ludzie będą mogli przeciwstawić się presji nakazującej żyć pod dyktando zegarka i wszystko robić szybciej.

Sergio Contegiacomo, młody doradca finansowy z Bra, rozpływa się nad życiem w Powolnym Mieście. „Przede wszystkim nie ma tej obsesji na punkcie czasu – mówi. – W Powolnym Mieście masz prawo odprężyć się, pomyśleć, zastanowić nad wielkimi pytaniami egzystencjalnymi. Zamiast wiru współczesnego życia, gdzie tylko wsiadasz w samochód, jedziesz do pracy, a potem pędzisz z powrotem do domu, tutaj masz czas, żeby niespiesznie spacerować ulicami i spotykać ludzi. To trochę coś jak życie w bajce".

Mimo nostalgii za przyjemniejszymi i łagodniejszymi czasami aktywiści Citta Slow nie są luddystami. Bycie Powolnym lub Powolną nie oznacza otępiałości, zacofania i technofobii. Owszem, ruch powolnościowy ma za cel zachowanie tradycyjnej architektury, rzemiosła i kuchni, ale jednocześnie z entuzjazmem odnosi się do najlepszych zdobyczy współczesnego świata. Powolne Miasto zadaje pytanie: czy dane rozwiązanie poprawia jakość naszego życia? Jeśli odpowiedź brzmi „tak", wówczas miasto przyjmuje to rozwiązanie. Dotyczy to także najnowszych osiągnięć techniki. W Orvieto − Powolnym Mieście, które przycupnęło na jednym z umbryjskich wzgórz − po średniowiecznych uliczkach krążą bezgłośnie elektryczne autobusy. Aby propagować swoją filozofię *buon vivere*, dobrego życia, Citta Slow posługuje się efektowną stroną internetową. „Jedną rzecz trzeba powiedzieć jasno: Powolne Miasto nie polega na tym, że zatrzymujemy wszystko i cofamy wskazówki zegara − wyjaśnia Sibille. − Nie chcemy mieszkać w muzeum ani demonizować wszystkich fast foodów. Chcemy odnaleźć taką równowagę między współczesnością a tradycją, która sprzyja dobremu życiu".

Bra powoli ale skutecznie wprowadza w życie kolejne z 55 postanowień. Część ulic w *centro storico* została zamknięta dla ruchu, wprowadzono tam też zakaz dla sieci supermarketów i jaskrawych neonów. Małym rodzinnym przedsiębiorstwom − wśród nich sklepom z ręcznie tkanymi materiałami i miejscowymi specjałami mięsnymi − przyznano najatrakcyjniejsze lokale. Urząd Miasta udziela dotacji na remonty budynków, do których używa się charakterystycznych dla tego regionu czerwonych dachówek i tynku w kolorze miodu. W szpitalu i stołówkach szkolnych podaje się tradycyjne potrawy przyrządzone z ekologicznych owoców i warzyw, a nie z przetworzonego mięsa i produktów importowanych z daleka. Aby ustrzec się przed nadmiarem pracy i pozostać w zgodzie z włoską tradycją, każdy mały sklep spożywczy w Bra zamyka swoje podwoje w czwartki i niedziele.

Wydaje się, że mieszkańcy są zadowoleni z tych zmian. Podobają im się nowe drzewa i ławki, strefy dla pieszych i prosperujące bazary z żywnością. Reakcję widać nawet u młodych. Muzyka popowa w klubie bilardowym w Bra jest teraz puszczana ciszej – jako wyraz szacunku dla etosu powolnościowego. Fabrizio Benolli, sympatyczny właściciel klubu, mówi mi, że niektórzy z jego młodych klientów już dostrzegają coś więcej poza masowym stylem życia na wysokich obrotach propagowanym przez MTV. „Zaczynają rozumieć, że można się też bawić spokojniej, w bardziej Powolnym stylu – opowiada. – Że zamiast wychylić colę w hałaśliwym barze, możesz sobie przyjemnie usiąść w miejscu, gdzie gra cicha muzyka i powoli sączyć regionalne wino".

Akces do porozumienia Citta Slow pozwala miastom członkowskim zmniejszyć bezrobocie i tchnąć nowe życie w kulejącą gospodarkę. Do Bra przybywają tysiące turystów zwabionych nowo otwartymi sklepami z tradycyjnie wyrabianą kiełbasą i ręcznej roboty czekoladkami, a także festiwalami kulinarnymi, gdzie można skosztować regionalne frykasy w rodzaju białych trufli czy czerwonego wina ze szczepu *dolcetto*. Co roku we wrześniu miasteczko jest zastawione straganami serowarów z całej Europy, którzy sprzedają swoje specjały. Chcąc zaspokoić rosnący popyt – zarówno ze strony miejscowych, jak i przyjezdnych – na wysokiej jakości jedzenie, pięćdziesięcioośmioletni Bruno Boggetti powiększa swoje delikatesy. Oferuje teraz szerszy wybór lokalnych smakołyków – pieczone papryki, trufle, świeży makaron, pikantną oliwę. W 2001 roku przerobił swoją piwnicę na skład regionalnych win. „Dzięki ruchowi powolnościowemu łatwiej mi przekształcić mój biznes – opowiada. – Wielu ludzi uznaje, że zamiast iść za globalizacją i łapać pierwszy z brzegu najszybszy i najtańszy produkt, lepiej jest zwolnić, zastanowić się i cieszyć czymś, co zostało wykonane ludzką ręką, a nie przez maszynę".

Można nawet przypuszczać, że Citta Slow jest w stanie odwracać tendencje demograficzne. We Włoszech, tak jak w innych krajach, młodzi od lat porzucają wieś i małe miasteczka na rzecz migotliwych świateł wielkiego miasta. Kiedy szybkie, nerwowe miejskie życie zaczyna tracić blask, wielu z nich wraca do domu w poszukiwaniu wolniejszego tempa. Do tej fali dołącza pewna grupa rdzennych mieszkańców miast. Przy ladzie *gelaterii* w Bra wpadam na Paola Gusardiego, młodego konsultanta IT z Turynu, rozbuchanego przemysłowego miasta położonego o 50 kilometrów na północ. Rozgląda się za mieszkaniem w *centro storico*. „W Turynie tylko biegniesz, biegniesz i biegniesz. Mam tego dosyć – opowiada, zajadając się porcją lodów miętowych i czekoladowych. – Wygląda na to, że wizja powolnościowa stanowi prawdziwą alternatywę". Gusardi planuje, że przez większość tygodnia będzie przebywać w Bra, tworząc strony internetowe i oprogramowania dla firm, a do Turynu będzie dojeżdżać tylko na spotkania z klientami. Najważniejsi z nich już dali mu zielone światło.

Są to jednak dla Citta Slow pierwsze kroki, a w każdym mieście członkowskim spowolnienie to przede wszystkim praca w toku. Już w tej chwili jak na dłoni widać przeszkody piętrzące się przed ruchem powolnościowym. Chociaż w Bra życie staje się coraz słodsze, to wielu mieszkańców wciąż uważa, że ich plan pracy jest zbyt napięty. Luciana Alessandria prowadzi w *centro storico* własny sklep z wyrobami skórzanymi. Czuje się równie zestresowana jak w czasach, zanim jej miasto dołączyło do Citta Slow. „Dla polityków to bardzo fajne, że mogą opowiadać, że to czy tamto jest powolne, ale w prawdziwym życiu sprawy nie wyglądają tak różowo – mówi drwiąco. – Jeśli chcę mieć pieniądze, żeby żyć na przyzwoitym poziomie, to muszę pracować, i to bardzo ciężko". Citta Slow jest po części ofiarą własnego sukcesu: obietnica Powolnego życia wabi turystów i innych przyjezdnych, a wraz z nimi przybywają pośpiech, hałas i zgiełk.

Działacze Citta Slow przekonują się także, że ludzie pewne zmiany kupują chętniej niż inne. Próby ograniczenia hałasu rozbijają się o włoskie zamiłowanie do wydzierania się przez telefony komórkowe. W Bra zwiększono liczbę policjantów nadzorujących ruch uliczny, ale i to nie zdołało wykorzenić innego narodowego sportu − przekraczania prędkości. Tak jak w innych Powolnych Miastach samochody i vespy gnają po ulicach, które pozostawiono do ich dyspozycji. „Obawiam się, że tutaj, tak jak wszędzie indziej we Włoszech, kierowcy wciąż łamią przepisy − wzdycha Sibille. − Ruch drogowy to jedna z dziedzin życia, w których trudno będzie nakłonić Włochów do zwolnienia".

Mimo wszystko ruchowi Citta Slow udało się przynajmniej otworzyć kolejny front w światowej wojnie przeciwko kultowi szybkości. Do dziś oficjalny tytuł Powolnego Miasta uzyskało 70 włoskich miast. Zapytania spływają z całej Europy[1] oraz z tak odległych miejsc, jak Australia czy Japonia. Dwa norweskie miasta (Sokndal i Levanger) i jedno angielskie (Ludlow) już zdążyły wstąpić do ruchu, a dołączyć do nich mają wkrótce dwa miasta z Niemiec (Hersbruck i Gemeinde Schwarzenbruck). Kiedy kończymy nasz wywiad, Sibille tryska optymizmem. „Jest to długofalowy proces, ale krok po kroczku zmieniamy Bra w miejsce, gdzie żyje się lepiej − mówi wiceburmistrzyni. − Kiedy osiągniemy nasz cel, każdy będzie chciał zamieszkać w Powolnym Mieście".

Być może jest to lekka przesada. Ostatecznie Citta Slow nie nadaje się dla każdego. Silny nacisk na zachowanie regionalnej kuchni zawsze będzie mieć więcej sensu w Bra niż w miastach o krótszej historii, jak Ba-

---

[1] W Polsce jest jak dotąd sześć Powolnych Miast, pierwszym z nich był Reszel − przyp. red.

singstoke albo Buffalo w stanie Nowy Jork. Co więcej, do ruchu mogą należeć tylko miasta liczące mniej niż 50 tysięcy mieszkańców. Dla wielu uczestników projektu Citta Slow ideał miejskości stanowi późnośredniowieczna mieszkalna kolonia o brukowanych uliczkach, gdzie ludzie spędzają wspólnie czas na zakupach, spotkaniach towarzyskich i posiłkach jadanych przy urokliwych placach. Innymi słowy chodzi o miejsca, które większość z nas będzie mogła co najwyżej zobaczyć na wakacjach. Niemniej fundamentalna koncepcja głoszona przez ruch Citta Slow – że z miejskiego życia należy wyeliminować trochę stresu i pośpiechu – przeradza się w ogólnoświatowy trend.

W pierwszym rozdziale porównałem miasto do gigantycznego akceleratora cząsteczek. Ta metafora nigdy nie była tak adekwatna jak dziś. Każdy element życia w mieście – kakofonia dźwięków, samochody, tłum i konsumpcjonizm – bardziej niż do namysłu, odprężenia czy zwrócenia uwagi na innych zachęca nas do pośpiechu. Miasto sprawia, że ciągle jesteśmy w ruchu, w trybie czuwania, wciąż w poszukiwaniu nowych bodźców. Nawet jeśli dostarcza nam podniet, to uważamy, że działa wyobcowująco. Przeprowadzona niedawno ankieta ujawniła, że 25% Brytyjczyków nie zna nawet imion swoich sąsiadów. Rozczarowanie życiem w mieście ma długą tradycję. W 1819 roku poeta Percy Bysshe Shelley oznajmił, że „Piekło jest miastem mocno przypominającym Londyn". Kilkadziesiąt lat później Charles Dickens spisywał kronikę plugawego rynsztoka szybko rosnących, rozpędzonych miast Wielkiej Brytanii w dobie uprzemysłowienia. W 1915 roku Booth Tarkington, amerykański powieściopisarz i laureat Nagrody Pulitzera, obwiniał urbanizację, że obróciła jego rodzinne Indianapolis w piekło niecierpliwości: „Jeszcze nie tak dawno, mniej niż jedno pokolenie temu, nie było tu tego dyszącego olbrzyma, targanego torsjami brudnego miasta (...) człowiek miał czas, żeby żyć".

Przez cały XIX wiek ludzie poszukiwali sposobu, by wyrwać się spod tyranii miasta. Niektórzy, jak amerykańscy transcendentaliści, przenosili się na odległe wiejskie tereny. Inni zadowalali się sporadycznymi porywami turystyki utrzymanej w duchu powrotu do natury. Ale miasta wcale nie zamierzały zniknąć, toteż różni aktywiści próbowali zmienić je tak, by życie w nich stało się przyjemniejsze. Echa tych reform można usłyszeć i dziś. Jedno rozwiązanie polegało na importowaniu kojącego, powolnego rytmu natury poprzez zakładanie publicznych parków. W 1858 roku Frederick Olmstead rozpoczął prace nad stworzeniem Central Parku w Nowym Jorku, który stał się później wzorcem dla innych miast Ameryki Północnej. Od pierwszych lat XX wieku urbaniści starali się budować osiedla, w których zachowana byłaby równowaga między pierwiastkiem miejskim i wiejskim. W Wielkiej Brytanii Ebenezer Howard zapoczątkował ruch miast ogrodów, który nawoływał do tworzenia małych, samowystarczalnych miast z centralnie położonym parkiem oraz pasem pól uprawnych i lasem. Zanim pomysł przewędrował na drugą stronę Atlantyku, dwa miasta ogrody powstały w Anglii – Letchworth w 1903 roku i Welwyn w 1920 roku. W Stanach Zjednoczonych, gdzie samochód już zdążył zostać królem miejskiej dżungli, architekci zaprojektowali Radburn w stanie New Jersey, miasteczko, którego mieszkańcy mieli nigdy nie potrzebować auta.

W miarę jak płynął XX wiek, urbaniści eksperymentowali z szeregiem różnych stylów, zwłaszcza na przedmieściach, starając się połączyć dynamikę miasta z powolniejszą atmosferą właściwą prowincji. Większość tych prób zakończyła się jednak fiaskiem, a dziś życie w mieście zdaje się szybsze i bardziej stresujące niż kiedykolwiek. Z każdą chwilą rośnie tęsknota za ucieczką, co tłumaczy być może, dlaczego opublikowany w 1991 roku *Rok w Prowansji* Petera Mayle'a, opowieść o rodzinnej przeprowadzce z Anglii do arkadyjskiego francuskiego miasteczka, sprzedał się w milionach egzemplarzy i wydał zastępy naśladowców. Dziś jesteśmy nieustannie atakowani przez książki i filmy dokumentalne o mieszkańcach miast, którzy jadą hodować kurczęta w Andaluzji, wypalać ceramikę na Sardynii lub prowadzić hotel w szkockich Highlands. Widać ożywiony popyt na weekendowe domki w lasach dookoła północnoamerykańskich miast. Nawet Japończycy, którzy od dawna z pogardą spoglądali na wieś jako na zaprzeczenie nowoczesności, odkrywają uroki górskich wędrówek i rowerowych wycieczek wśród pól ryżowych. Region Okinawa, kiedyś traktowany z lekceważeniem z racji panującego tam powolnego tempa życia, dziś tłumnie przyciąga miejskich dandysów, którzy mają ochotę wrzucić na luz.

Kult prowincjonalnego zacisza jest zapewne najbardziej wyraźny w Wielkiej Brytanii, gdzie urbanizacja rozpoczęła się wcześnie, a dziś każdego tygodnia 1500 osób ucieka z miasta na wieś. Brytyjscy agenci nieruchomości, chcąc podnieść atrakcyjność swojej miejskiej oferty, obiecują „wiejską atmosferę" – czytaj: małe sklepiki, zielone tereny i ulice, po których można chodzić pieszo. W Londynie za nieruchomości położone na przedmieściach zorganizowanych według prawideł miasta ogrodu trzeba zapłacić cenę z najwyższej półki. Brytyjskie gazety pełne są irytujących felietonów pisanych przez miastowych, którzy zbudowali sobie dom na własnym skrawku Arkadii. Niektórzy spośród moich trzydziestoparoletnich znajomych zdecydowali się na ten krok, porzucając metropolię na rzecz zabłoconych gumiaków. Wprawdzie większość wciąż dojeżdża do pracy w mieście, ale resztę czasu spędzają żyjąc – lub próbując żyć – jak bohaterowie powieści H.E. Batesa[1].

Oczywiście nie możemy wszyscy wyprowadzić się z Londynu, Tokio czy Toronto. A zresztą, gdyby przy-

105

---

[1] Herbert Ernest Bates (1905-1974), angielski powieściopisarz znany z zamiłowania do rodzimej prowincji, akcję swoich utworów umieszczał na wsi, zwłaszcza w hrabstwie Northamptonshire, skąd pochodził. Do jego najsłynniejszych książek należą *Love for Lydia*, *My Uncle Silas* i *The Darling Buds of May*. W Polsce ukazała się jego powieść *Słońce nad Francją*.

szło co do czego i mielibyśmy wybierać, większość z nas wcale by nie chciała. Lubimy żywy wielkomiejski puls, a przeprowadzkę na wieś postrzegamy jako plan przewidziany na jesień naszego życia. Do pewnego stopnia zgadzamy się ze słowami Samuela Johnsona z 1777 roku: „(...) człowiek, który ma dosyć Londynu, ma dosyć życia; w Londynie znajdujemy bowiem wszystko, czego życie może dostarczyć". Niemniej większość z nas życzyłaby sobie, aby miejskie życie było odrobinę mniej obłąkane. Dlatego też Citta Slow tak mocno pobudza wyobraźnię, a propagowane przezeń idee znajdują posłuch w świecie.

Tokio jest prawdziwym pomnikiem na cześć szybkości, pomrukującą dżunglą betonowych wieżowców, neonów i barów szybkiej obsługi. W porze lunchu w knajpach serwujących dania z makaronu pracownicy biur i urzędów wcinają na stojąco ogromne talerze zupy. Japończycy mają nawet powiedzenie, które dobrze podsumowuje ich podziw dla szybkości: „Szybkie jedzenie i szybkie defekowanie jest sztuką". Mimo to wielu z nich jest dziś skłonnych zgodzić się, że w urbanistyce „wolniejsze" może znaczyć „lepsze". Wiodący architekci planują budynki, które są wyraźnie obliczone na to, by pomagały swoim użytkownikom zwolnić. W 2006 roku w centrum Tokio wyrosło osiedle Shiodome, zaprojektowane jako oaza „Powolnego Życia". Miejsca przeznaczone do spędzania czasu wolnego – teatr, muzeum, restauracje – sąsiadują z nowiuteńkimi biurowcami. Aby zachęcić klientów do powolnych przechadzek, w centrum handlowym w Shiodome wybudowano szerokie korytarze obstawione designerskimi krzesłami, które aż proszą się, by na nich usiąść.

Zasada Powolności zdobywa także popularność na rynku nieruchomości mieszkalnych. Większość japońskich deweloperów masowo trzaska jednakowe budynki o przeciętnej jakości. Pierwszorzędnym celem jest jak najszybsze wprowadzenie nieruchomości na rynek. W ostatnich czasach klienci zaczynają jednak buntować się przeciw tym masowym, pospiesznym metodom.

Wielu z nich zakłada razem spółdzielnie, by dzięki temu uzyskać pełną kontrolę nad planowaniem, projektem i budową. Wprawdzie decyzja, by starannie nadzorować każdy etap projektu, potrafi wydłużyć przeciętny czas budowy nowej nieruchomości nawet o sześć miesięcy, ale obecnie coraz więcej Japończyków godzi się z tym, że postawienie porządnego domu wymaga cierpliwości. Wzrasta liczba zgłoszeń do, jak mówią niektórzy, spółdzielni „Powolnych Mieszkań" i nawet deweloperzy należący do głównego nurtu zaczynają oferować klientom większy wybór.

Tetsuro i Yuko Saito są parą idealnie wcielającą powolne trendy w budownictwie. Wiosną 2002 roku ta dwójka młodych wydawców przeprowadziła się do eleganckiego czteropiętrowego apartamentowca wybudowanego przez ich spółdzielnię w Bunkyo, zamożnej dzielnicy centralnego Tokio. Wybudowanie domu – jego okna wychodzą na sintoistyczną świątynię – trwało szesnaście miesięcy zamiast, jak to ma miejsce na ogół, roku. Każde mieszkanie ma własny, indywidualnie zaplanowany rozkład pokojów i wystrój – od tradycyjnie japońskiego po futuryzm rodem z science-fiction. Państwo Saito poszli w stronę otwartej przestrzeni i minimalizmu – białych ścian, stalowych poręczy, światła punktowego. Małżeństwo miało wiele czasu, by dopracować szczegóły, łącznie z rozmieszczeniem szafek, schodów i kuchni. Mogli także położyć stylową podłogę z twardego drewna, a na balkonie zaaranżować miniaturowy ogródek. Ostateczny efekt zawstydziłby większość japońskich mieszkań.

„Na pewno warto było na to czekać – mówi Tetsuro, uśmiechając się nad parującą filiżanką zielonej herbaty. – Kiedy budowaliśmy, niektórzy z lokatorów zaczęli się niecierpliwić. Dużo się gadało i debatowało, a im zależało na pośpiechu. Ale koniec końców wszyscy zrozumieli, jakie są pożytki z przeprowadzenia tego w wolniejszym tempie".

W mieście, gdzie wielu mieszkańców nie umiałoby wskazać swoich sąsiadów na policyjnym rozpoznaniu, państwo Saito żyją w przyjaźni z innymi lokatorami swojego budynku. Zyskał także ich stan konta, bowiem wyeliminowanie dewelopera pozwoliło spółdzielni oszczędzić majątek na kosztach budowy. Jedyny zawód polega na tym, że gdy tylko opuszczają dom, trafiają wprost w skotłowane wiry tokijskiego młyna. „Wprawdzie wybudowaliśmy nasze domy powoli – mówi Yuko – ale samo miasto wciąż jest bardzo szybkie i trudno sobie wyobrazić, że to by się miało zmienić".

Dobrze znamy tę skargę: duże miasta są szybkie i zawsze będą. Próby zmienienia tego nie mają sensu, prawda? Nieprawda. W wielkich miastach na całym świecie mieszkańcy z powodzeniem stosują wytyczne filozofii powolnościowej w odniesieniu do miejskiego trybu życia.

Jeden z przykładów stanowi „miejska polityka czasu", która została zapoczątkowana we Włoszech w latach osiemdziesiątych zeszłego wieku, a obecnie trafiła do Niemiec, Francji, Holandii i Finlandii. Jej celem jest zharmonizowanie godzin otwarcia we wszelkich instytucjach, począwszy od szkół, klubów młodzieżowych i bibliotek, a na klinikach, sklepach i urzędach kończąc. Urząd miejski w Bra jest teraz czynny w soboty rano, dzięki czemu mieszkańcy mogą w swobodniejszym tempie załatwiać różne sprawy. W innym włoskim mieście, Bolzano, tak zmieniono plany lekcji, by w różnych szkołach zajęcia zaczynały się o różnych porach i by dzięki temu rodzina mogła się rano mniej spieszyć. Aby dać nieco wytchnienia pracującym matkom, lekarze w Hamburgu przyjmują teraz po dziewiętnastej i w soboty rano. Inny przykład Spowalniania miejskiego życia stanowi walka z hałasem. Nowa unijna dyrektywa, mająca za cel upowszechnianie ciszy i spokoju, zobowiązuje większe miasta do obniżenia poziomu hałasu po dziewiętnastej. Nawet w Madrycie, którego mieszkańcy słyną z głośnego zachowania, ruszyła kampania mająca skłonić ich, aby trochę przybastowali.

Z kolei jeśli chodzi o zmniejszenie miejskiego tempa, aktywiści przekonują się, że ich wrogiem numer jeden jest wszechwładny samochód. To on bardziej niż jakikolwiek inny wynalazek wyraża i napędza naszą pasję szybkości. Sto lat temu dreszczu podniecenia dostarczały nam rekordowe osiągnięcia *La Jamais Contente* i jej rywalek. Dziś telewizyjna reklama ukazuje najnowsze modele sedanów, jeepów, a nawet minivanów, jak prują przez zapierający dech krajobraz, zostawiając za sobą tumany kurzu lub kaskady rozbryzgującej się wody. W prawdziwym świecie przekraczanie prędkości jest najczęstszą formą nieposłuszeństwa obywatelskiego. Miliony kierowców kupują wykrywacze radarów, aby bezkarnie móc wciskać gaz do dechy. Strony internetowe udzielają wskazówek, jak nie dać się namierzyć policjantom z drogówki. W Wielkiej Brytanii i Irlandii Północnej prosamochodowi bojownicy niszczą przydrożne kamery rejestrujące prędkość. Ludzie, którym nigdy nie przyśniłoby się, że mogą złamać prawo, regularnie dokonują wyjątku, jeśli chodzi o ograniczenia szybkości. Wiem, bo sam to robię.

Łamanie ograniczeń prędkości czyni z nas wszystkich hipokrytów. Wiemy, że wypadki drogowe dziennie pochłaniają życie trzech tysięcy osób – więcej niż zginęło w zamachu terrorystycznym na World Trade Center – i kosztują nas miliardy dolarów. Wiemy też, że ich przyczyną jest często zbyt prędka jazda. Mimo to wciąż jeździmy za szybko. Nawet podczas Salone del Gusto 2002 – największego światowego święta gastronomicznej Powolności – w karcie dań znalazło się także przekraczanie prędkości. Jeden ze sponsorów festiwalu, włoski producent samochodów Lancia, zaprezentował nowy model sedana z napędem turbo, przyspieszający od zera do stu w 8,9 sekundy. Delegaci Slow Food – głównie mężczyźni – którzy właśnie oderwali się od gruchania nad parmezanem dojrzewającym powoli w górskich chatach i nad zbieranymi ręcznie borowikami, zasiadali teraz po kolei za kierownicą auta, a ich twarze rozświetlał rozmarzony uśmiech, gdy wyobrażali sobie, jak na autostradzie naśladują Michaela Schumachera. Patrząc na tę scenę, uśmiechnąłem się cierpko, po czym przypomniałem sobie stare powiedzenie o źdźble i belce. Tuż przed odwiedzeniem Salonu zostałem zatrzymany na włoskiej autostradzie za przekroczenie prędkości. Jechałem na czterogodzinną slowfoodową kolację w Da Casetcie...

Istnieje wiele powodów – lub wymówek – dla przekraczania prędkości. W zalatanym świecie, gdzie liczy się każda sekunda, jeździmy szybko, by utrzymać się na czele lub by nadążyć za innymi. Wiele współczesnych samochodów zaprojektowano do szybkiej jazdy – suną one płynnie na wyższych biegach, a męczą się na niższych. Jest też wymówka, której nigdy nie podajemy wypisującemu nam mandat policjantowi z drogówki – taka mianowicie, że pędzenie szosą lub miotanie się z pasa na pas podczas wyprzedzania jest w gruncie rzeczy niezłą zabawą i źródłem adrenaliny. „Za kółkiem każdy z nas jest Włochem – mówi Steven Stradling, profesor psychologii transportu na edynburskim Uniwersytecie Napiera. – Samochód prowadzimy nie tylko głową, ale też sercem".

Nawet kiedy ruch uliczny posuwa się w rozsądnym tempie lub całkowicie ustaje, samochody i tak dominują w miejskim pejzażu. Ulica przed moim londyńskim domem jest nieustannie zapchana pojazdami zaparkowanymi po obu jej stronach. Tworzą one berliński mur, który oddziela od siebie ludzi – z drugiej strony jezdni nie da się zobaczyć małego dziecka. Pośród gnających dookoła SUV-ów, vanów i zwykłych aut pieszy czuje się obco. Ten obrazek mówi jasno: na pierwszym miejscu jest samochód, na drugim człowiek. Pewnego razu za sprawą prac przy wymianie nawierzchni ulica opustoszała na kilka dni, a atmosfera uległa zmianie. Ludzie spacerowali z wolna chodnikiem, ucinając sobie pogawędki z nieznajomymi. Tamtego tygodnia dwoje sąsiadów spotkałem po raz pierwszy. Mój przypadek nie jest odosobniony. Na całym świecie badania wykazują bezpośrednią zależność między samochodami a stanem wspólnoty lokalnej: im mniejszy i wolniejszy ruch samochodowy w danej okolicy, tym bardziej ożywione są relacje między mieszkańcami.

Nie mam zamiaru demonizować samochodów. Sam jestem kierowcą. Problem polega na tym, że przemieszczanie się autem nadmiernie dominuje nad chodzeniem piechotą. Od dziesiątków lat na ulicach miast straszy widmo słów byłego prezydenta Francji, Georges'a Pompidou: „Musimy dostosować miasto do samochodu, a nie na odwrót". Tyle że teraz – nareszcie – następuje przewartościowanie. Miasta wszystkich rozmiarów stawiają czoła obyczajowi zbyt szybkiej jazdy i przekształcają swój krajobraz tak, aby zminimalizować użycie samochodu; poprzez te zabiegi przystosowują się do sytuacji, gdzie na pierwszym miejscu stoi człowiek.

Zacznijmy od wojny przeciw przekraczaniu dozwolonej prędkości.

Nieostrożna jazda jest niemal równie stara jak sam samochód. W 1896 roku Bridget Driscoll, gospodyni domowa z Croydon, została pierwszym na świecie pieszym potrąconym i zabitym przez pojazd motorowy. Nastąpiło to, kiedy zeszła z londyńskiego krawężnika prosto pod koła samochodu jadącego z prędkością sześciu kilometrów na godzinę. Wkrótce później liczba śmiertelnych wypadków na drogach zaczęła wszędzie rosnąć w zawrotnym tempie. W 1904 roku, na cztery lata przed tym, jak motoryzacja trafiła do mas za sprawą Forda T, brytyjski parlament wprowadził na publicznych szosach ograniczenie prędkości do 30 kilometrów na godzinę. Rozpoczęła się wojna z przekraczaniem prędkości.

Parcie, by zwolnić ruch drogowy, jest dziś silniejsze niż kiedykolwiek. Wszędzie dookoła władze instalują progi zwalniające, zwężają ulice, ustawiają wzdłuż dróg radary, synchronizują światła, obniżają ograniczenia prędkości i wszczynają kampanie medialne przeciw szybkiej jeździe. Tak jak na innych frontach wojny o Powolność, najbardziej zaciekły opór przeciw szybkości objawia się na poziomie własnego podwórka. Na brytyjskiej wsi samochody z rykiem gnają przez wąskie drogi i malownicze osady, zagrażając życiu rowerzystów, spacerowiczów i jeźdźców konnych. W wielu wioskach mieszkańcy mają tak dosyć demonów szybkości, że samorzutnie ustawiają znaki ograniczające prędkość do 50 kilometrów na godzinę i czekają, aż władze oficjalnie je zatwierdzą[1].

Na obszarach miejskich mieszkańcy radzą sobie z problemem przekraczania prędkości za pomocą kampanii na rzecz obywatelskiego posłuszeństwa. W 2002 roku bohaterska amerykańska babcia imieniem Sherry Williams postawiła znak na trawniku przed swoim domem w Charlotte w Północnej Karolinie. Znak wzywał kierowców do podpisywania zobowiązania, że będą „przestrzegać ograniczenia prędkości na każdej okolicznej ulicy tak, jak gdyby mieszkali tutaj ludzie, których kochasz najbardziej – dzieci, małżonek lub małżonka, sąsiedzi". Wkrótce podpisy złożyły setki osób, a poparcia kampanii udzieliła miejscowa policja. Po kilku miesiącach sprawę podchwyciła firma Car Smart, internetowy dealer samochodów, umożliwiając Williams zaistnienie na forum ogólnokrajowym. Do dziś jej „Przysięgę Zwolnienia" podpisały tysiące ludzi w całych Stanach Zjednoczonych.

Kolejną obywatelską kampanią przeciw szybkości na drodze, która objęła Stany Zjednoczone, jest Sąsiedzki Program Szybkości zapoczątkowany w Australii. Jego uczestnicy zobowiązują się przestrzegać ograniczeń prędkości i tym samym pełnić funkcję „ruchomych progów zwalniających" w stosunku do samochodów jadących za nimi. Podobne przedsięwzięcia zyskują zwolenników w Europie.

Bitwa o prędkość wdarła się nawet do telewizji w najlepszym czasie antenowym. Niedawno w pewnym brytyjskim programie rozrywkowym kierowcy przyłapani na zbyt szybkiej jeździe na terenach przyszkolnych dostawali do wyboru: albo zapłacą mandat, albo spotkają

---

[1] W Anglii ograniczenie prędkości w obszarze zabudowanym wynosi 30 mi/h, czyli dokładnie 48 km/h.

się z dziećmi. Ci, którzy wybrali drugą możliwość, siedzieli na środku klasy z poszarzałymi twarzami i próbowali uporać się z pytaniami zadawanymi przez dzieci, z których niektóre miały po sześć lat: „Jak by się pan czuł, gdyby mnie pan przejechał? Co by pani powiedziała moim rodzicom, gdyby mnie pani zabiła?". Kierowcy byli wyraźnie wstrząśnięci. Jedna kobieta szlochała. Wszyscy na koniec przysięgali, że nigdy więcej nie przekroczą ograniczenia prędkości.

Zanim przejdziemy dalej, rozprawmy się najpierw z jednym z wielkich mitów o jeździe samochodem, który głosi, że przekraczanie prędkości jest wypróbowanym sposobem na oszczędzenie czasu. Owszem, jeśli wybieramy się w długą podróż po autostradzie bez korków, to faktycznie dojedziemy szybciej do celu. Ale na krótkim dystansie korzyści są minimalne. Na przykład przejechanie trzech kilometrów z prędkością 80 na godzinę zajmuje odrobinę mniej niż dwie i pół minuty. Wciśnijcie pedał do nierozważnych 130, a dotrzecie na miejsce pięćdziesiąt kilka sekund wcześniej: czas ten ledwo pozwoli wam odsłuchać pocztę głosową.

W wypadku wielu podróży przekraczanie prędkości nie zaoszczędzi wam czasu w ogóle. Synchronizacja świateł drogowych powoduje, że kierowcy lekceważący ograniczenia częściej utkną na czerwonym świetle. Także slalom między samochodami stojącymi w długim korku często przynosi efekt odwrotny do zamierzonego, między innymi dlatego, że co chwila inny pas jedzie szybciej. Ale nawet świadomość, że szybka jazda nie pozwala naprawdę zyskać na czasie, ma małe szanse skłonić ludzi do zwolnienia. Problem z większością środków przeciwdziałających łamaniu ograniczeń prędkości – od ukrytych radarów po zwężenia na jezdni – polega na tym, że ich istotą jest przymus. Inaczej mówiąc, ludzie zwalniają wyłącznie dlatego, że nie mają wyjścia – bo inaczej uszkodzą swój samochód, złapie ich przydrożna kamera albo stukną pojazd jadący przed nimi. Gdy tylko horyzont się przejaśni, znów naciskają na gaz, czasami mocniej niż poprzednio. Jedyny sposób, by zwyciężyć w wojnie drogowej, to sięgnąć głębiej i na nowo ustanowić nasze relacje ze zjawiskiem prędkości. Chodzi o to, byśmy chcieli prowadzić wolniej.

W ten sposób wracamy do fundamentalnego pytania, z którym zmaga się ruch powolnościowy: jak powściągnąć instynkt, który każe nam przyspieszać? W wypadku jazdy samochodem, podobnie jak w życiu w ogóle, jedna odpowiedź brzmi: robić mniej – ponieważ napięty harmonogram stanowi główną przyczynę przekraczania prędkości. Odpowiedź numer dwa głosi, że należy oswoić się z powolnością i dobrze się z nią czuć.

Aby pomagać ludziom w zerwaniu z nawykiem przyspieszania, angielskie hrabstwo Lancashire prowadzi coś na kształt programu Anonimowych Prędkościoholików. W 2001 roku tamtejsza policja zaczęła proponować wybór każdemu, kto został złapany na przekroczeniu prędkości o nie więcej niż 20 kilometrów na godzinę: albo weźmiesz udział w naszym jednodniowym kursie, albo zapłacisz karę i dostaniesz punkty karne. Obecnie każdego miesiąca blisko tysiąc ludzi decyduje się przystąpić do Programu Świadomej Prędkości.

W szary poniedziałkowy ranek, w szarym przemysłowym budynku na przedmieściach Preston zaczyna się kurs, do którego przystępuję w towarzystwie ostatnich 18 rekrutów. Naruszanie prędkości jest ewidentnie ponadklasowym przestępstwem. W mojej grupie są zarówno matki spędzające dnie w domu, jak i kobiety sukcesu, pracownicy fizyczni i biznesmeni w prążkowanych garniturach.

Uczestnicy nalewają sobie kawę lub herbatę, zajmują miejsca, a następnie zaczynają porównywać swoje doświadczenia. Wstyd miesza się ze szczyptą buntu. „Właściwie to wcale nie jechałam znowu tak szybko – prycha młoda matka. – W sensie, że nikomu tak naprawdę nie zagrażałam". Kilka osób potakuje ze zrozumieniem. „W ogóle nie powinienem tu siedzieć – gdera mężczyzna siedzący po mojej lewej. – Capnęli mnie późno w nocy, kiedy i tak nie ma nikogo na drodze". Rozmowy milkną, gdy do klasy wchodzi nauczyciel, szorstki w obejściu mężczyzna imieniem Len Grimshaw. Na rozgrzewkę pyta o najczęstsze przyczyny przekraczania prędkości. Pojawiają się podejrzani – ci sami, co zawsze: goniące terminy, spóźnienie, chwila nieuwagi podczas jazdy, rytm ruchu na drodze, cicho pracujący silnik. „Jest jedna rzecz, której nikt tutaj nie wymienił. Nikt nie wini samego siebie, to zawsze ktoś inny lub coś innego odpowiada za to, że prowadzimy za szybko – mówi Grimshaw. – To bzdury. Zbyt szybka jazda jest naszą winą. Sami decydujemy, że przekroczymy prędkość. A zatem możemy zadecydować, że tego nie zrobimy".

Później pojawiają się nieprzyjemne statystyki. Samochód jadący z prędkością 55 km/h potrzebuje do zatrzymania się o sześć metrów więcej, niż gdy jedzie 50 km/h. W wypadku pieszego uderzonego przez samochód jadący z prędkością 30 km/h ryzyko śmierci określa się na 5%, przy 50 km/h współczynnik skacze do 45%, a przy 65 km/h wynosi 85%[1]. Grimshaw sporo opowiada o współczesnej manii oszczędzania czasu. „W dzisiejszych czasach tak nam spieszno, że dociskamy gaz do dechy, żeby zarobić półtorej minuty – mówi. – Czy naprawdę warto zrujnować życie sobie lub drugiemu człowiekowi tylko po to, by przyjechać 90 sekund wcześniej?".

Większość poranka upływa nam na interpretowaniu fotografii przedstawiających charakterystyczne sytuacje na drodze i wypatrywaniu na nich sygnałów skłaniających do zwolnienia. Baloniki przywiązane do bramy wjazdowej? Na ulicę może wybiec dziecko przebywające na przyjęciu urodzinowym. Ślady zabłoconych opon na drodze? Ciężki pojazd z budowy może zajechać nam drogę, cofając się na oślep. Przydrożny bar? Kierowca przed

---

[1] Autor podaje wszystkie wielkości według anglosaskiego układu jednostek miar, w przekładzie podano je w przeliczeniu na system metryczny i w zaokrągleniu. Oryginalne wielkości wymienione w powyższym akapicie to kolejno: 35 mi/h, 21 stóp, 30 mi/h, 20 mi/h, 30 mi/h, 40 mi/h.

nami może nieoczekiwanie skręcić, żeby coś przekąsić. To żadna filozofia, jak mówi Grimshaw, ale im szybciej jedziemy, tym mniej podobnych sygnałów wyłapujemy. Po lunchu ruszamy w teren, żeby poćwiczyć za kierownicą. Moim instruktorem jest Joseph Comerford, drobny, dosyć zasadniczy czterdziestokilkuletni brodacz. Wsiadamy do jego niedużej toyoty yaris. Comerford prowadzi jako pierwszy i zabiera mnie na przejażdżkę po przedmieściach, nieodmiennie trzymając się ograniczeń prędkości. Dla kogoś tak jak ja uzależnionego od szybkiej jazdy, jest to iście ślimacze tempo. Gdy docieramy do prostego odcinka autostrady, czuję, jak moja prawa stopa wyrywa się, by nacisnąć mocniej na pedał gazu. Comerford łagodnie przyspiesza do maksymalnej dozwolonej prędkości, a następnie utrzymuje ją. Płynąc błogo przed siebie, komentuje na bieżąco trasę i objaśnia, na co kierowca powinien zwracać uwagę: boiska, przystanki autobusowe, przejścia dla pieszych, zmiany barwy asfaltu, ustępy w krawężniku, place zabaw, tereny przed wejściem do sklepu. Wyrzuca z siebie kolejne pozycje z listy jak licytator prowadzący aukcję. Zaczyna mi wirować w głowie: trzeba zapamiętać naprawdę dużo.

Potem przychodzi kolej na mnie. Postanowiłem przestrzegać ograniczeń, lecz ze zdumieniem zauważam, z jaką łatwością, jak instynktownie je przekraczam. Comerford zwraca mi uwagę za każdym razem, gdy strzałeczka na liczniku uniesie się o milimetr za wysoko. Jest szczególnie surowy, kiedy jadę zbyt szybko w przyszkolnej strefie ograniczenia prędkości. Upieram się, że droga jest pusta, a poza tym trwają letnie wakacje, ale moje wymówki nie brzmią przekonująco. Wiem, że instruktor ma słuszność. Stopniowo, w miarę jak upływa popołudnie, zaczynam się przystosowywać. Zerkam na licznik, rozglądam się za sygnałami, o których uczono nas na kursie, sam komentuję na bieżąco jazdę. Wreszcie poczynam zwalniać, nawet tego nie dostrzegając. Zauważam natomiast, że niecierpliwość, którą zwykle czułem za kierownicą, zaczyna ustępować.

Pod koniec naszej sesji jestem już nawróconym grzesznikiem, podobnie jak inni uczestnicy. „Po tym kursie już nie będę tak gazować" – mówi młoda kobieta. „Co to, to nie" – mamrocze druga. Ale czy to nastawienie przetrwa? Jak więźniowie powracający do społeczeństwa, natrafimy na stare pokusy i źródła presji. Czy wytrwamy w dążeniu do resocjalizacji? Czy też znowu rzucimy się na pas szybkiego ruchu?

Jeżeli zdanie Petera Hollanda jest cokolwiek warte, to przyszłość Programu Świadomej Prędkości rysuje się obiecująco. Holland jest czterdziestojednoletnim dziennikarzem BBC. Za dawnych złych czasów przekraczanie prędkości poczytywał sobie niemal za punkt honoru. „Zawsze jako pierwszy docierałem na miejsce, a wcześniej przez całą drogę pędziłem powyżej limitów – wspomina. – Czułem, że muszę się spieszyć, żeby wyrobić się z terminami, ale nie bez znaczenia była też samcza ambicja, żeby dotrzeć do celu przed wszystkimi innymi". Na zmianę złych nawyków nie wpłynęła nawet kolekcja kosztownych mandatów.

Kiedyś w BBC poprosili go o przygotowanie materiału o Programie Świadomej Prędkości. Holland przybył na zajęcia z zamiarem ponabijania się. Ale w miarę jak upływał dzień, nauka zaczęła powoli do niego przemawiać. Po raz pierwszy w życiu spojrzał krytycznie na swojego wewnętrznego rajdowca. Moment zwrotny nastąpił, kiedy podczas treningu w terenie przejechał na pełnym gazie przez jakieś osiedle, nie zauważając znaku „Uwaga dzieci". „Nagle do mnie dotarło, bo sam mam dwoje dzieci – opowiada. – Już w drodze z kursu do siedziby BBC wiedziałem, że nigdy nie będę jeździć tak jak wcześniej".

Holland przygotował pełen podziwu reportaż, a następnie zaczął w praktyce stosować to, czego się nauczył. Przeczesuje okolice drogi głodnymi oczami instruktora Świadomej Prędkości, a od ukończenia kursu ani razu nie złamał ograniczenia prędkości. Nie przepuścił też ani jednego wywiadu, ani gorącego tematu. Mało tego, fakt

117

spowolnienia na drodze sprawił, że na nowo przemyślał kwestię prędkości w innych dziedzinach swojego życia.

"Kiedy człowiek zacznie stawiać sobie pytania o szybkość za kierownicą, to zaraz zadaje te same pytania w odniesieniu do całego życia: dlaczego tak mi się spieszy? Jaki jest sens pędzić dla oszczędzenia minuty albo dwu? – mówi. – Jak człowiek jeździ spokojniej, to jest spokojniejszy w stosunku do rodziny, do pracy, do wszystkiego. Dziś ogólnie jestem dużo spokojniejszą osobą".

Choć Program Świadomej Prędkości nie dla każdego okazuje się odmieniającym życie objawieniem, to niewątpliwie zmienia nastawienie kursantów. Z badań przeprowadzanych po jego zakończeniu wynika, że większość z nich nadal sumiennie przestrzega ograniczeń prędkości. W całej Wielkiej Brytanii samorządy podejmują działania, by wprowadzić program u siebie. Moje własne doświadczenia również są zachęcające. Od zakończenia kursu minęło osiem miesięcy. Mniej się niecierpliwię za kierownicą. Dostrzegam więcej i mam poczucie, że lepiej panuję nad samochodem. Nawet w Londynie i okolicach, gdzie kodeksem drogowym rządzi zasada przetrwania najszybszego, prowadzenie auta nie oznacza – jak niegdyś – kurczowego wpijania palców w kierownicę. Wydaję też mniej na paliwo. Zgoda, żaden ze mnie Peter Holland: wciąż czasami jeżdżę zbyt szybko. Ale, podobnie jak wielu innych uczestników Programu Świadomej Prędkości, zaczynam się poprawiać.

Niemniej edukacja w kwestii przestrzegania prędkości to tylko pierwszy krok w kierunku uczynienia miast bardziej znośnymi. Jak dowiódł ruch Citta Slow, zredukować należy też przestrzeń dla samochodów. W tym celu miasta na całym świecie zamieniają ulice na deptaki, wytyczają ścieżki rowerowe, wprowadzają ograniczenia w parkowaniu, nakładają opłaty za wjazd lub wręcz całkowicie zakazują ruchu. Co roku wiele europejskich miast organizuje dzień bez samochodu, a niektóre nawet co tydzień. W każdy piątkowy wieczór w wydzielonych odcinkach centrum Paryża ustaje ruch samochodów, a w ich miejsce pojawiają się zastępy rolkarzy. W grudniu 2002 roku w Trydencie, modnej sklepowej dzielnicy Rzymu, zakaz jazdy obowiązywał przez cały miesiąc. W 2003 roku Londyn wprowadził pięciofuntową opłatę za wjazd do centrum miasta w robocze dni tygodnia. Ogólne natężenie ruchu drogowego zmalało od tego czasu o jedną piątą, co sprawiło, że brytyjska stolica stała się miejscem znacznie przyjaźniejszym dla pieszych i rowerzystów. Inne większe miasta rozważają, czy nie skorzystać z londyńskich doświadczeń.

Jednocześnie urbaniści opracowują projekty przekształcenia dzielnic mieszkaniowych w sposób, który dawałby pierwszeństwo człowiekowi, a nie samochodowi. W latach siedemdziesiątych w Holandii wymyślono Woonerf, czyli „żyjącą ulicę". Jest to rodzaj osiedla, gdzie obowiązują niższe limity prędkości i ograniczenia dotyczące liczby parkujących pojazdów. Są na nim ławki i tereny do zabaw, rośnie tam więcej drzew, krzewów i kwiatów, a chodniki znajdują się na tym samym poziomie co jezdnia. W konsekwencji otrzymujemy przestrzeń przyjazną pieszym i sprzyjającą wolniejszej jeździe lub całkowitej rezygnacji z samochodu. Projekt odniósł tak spektakularny sukces, że znalazł zwolenników na całym świecie.

W Wielkiej Brytanii, gdzie samochody są prawdziwą plagą, w ponad 80 miejscach mieszkańcy skrzyknęli się, by przekształcić swoją okolicę w „Strefę Domową" w stylu Woonerf. Jeden z projektów pilotażowych objął enklawę pięciu ulic w Ealing, dzielnicy położonej w zachodnim Londynie. W ramach tego programu lokalny samorząd umieścił na ulicach progi zwalniające, a wjazdy na wyznaczony teren zostały nieco podwyższone i wybrukowane czerwonawą kostką. W większości miejsc zrównano także chodnik z jezdnią. Samochody parkują teraz w grupkach, na przemian po obu stronach ulicy, co sprawia, że kierowca rzadko kiedy widzi przed sobą prosty korytarz, który kusi, by przyspieszyć. Nieczęsto zdarza się też, by na całej długości jezdnię od chodnika

119

oddzielał rząd zaparkowanych samochodów. Wiele aut parkuje pod kątem do krawężnika, co pomniejsza wolną przestrzeń do jazdy. Wydaje się, że koniec końców dzięki tym zabiegom w okolicy panuje atmosfera swobodniejsza i bardziej gościnna niż w moim sąsiedztwie, choć wiktoriańskie budynki są praktycznie takie same. Dzieci jeżdżą po ulicy na deskorolkach i grają w piłkę. Nawet jeżeli przejeżdża jakiś samochód, to przemieszcza się wolniej. Tak jak w wielu innych miejscach, także i tu walka z ruchem drogowym zbliżyła sąsiadów. Zamiast londyńskim zwyczajem uprzejmie się ignorować, mieszkańcy tego zakątka Ealing urządzają teraz imprezy uliczne, organizują w pobliskim parku turnieje gry w palanta i softbol, a wieczorami spotykają się towarzysko. Charmion Boyd, matka trójki dzieci, ma nadzieję, że kultura samochodowa znajduje się w odwrocie. „Ludzie stali się bardziej świadomi tego, jaki wpływ jeżdżenie samochodem wywiera na życie w danej okolicy – mówi. – Dziś wielu spośród nas dobrze się zastanowi, zanim wskoczy za kółko".

120   Przekształcenie całego Londynu w przyjazną dla Powolności Strefę Domową nie wchodzi jednak w rachubę, a w każdym razie nie w bliskiej przyszłości. Aut jest zwyczajnie zbyt wiele. Ruch samochodowy, który kiedyś przetaczał się wokół domu pani Boyd, nie zniknął – po prostu przeniósł się na sąsiednie ulice. Co więcej, w miastach takich jak Londyn odruch, by wskoczyć za kółko, będzie się utrzymywał dopóty, dopóki nie poprawi się komunikacja miejska.

Jeszcze trudniej będzie odzwyczaić od samochodu Amerykę Północną. Miasta Nowego Świata są zbudowane dla aut. Miliony mieszkańców tego kontynentu żyją na przedmieściach, skąd do pracy, szkoły lub na zakupy mogą dotrzeć tylko pokonując długie dystanse samochodem. Zresztą nawet przy krótkich odległościach jest to metoda przemieszczania się przyjmowana odruchowo. W mojej starej dzielnicy w Edmonton w prowincji Alberta nikt nie widzi nic dziwnego w tym, że podjedzie 300 metrów do sklepu spożywczego. Większość osiedli na przedmieściach została zaprojektowana w sposób, który odzwierciedla, a zarazem umacnia nastawienie typu „samochód przede wszystkim". Przy niektórych ulicach nie położono nawet chodnika, a większość domów ma od frontu podjazd i garaż na wiele pojazdów. Przedmieścia są często samotnymi, traktowanymi tymczasowo miejscami pobytu, gdzie ludzie lepiej znają samochody sąsiadów niż ich samych. Mieszkanie tam jest też niezdrowe. Dojeżdżanie pożera czas, zmusza do pośpiechu i sprawia, że mieszkańcom trudniej podjąć jakąś aktywność ruchową. Z badań opublikowanych w 2003 roku w „American Journal of Public Health" wynikało, że Amerykanie żyjący na przedmieściach o największym stopniu rozproszenia ważą średnio o sześć kilogramów więcej niż mieszkańcy dzielnic o bardziej zwartej zabudowie.

W miarę jak rośnie apetyt na życie powolniejsze i wolne od samochodu, entuzjazm wobec tradycyjnych przedmieść wygasa. Dane pochodzące z niedawnego spisu ludności w Stanach Zjednoczonych wskazują, że napływ ludności na przedmieścia począł tracić na sile w latach dziewięćdziesiątych. Mieszkańcy Ameryki Północnej są znużeni długim stresującym dojeżdżaniem, toteż wielu z nich postanawia zamieszkać w odmłodzonych centrach miast, gdzie mogą przemieszczać się pieszo i na rowerach. Pierwszorzędnego przykładu dostarcza Portland w stanie Oregon. Wobec wydanego w latach siedemdziesiątych XX wieku prawnego zakazu dalszej przestrzennej rozbudowy miasta, lokalne władze zajęły się rewitalizacją okolic śródmiejskich, zapewniając dogodne warunki pieszym i łącząc poszczególne dzielnice szybkimi liniami tramwajowymi. Skutkiem jest miasto bodaj najbardziej przyjazne mieszkańcom w całych Stanach Zjednoczonych. Zamiast ruszać za kierownicą SUV-ów na podbój podmiejskich centrów handlowych, mieszkańcy pieszo oddają się zakupom i życiu towarzyskiemu, co wytwarza klimat tętniącego życiem miasta, z jakiego dumne byłyby Citta Slow. Portland przyciąga

uciekinierów z Los Angeles i budzi nasiloną atencję urbanistów z całego kraju, a „Wall Street Journal" obdarzył miasto przydomkiem „Mekki Miejskiego Życia". Portland zwiastuje nadejście pewnych nowych zjawisk. W całej Ameryce Północnej urbaniści projektują centra miast i osiedla mieszkaniowe, w których człowieka przedkłada się nad samochód, lecz zarazem zachowane zostają wygody i przyjemności współczesnego świata. Wielu z nich występuje pod sztandarem nowego urbanizmu, ruchu zrodzonego pod koniec lat osiemdziesiątych XX wieku. Typowy projekt w duchu nowego urbanizmu nawiązuje do charakterystycznych dla początków XX wieku przedmiejskich osiedli położonych na końcu linii tramwajowych, które w oczach wielu uchodzą za szczytowe osiągnięcie amerykańskiej urbanistyki. Dzielnica taka jest przyjazna dla pieszych, wydzielono w niej sporo przestrzeni publicznej w postaci parków, placów czy estrad. W ścisłym sąsiedztwie mieszkają koło siebie ludzie o różnych zarobkach. Znajdują się tam
także szkoły, miejsca rekreacji, firmy, sklepy i zakłady usługowe. Budynki stoją blisko ulicy i siebie nawzajem, co wytwarzać ma nastrój intymności i wspólnoty. Jezdnie są wąskie, wzdłuż nich ciągną się szerokie chodniki i szpalery drzew – służy to zmniejszeniu intensywności ruchu samochodowego i zachęceniu ludzi, by chodzili pieszo. Garaże upakowano poza zasięgiem wzroku, w alejkach biegnących wzdłuż zapleczy budynków. Nowy urbanizm, podobnie jak Citta Slow, nie polega jednak na schronieniu się wśród sepiowych wyobrażeń na temat minionych lat. Chodzi raczej o to, by najdoskonalsze zdobycze techniki i urbanistyki – stare i nowe – wykorzystać w taki sposób, by życie w miastach i na przedmieściach zyskało bardziej swobodny i towarzyski klimat – by stało się Powolniejsze.

Nowy urbanizm przenika do głównego nurtu. Doroczna konferencja członków ruchu przyciąga obecnie 2000 uczestników z Ameryki Północnej i innych miejsc. Według ostatnich danych, w Stanach Zjednoczonych i Kanadzie trwa realizacja ponad czterystu projektów nowego urbanizmu, a ich zakres obejmuje budowanie zupełnie nowych osiedli mieszkalnych, a także rewitalizację istniejących ośrodków śródmiejskich. Dziś z zasad nowego urbanizmu korzysta podczas realizacji projektów na terenie całego kraju US Department of Housing and Urban Development (Departament Mieszkalnictwa i Rozwoju Miejskiego Stanów Zjednoczonych), a niektóre rozwiązania proponowane przez ruch — na przykład umieszczanie garaży na tyłach domów — podchwycili nawet tradycyjni deweloperzy. W Markham, zamożnym mieście położonym na północ od Toronto, każde nowe osiedle planuje się według wytycznych nowego urbanizmu.

Nowy urbanizm ma swoich krytyków. Być może z racji tego, że styl ten zwraca się z nostalgią ku czasom poprzedzającym rządy samochodu, jego reprezentanci mają skłonność do preferowania tradycyjnej architektury. Oznacza to często imitacyjną mieszankę stylu wiktoriańskiego, georgiańskiego i kolonialnego, pełną ganków, płotów o spiczastych sztachetach i dwuspadowych dachów. Niektórzy gardzą nowym urbanizmem, widząc w nim ucieczkę od rzeczywistości w przesłodzoną krainę ułudy — czasem zarzut ten brzmi wiarygodnie. Seaside, osada leżąca na wybrzeżu Florydy nad Zatoką Meksykańską i będąca pokazowym przykładem architektury nowego urbanizmu, zagrała fałszywe miasteczko w filmie *Truman Show*. Trudno bardziej oddalić się od rzeczywistości.

Zastrzeżenia nie dotyczą wyłącznie estetyki. Wiele osiedli zbudowanych przez przedstawicieli nowego urbanizmu ma trudności z przyciągnięciem takiej liczby przedsiębiorców, która uczyniłaby z nich prosperujące ośrodki handlowe. W konsekwencji mieszkańcy muszą pracować i kupować gdzie indziej, a ponieważ komunikacja miejska na ogół kuleje, podróże do świata zewnętrznego odbywają się za pośrednictwem arterii szybkiego ruchu i wysokiego stresu, będących przekleń-

123

stwem Powolnego życia. Inny problem bierze się stąd, że wielu deweloperów handluje nowym urbanizmem w wersji rozwodnionej – ograniczając się do drobnych kosmetycznych zabiegów, ignorując natomiast fundamentalne reguły dotyczące siatki ulic – i tym samym pracują na złą reputację całego ruchu. Tom Low, architekt i urbanista z Huntersville w Północnej Karolinie, sądzi, że nadeszła pora, by jeszcze raz przedstawić zasady nowego urbanizmu, a nawet wzbogacić je pewnymi koncepcjami zaczerpniętymi ze Slow Food i Citta Slow. Proponuje stworzenie nowego, ulepszonego ruchu pod nazwą „Powolnego Urbanizmu".

Nowy urbanizm niewątpliwie czeka jeszcze długa droga. Wiele z jego bieżących projektów ma posmak metody prób i błędów. Ale dla każdego, kto pragnąłby widzieć słowa „powolność" i „miasto" w tym samym zdaniu, ruch ten jest niechybnie dobrym zwiastunem. Widzę to jak na dłoni, kiedy przybywam do Kentlands, jednego z klejnotów w koronie nowego urbanizmu.

Osiedle Kentlands, wybudowane w latach dziewięćdziesiątych XX wieku w mieście Gaithersburg w stanie Maryland, jest wyspą spokoju pośród morza rozbudowujących się przedmieść. Każdy szczegół obszaru o powierzchni 352 akrów obliczony został na to, by spowalniać ludzi, zachęcać ich do spacerowania, mieszania się ze sobą i wąchania kwiatków. Są tu trzy jeziora, sporo wyrośniętych drzew, parków, placów zabaw i skwerów z ogrodami i pawilonami. Wiele spośród dwóch tysięcy domów – stanowiących mieszankę stylu kolonialnego, georgiańskiego i federalnego – ma od frontu ganki, na których stoją wygodne fotele i doniczki z zadbanymi kwiatami. Samochody ostrożnie, niemal przepraszająco, suną wąskimi ulicami, by zniknąć w garażach skrytych na zapleczach domów. Najszybszym zjawiskiem, jakie macie tu szansę zaobserwować, będzie miejscowy fanatyk tężyzny fizycznej, na złamanie karku pędzący na rolkach spokojnymi drogami.

Nie znaczy to jednak, by Kentlands było pozbawioną życia sypialnią. W żadnym wypadku. W odróżnieniu od zwykłego przedmieścia posiada główną ulicę, a wzdłuż niej około 60 sklepów i innych punktów usługowych gotowych zaspokoić wszelkie potrzeby. Są tam krawiec, sklep spożywczy, dentysta, kancelarie prawne, optycy, centrum medycyny holistycznej, dwa salony urody, galeria sztuki, poczta, sklep ze zwierzętami, pralnia chemiczna, sklep z ceramiką i księgowy. Przy głównym placu znajdują się dwa budynki biurowe, winiarnia, kawiarnia, ponad dwadzieścia restauracji, rozległy supermarket ekologiczny, sala sportowa dla dzieci i kino.

Mieszkańcy Kentlands, mający tuż za progiem tyle rozmaitych zajęć, zakochali się w wybitnie nieamerykańskiej czynności: w spacerowaniu. Młode matki zmierzają z wózkami na główną ulicę, żeby napić się latte i zrobić trochę lżejszych sprawunków. Dzieci pieszo wędrują do szkoły, a później na trening piłki nożnej, pływalnię lub lekcję gry na pianinie. Wieczorami Kentlands tętni życiem, ludzie gromadnie wylegają na ulice, rozmawiają ze znajomymi, idą coś zjeść albo obejrzeć film w kinie, albo po prostu przechadzają się. Wygląda to niemal jak scena z *Miasteczka Pleasantville*[1].

Kim są więc ci zadowoleni obywatele Kentlands? To ludzie w bardzo różnym wieku, którzy chcą, by ich życie było nieco podobniejsze do życia w Powolnym Mieście. Zamożniejsi mają domy, mniej zamożni mieszkania. Prawie każdy tutaj jest uchodźcą ze zwykłych suburbiów. Rodzina Callaghanów uciekła do Kentlands z zadławionych przez samochody przedmieść leżących zaledwie dwa kilometry obok. Dziś Missy, Chad i ich nastoletni syn Bryan mieszkają w domu, który z powodzeniem

125

---

[1] *Miasteczko Pleasantville* (tyt. oryg. *Pleasantville*, reż. Gary Ross), amerykański film z 1998 roku. Jego bohaterowie, nastoletnie rodzeństwo, przenoszą się w cudowny sposób w świat sitcomu, którego akcja rozgrywa się w latach pięćdziesiątych XX wieku w prowincjonalnym amerykańskim miasteczku.

mógłby się znaleźć na obrazie Normana Rockwella[1]. Na przestronnym ganku pokaźne fotele na biegunach. Amerykańska flaga zwisająca ze słupa przy drzwiach wejściowych. Biały płotek ze spiczastymi sztachetami. Przed domem kłębią się krzewy nandiny, ostrokrzewu i wawrzynu. W swoim poprzednim domu Callaghanowie do najbliższej restauracji i księgarni oraz do najbliższego supermarketu musieli dojeżdżać dziesięć kilometrów samochodem. W Kentlands do głównej ulicy dochodzą spacerem w pięć minut. Podobnie jak wszyscy inni mieszkańcy, Missy uwielbia to powolne tempo. „Na normalnych przedmieściach z byle powodu wsiadasz do auta, a to znaczy, że ciągle się spieszysz – opowiada. – A tutaj wszędzie chodzimy na piechotę, więc wszystko dzieje się na większym luzie. Poza tym to bardzo wzmacnia poczucie wspólnoty lokalnej. Nie to, żebyśmy latali z wizytą od domu do domu czy coś takiego, ale znamy ludzi w całym Kentlands, bo spotykamy ich, chodząc po okolicy".

126   W osiedlu tworzą się ścisłe więzi rodem z dawnych czasów. Na ulicy rodzice troszczą się o bezpieczeństwo dzieci własnych i cudzych. Poziom przestępczości jest tak niski – kiedy wszyscy się znają, intruz od razu zwraca uwagę – że niektórzy mieszkańcy nawet nie zamykają drzwi. Działa sprawnie poczta pantoflowa. Reggi Norton, akupunkturzystka z ośrodka zdrowia przy głównej ulicy, uważa, że Kentlands wpadło w bezbłędne koło: wolniejszy tryb życia umacnia społeczność, co z kolei skłania ludzi, by odprężali się i jeszcze bardziej zwalniali. „Kiedy w społeczności istnieją mocne więzi, ludzie mają poczucie przynależności – mówi. – A to z kolei wpływa uspokajająco na ich tryb życia".

Jak głęboko sięga ten wpływ? Większość ludzi z Kentlands wciąż musi dojeżdżać do pracy w wielkim złym świecie poza granicami osady. Niemniej Powolny tryb życia w domu potrafi sprawić, że obłęd współczes-

[1] Norman Rockwell (1894-1978), amerykański malarz i ilustrator, znany z sielskich przedstawień codziennego życia w małych miasteczkach Stanów Zjednoczonych. Wykonał m.in. ilustracje do *Przygód Tomka Sawyera* i *Przygód Hucka Finna* Marka Twaina.

nego miejsca pracy stanie się nieco mniej dotkliwy. Jako wicedyrektor do spraw bezpieczeństwa w sieci hoteli Marriott, Chad Callaghan pracuje po 50 godzin w tygodniu, do czego dochodzą rozliczne podróże służbowe. Ponadto codziennie poświęca 40 minut na przejazd samochodem do pracy. Kiedy mieszkali na typowych przedmieściach, większość wieczorów spędzał w domu, zwykle zalegając przed telewizorem. Dziś niemal co wieczór wychodzą razem z Missy na spacer lub zasiadają na ganku przed domem, czytając i gawędząc z przechodniami. Kentlands to najlepsze miejsce, by odetchnąć po ciężkim dniu w biurze.

„Kiedy wracam do domu, naprawdę czuję, jak spływa ze mnie stres, jak ciśnienie krwi opada – mówi Chad. – Przypuszczam, że to uczucie jakoś się utrwala i działa też w drugą stronę: do biura jadę z pogodniejszym nastawieniem. A kiedy bardziej się zestresuję w pracy, myślę o Kentlands i mam się dobrze".

Callaghan odkrył też, że wiele z najlepszych pomysłów przychodzi mu do głowy podczas przechadzek po okolicy. „Spacerując dookoła domu, rozmyślam – opowiada. – Często zdarza się, że mam jakiś problem w pracy i nagle zdaję sobie sprawę, że znalazłem rozwiązanie, nie zauważywszy nawet, że się nad nim zastanawiałem".

Kentlands nie jest idealne. Każdego dnia masowy exodus mieszkańców dojeżdżających do pracy wysysa znaczną część życia z osiedla, choć planowane opodal skupisko biurowców może przyczynić się do poprawienia tej sytuacji. Część z lokali przewidzianych na sklepy i inne punkty handlowo-usługowe wciąż świeci pustkami, a puryści skarżą się, że niektóre ulice mogłyby być bardziej przyjazne dla pieszych. Te mankamenty bledną jednak wobec korzyści. Mieszkańcy Kentlands naprawdę są przywiązani do swojego swobodnego trybu życia w sposób, który ociera się o kult. Rzadko kiedy pojawia się mieszkanie czy dom na sprzedaż, a i wtedy zwykle zgarnia je ktoś miejscowy. Nawet rozwodzące się pary na ogół pozostają na osiedlu, znalazłszy osobne miejsca zamieszkania.

Kentlands cieszy się też znaczną popularnością wśród osób z zewnątrz. Wielu ludzi z okolicznych, zwyczajnych przedmieść zjawia się wieczorami, by pospacerować po głównej ulicy i rynku. Niektórzy ślą listy do mieszkańców, błagając ich, by odsprzedali swoje nieruchomości i umożliwili nadawcy wprowadzenie się do Kentlands. W ciągu ostatniej dekady ceny domów wzrosły tu dwukrotnie. „Być może tutejszy tryb życia nie jest dla każdego, ale popyt na mieszkania ciągle rośnie – mówi Chad Callaghan – To oczywiste, że wielu ludzi szuka dziś miejsca, gdzie mogliby żyć prościej, powolniej".

Pod koniec mojego pobytu w Kentlands wydarza się coś, co potwierdza pogląd, że nowy urbanizm, a przynajmniej jakaś jego odmiana, jest dla Ameryki Północnej czymś dobrym. Chcąc przypomnieć sobie, czym jest konwencjonalne przedmieście, wyruszam pieszo, aby rozejrzeć się po peryferyjnym osiedlu po drugiej stronie Gaithersburga. Jest idealny dzień na spacer. Ptaki bawią się w berka na bezchmurnym jesiennym niebie. Wietrzyk muska gałęzie drzew. Okolica jest schludna, zamożna i tyle w niej życia, co na cmentarzu. Każdy dom ma od frontu drzwi do garażu, a na wielu podjazdach stoi samochód lub dwa. Od czasu do czasu ktoś staje w drzwiach wejściowych, wskakuje do auta i odjeżdża. Czuję się jak intruz. Po jakichś dwudziestu minutach przy krawężniku koło mnie zatrzymuje się patrol policji. Policjant siedzący na siedzeniu pasażera wychyla się przez okno: „Dzień dobry, panu. Czy wszystko w porządku?".

– Wszystko dobrze – odpowiadam. – Po prostu wybrałem się na spacer.

– Na co?

– Na spacer. Wie pan: spacer, przechadzka. Chciałem trochę rozprostować nogi.

– Mieszka pan tu?

– Nie, w ogóle nie jestem z tego miasta.

– No raczej – śmieje się. – Tutejsi nie spacerują za wiele.

– Taaa, wygląda na to, że wszyscy jeżdżą samochodami – odpowiadam. – Może powinni więcej chodzić.

– Może i tak.

Samochód patrolowy rusza, a policjant dorzuca z łagodną ironią: „No to miłego spaceru życzę".

Po drugiej stronie ulicy uruchamia się zespół podziemnych zraszaczy, obłok wody opada na boisko do baseballa. Stoję na chodniku sam, rozbawiony i zdumiony. Właśnie zostałem zatrzymany przez policję... za spacerowanie.

Nieco później tego samego dnia w Kentlands też jest dosyć spokojnie. Większość mieszkańców pojechała do pracy. Na ulicach są jednak ludzie i ludzie ci spacerują. Wszyscy witają się przyjaznym „cześć". Wpadam na Anjie Martinis, która prowadzi swoich dwóch chłopczyków na zakupy. Ona i jej mąż właśnie zamierzają sprzedać dom szeregowy w Kentlands i przenieść się o kilka ulic dalej, do czegoś większego. Rozmawiamy o troskach i zgryzotach rodzicielstwa i o tym, że Kentlands jest dobrym miejscem na wychowanie dzieci. „Pokochałbyś życie tutaj" – mówi Anjie. I wiecie co? Myślę, że ma rację.

5

Ciało/umysł:

MENS SANA IN CORPORE SANO[1]

*Sztuka zapewnienia wypoczynku umysłowi
i moc odsunięcia odeń wszelkiej troski i niepokoju
jest zapewne jedną z tajemnic energii
cechującej naszych wielkich mężów.*

KAPITAN J.A. HADFIELD

---

[1] (łac.) W zdrowym ciele zdrowy duch.

W rześki wiosenny poranek na głębokiej wsi w hrabstwie Wiltshire spacer wydaje się najbardziej naturalnym zajęciem pod słońcem. Bydło niespiesznie skubie trawę na falujących zielonych pastwiskach. Obok kłusują wierzchem miejscowi. Ptaki gwałtownie zniżają lot nad gęsto rosnącym lasem. Wydaje się, że miejska wrzawa została miliony kilometrów stąd. Idę wiejską drogą, żwir chrzęści pod moimi stopami i czuję, jak mój wewnętrzny motorek przeskakuje w dół o bieg albo dwa. Tak właśnie powinno być. Jestem tu po to, by nauczyć się spowalniać działanie własnego umysłu.

W wojnie z kultem szybkości linia frontu znajduje się w naszych głowach. Jeżeli całkowicie nie odmienimy swojego nastawienia, odruch przyspieszania pozostanie naszym trybem domyślnym. Ale zmiana opinii to tylko początek. Jeśli ruch powolnościowy ma okazać się czymś trwalszym, musimy sięgnąć głębiej. Musimy zmienić naszą ogólną mentalność.

Tak jak pszczoła przelatuje z kwiatka na kwiatek, tak samo ludzki mózg naturalnie skacze od jednej myśli do drugiej. W naszych pełnych pośpiechu miejscach pracy, gdzie termin goni termin, wszyscy odczuwamy presję, by myśleć szybko. Liczy się reakcja, nie refleksja. Aby jak najefektywniej wykorzystać dany nam czas i uniknąć nudy, wypełniamy każdy wolny moment bodźcami dla naszego umysłu. Kiedy ostatni raz zdarzyło wam się usiąść, zamknąć oczy i po prostu się odprężyć?

Utrzymywanie umysłu w stanie nieustannej aktywności jest kiepskim wykorzystywaniem naszego najcenniejszego zasobu naturalnego. Owszem, mózg potrafi zdziałać cuda na wysokich obrotach. Będzie jednak w stanie zdziałać o niebo więcej, jeśli od czasu do czasu dostanie szansę, żeby zwolnić. Przestawienie go na wolniejszy tryb może zaowocować poprawą zdrowia, wewnętrznym spokojem, zwiększoną koncentracją i zdolnością do bardziej twórczego myślenia. Może obdarować nas tym, co Kundera nazywa „mądrością powolności".

Eksperci twierdzą, że proces myślenia w mózgu biegnie według dwóch trybów. W książce *Hare Brain, Tortoise Mind – Why Intelligence Increases When You Think Less* (*Mózg jak zając, umysł jak żółw – dlaczego inteligencja wzrasta, kiedy myślimy mniej*) brytyjski psycholog Guy Claxton nazywa je Szybkim Myśleniem i Powolnym Myśleniem. Szybkie Myślenie jest racjonalne, analityczne, linearne, logiczne. Tak myślimy pod presją, kiedy słyszymy tykanie zegara; w ten sposób myślą komputery i tak działa współczesne miejsce pracy; ten tryb dostarcza jasnych rozwiązań i przejrzyście zdefiniowanych problemów. Powolne Myślenie jest intuicyjne, zawiłe i kreatywne. W ten sposób myślimy, kiedy opada napięcie i mamy czas, by pozwolić pomysłom, aby dojrzewały w piwniczce na zapleczu głowy. Temu trybowi zawdzięczamy bogaty i subtelny ogląd różnych sytuacji. Obrazowanie mózgu pokazuje, że każdy z tych trybów wytwarza inne fale w mózgu – wolniejsze fale alfa i theta podczas Powolnego Myślenia, szybsze fale beta w trakcie Szybkiego Myślenia.

Odprężenie jest czymś, co często poprzedza Powolne Myślenie. Badania wykazują, że ludzie myślą w sposób bardziej twórczy, kiedy są w spokojnym, niespiesznym i wolnym od napięć nastroju, natomiast presja czasu działa na nich jak klapki założone na oczy. W pewnym eksperymencie przeprowadzonym w 1952 roku uczestników poproszono, by zaszyfrowali krótkie zdania według prostego kodu. Osoba prowadząca badania czasem wręczała zestaw słów bez żadnego komentarza, a czasami prosiła uczestników: „Czy moglibyście zrobić to nieco szybciej?". Za każdym razem, kiedy padała prośba o zwiększenie tempa, badani zaczynali się plątać. Podczas innego eksperymentu kanadyjscy uczeni zauważyli, że pacjenci oczekujący w szpitalu na operację znajdywali mniej oryginalne zakończenia dla porównań w stylu „gruby jak..." czy „zimno jak...".

Te odkrycia pokrywają się z moim własnym doświadczeniem. Rzadko kiedy momenty oświecenia zdarzają mi się w pełnym pośpiechu biurze lub podczas spotkania, na którym panuje atmosfera napięcia. Częściej mają one miejsce, gdy jestem w nastroju odprężenia – gdy leżę w wannie, gotuję albo biegam po parku. Najwybitniejsi myśliciele w historii bez wątpienia zdawali sobie sprawę z pożytków przestawienia umysłu na wolniejszy tryb. Karol Darwin mówił o sobie, że jest „powolnym myślicielem". Albert Einstein słynął z tego, że potrafił godzinami przesiadywać w swoim pokoju na Uniwersytecie Princeton i gapić się przed siebie. W książkach Arthura Conan Doyle'a Sherlock Holmes analizuje poszlaki znalezione na miejscu przestępstwa, pogrążając się w stanie bliskim medytacji, a jego oczy przybierają wówczas „rozmarzony, nieobecny wyraz"[1].

Oczywiście, samopobłażaniem byłoby posługiwanie się tylko Powolnym Myśleniem bez rygorów narzucanych przez Szybkie Myślenie. Musimy być w stanie wychwytywać, analizować i oceniać pomysły, które wyłaniają się z podświadomości – i często musimy robić to szybko. Einstein doceniał korzyści płynące z pożenienia obu trybów myślenia: „Komputery są niewiarygodnie szybkie, dokładne i głupie. Ludzie są niewiarygodnie powolni, niedokładni i inteligentni. Razem stają się niewyobrażalnie potężni". Dlatego też najbystrzejsze i najbardziej kreatywne umysły wiedzą, kiedy pozwolić, aby myśli błądziły swobodnie, a kiedy przysiąść fałdów do

---

[1] Arthur Conan Doyle, *Studium w szkarłacie*, przeł. Anna Krochmal, Robert Kędzierski.

ciężkiej pracy. Inaczej mówiąc – kiedy być Powolnym, a kiedy Szybkim.

Jak w takim razie pozostali spośród nas mogą dostąpić Powolnego Myślenia, i to w świecie, który nagradza szybkość i aktywność? Na początek należy się odprężyć – odsunąć na bok niecierpliwość, przestać się szarpać, nauczyć się akceptować niepewność i bezczynność. Zamiast wyduszać z siebie nowe pomysły w trybie burzy mózgów, dajcie im czas, by wylęgły się w strefie wolnej od kontroli. Niech umysł stanie się spokojny i nieruchomy. Jak powiedział jeden z mistrzów zen, „Zamiast mówić: «Nie siedź tak, tylko zrób coś», powinniśmy mówić na odwrót: «Tylko nic nie rób, usiądź»".

Jednym ze sposobów, by nauczyć umysł odpoczywania, jest medytacja. Obniża ona ciśnienie krwi i wytwarza w mózgu więcej wolniejszych fal alfa i theta. Co więcej, badania wykazują, że efekty medytacji utrzymują się jeszcze długo po jej zakończeniu. W eksperymencie z 2003 roku naukowcy z Centrum Medycznego Uniwersytetu Kalifornijskiego w San Francisco odkryli, że buddyjskie połączenie medytacji i koncentracji oddziałuje na ciało migdałowate, czyli obszar mózgu sterujący strachem, niepokojem i uczuciem zaskoczenia, i wprowadza praktykujących w stan błogości, powodując, że są mniej skłonni do zachowań agresywnych.

Medytacja nie jest niczym nowym. Wyznawcy wszystkich religii używają jej od tysięcy lat w poszukiwaniu wewnętrznej harmonii lub duchowego oświecenia, co tłumaczy być może, dlaczego medytacja bywa postrzegana jako nieco zdziwaczałe zajęcie. U wielu osób słowo to przywodzi na myśl ogolonych na zero mnichów śpiewających „om" w świątyniach na szczytach gór lub newage'owych osobników, którzy pełni samozadowolenia wysiadują w pozycji lotosu.

Takie uprzedzenia stają się obecnie nieaktualne. Medytacja trafia do głównego nurtu. Praktykuje ją regularnie 10 milionów Amerykanów, a sale medytacyjne wyrastają w całym uprzemysłowionym świecie, od lotnisk i szkół, przez więzienia po szpitale i biura. Zestresowani i wyniszczeni przez zawrotne tempo pracownicy różnych branży, wśród nich także zagorzali agnostycy i ateiści, zapisują się stadnie na duchowe wczasy, podczas których serwuje się uczestnikom także medytację. Dziś wśród oddanych praktyków medytacji znajdziemy również osoby, które trudno podejrzewać o zdziwaczenie, między innymi Billa Forda, dyrektora generalnego i przewodniczącego rady nadzorczej Ford Motors.

Aby przekonać się, jak działa medytacja i jak można by ją ewentualnie wpasować w ruch powolnościowy, zapisuję się na pierwsze trzy dni dziesięciodniowych wczasów na wsi w Wiltshire. Kurs prowadzi International Meditation Center (IMC, Międzynarodowe Centrum Medytacji), działająca na całym świecie buddyjska organizacja założona w 1952 roku w Birmie. Jej brytyjski oddział powstał w 1979 roku i mieści się obecnie w zaadaptowanym do tego celu wiejskim domu z czerwonej cegły oraz towarzyszących mu budynkach gospodarskich. Pośród ozdobnego ogrodu stoi współczesna pagoda, a jej złote iglice pobłyskują w słońcu.

Kiedy przybywam na miejsce w piątkowe popołudnie, czuję pewne obawy. Czy zdołam godzinami wysiedzieć bez ruchu? Czy będę jedyną osobą nie noszącą sarongu? Moi towarzysze, których jest w sumie czterdziestu, przybyli ze wszystkich stron świata – Wielkiej Brytanii, Niemiec, Francji, Australii, Stanów Zjednoczonych. Na stołach w jadalni butelki sosu sojowego firmy Kikkoman sąsiadują ze słoikami chrupkiego masła orzechowego i słoiczkami z pastą Marmite. Wielu uczestników to praktykujący buddyści z ogolonymi głowami, przyodziani w kolorowe sarongi będące narodowym strojem w Birmie. Ale inni nie. Tak jak ja, przyszli po prostu w poszukiwaniu spokojnego miejsca, by uczyć się sztuki medytacji.

W czasie pierwszego spotkania grupowego zbieramy się w długiej, wąskiej sali. Oświetlenie jest łagodne. Na ścianie z przodu pomieszczenia wisi oprawiona w ramki fotografia Sayagyi U Ba Kina, założyciela IMC, a nad nią tabliczka, na której napisano po angielsku i birmańsku „Prawda musi triumfować". Owinięci kocami uczniowie siedzą lub klęczą w czterech rzędach na leżących na podłodze miękkich matach. Z przodu ze skrzyżowanymi nogami usiadł na stołku nauczyciel. Jest nim Roger Bischoff, kulturalny Szwajcar mocno przypominający Billa Gatesa.

Bischoff wyjaśnia, że za chwilę mamy wkroczyć na ośmioraką ścieżkę przedstawioną w naukach Buddy. Pierwszy krok polega na oczyszczeniu naszych czynów poprzez przestrzeganie kodeksu moralnego zakazującego zabijania, kradzieży, seksu (podczas pobytu w ośrodku), kłamstwa, narkotyków i alkoholu. Kolejny etap stanowi medytacja. Naszym celem podczas pierwszych pięciu dni będzie wyostrzenie koncentracji, a w ciągu następnych pięciu wykorzystanie jej w celu zdobycia mądrości i wglądu w rzeczywistość. W wersji idealnej, kiedy nadchodzi dzień dziesiąty, uczniowie osiągają oświecenie lub przynajmniej znaleźli się na drodze do niego.

Cały ośrodek został zaprojektowany tak, aby sprzyjać odpoczynkowi i wyciszeniu umysłu. Poprzez zakazy wyeliminowano wiele typowych dla współczesnego świata bodźców rozpraszających uwagę. Nie ma zatem telewizji, radia, żadnych lektur, Internetu, telefonów. Przestrzegamy też reguły Szlachetnego Milczenia, a to oznacza, że nie ma mowy o pogaduszkach. Życie zostaje sprowadzone do podstawowych czynności: jedzenia, spacerowania, snu, mycia się i medytacji.

Istnieje wiele sposobów medytowania. Większość z nich polega między innymi na skupieniu uwagi w jednym punkcie. Może być nim przedmiot, jak świeczka czy liść, dźwięk albo mantra, a nawet jakaś idea, na przykład miłość, przyjaźń czy starzenie się. Technika stosowana w ICM wydaje się dość prosta. Mamy po prostu zamknąć oczy, a następnie wciągać i wydychać powietrze przez nos, skupiając całą uwagę na punkcie położonym tuż ponad górną wargą. Bischoff instruuje nas łagodnym, melodyjnym głosem, abyśmy od razu zwolnili, odprężyli się i skoncentrowali na miękkim dotyku powietrza w miejscu poniżej nozdrzy. Nie jest to takie proste, jak się zdaje. Wygląda na to, że mój umysł ma własne zamysły. Po pięciu czy sześciu oddechach wystrzeliwuje jak piłeczka i, odbijając się od kolejnych tematów, zmierza z jednego na drugi. Za każdym razem kiedy ponownie próbuję skoncentrować się na oddechu, kolejna kanonada niepowiązanych myśli zaczyna hulać po mojej głowie – praca, rodzina, najważniejsze wydarzenia sportowe, strzępy popowych piosenek, jedno wielkie kłębowisko. Zaczynam się martwić, że coś jest ze mną nie w porządku. Wszyscy pozostali wydają się bardzo nieruchomi i skupieni. Gdy tak siedzimy, jak galernicy na statku-widmo, czuję nagłą ochotę, by roześmiać się albo wykrzyknąć coś głupiego, na przykład „pali się!".

Na całe szczęście Bischoff dwa razy dziennie rozmawia z uczniami, by obserwować ich postępy. Jest to jedyny moment, kiedy wolno nam się odezwać, a że odbywa się to przy całej grupie, łatwo można podsłuchiwać. Ku mojej uldze okazuje się, że wszyscy inni także toczą ciężkie boje, starając się wstrzymać bieg myśli. „Czuję się tak, jak gdybym nie był w stanie przyhamować – mówi z rozpaczą w głosie młody mężczyzna. – Odczuwam pragnienie, by się czymś zająć".

Bischoff zawsze ma dla nas słowa pokrzepienia. Mówi, że nawet Buddzie trudno było zapanować nad własnym umysłem. Najważniejsze to nie robić tego na siłę. Jeśli czujemy się podenerwowani lub pobudzeni, mamy iść się położyć, przegryźć coś w kuchni albo pospacerować. Na zewnątrz uczniowie powoli przechadzają się po ogrodzie, co upodabnia okolicę do terenów spacerowych szpitala dla rekonwalescentów.

Medytacja przynosi jednak wyraźny efekt, nawet w wypadku najbardziej rozpędzonych i skołowanych od stresu umysłów. Pod koniec pierwszego wieczora odczuwam cudowną błogość. W miarę jak mija weekend, zaczynam wolniej wykonywać wszystkie czynności, choć nawet nie próbuję nic robić w tym kierunku. Gdy nadchodzi sobotni wieczór, orientuję się, że jedzenie i mycie zębów zajmuje mi teraz więcej czasu niż przedtem. Zacząłem wchodzić po schodach zamiast na nie wbiegać. Jestem bardziej świadom wszystkiego dookoła – własnego ciała, gestów, smaku tego, co jem, zapachu trawy, koloru nieba. W niedzielę wieczorem nawet medytacja wydaje się już czymś osiągalnym. Mój umysł uczy się pozostawać przez dłuższy czas w spokoju i wyciszeniu. Jestem mniej niecierpliwy, mniej skłonny do pośpiechu. Prawdę powiedziawszy, to czuję się tak odprężony, że nie mam ochoty wyjeżdżać.

Choć nie zdawałem sobie z tego sprawy, to w moim mózgu toczyło się przez ten czas bardzo przydatne Powolne Myślenie. Kiedy nadchodzi koniec weekendu, pomysły związane z pracą wystrzeliwują z mojej nieświadomości jak ryby skaczące nad taflą jeziora. Zanim wrócę do Londynu, siadam w samochodzie i zapisuję je.

Czy możliwe jest przeniesienie medytacyjnego spokoju z kursu w prawdziwy świat? Okazuje się, że tak, choć są tu pewne zastrzeżenia. Pokusa, by przyspieszać, jest oczywiście o niebo większa w Londynie niż w najdalszych zakątkach Wiltshire, a tylko nieliczni spomiędzy absolwentów programu IMC osiągną stan idealnej zen-równowagi. Mimo to za sprawą medytacji miejskie życie może stać się nieco mniej gorączkowe.

Po krótkim kursie w Wiltshire rozmawiam z garstką uczestników, aby dowiedzieć się, jakie są ich doświadczenia z medytacją. Neil Pavitt, czterdziestojednoletni copywriter mieszkający w Maidenhead na obrzeżach Londynu, po raz pierwszy wziął udział w wyjazdowym kursie IMC u progu lat dziewięćdziesiątych i stopniowo stał się praktykującym buddystą. Dziś codziennie przeznacza jedną godzinę na medytację.

Medytacja zapewnia mu spokojną przystań, dzięki której łatwiej mu poruszać się po zdradliwych i rozhukanych wodach świata reklamy. „Jest jak opoka, to coś, na czym zawsze mogę polegać. Solidne podłoże, które zawsze daje mi oparcie, jakiś punkt odniesienia, dokąd zawsze mogę wrócić po nowe siły – mówi. – Kiedy w pracy naprawdę zaczyna się gorączka albo stres, potrzebuję tylko pięciu czy dziesięciu minut na ćwiczenia oddechowe, i znowu jestem spokojny".

Pavitt także przekonał się, że medytacja otwiera drogę do Powolnego Myślenia. „Sprawdza się przy twórczej części pracy, bo oczyszcza i uspokaja umysł – opowiada. – Często zauważam, że dzięki medytacji różne problemy stają się bardziej przejrzyste, dobre pomysły wypływają na powierzchnię".

Inne techniki medytacji przynoszą podobne efekty. Obecnie ponad 5 milionów osób na całym świecie uprawia medytację transcendentalną, prostą technikę, której poświęca się piętnaście do dwudziestu minut dwa razy dziennie. Wprawdzie TM (od „transcendental meditation") została wynaleziona w 1957 roku przez hinduskiego jogina, lecz nie jest zakorzeniona w żadnej tradycji religijnej, dzięki czemu trafia do przekonania takim ludziom jak Mike Rodriguez, pracujący w Chicago konsultant do spraw zarządzania. „Spodobał mi się pomysł, żeby uspokoić swój umysł i że nie był do tego doczepiony żaden religijny bagaż" – opowiada. Zanim zaczął praktykować TM, Rodrigueza przytłaczały tempo i presja panujące w pracy. Dziś czuje się jak niewzruszony korporacyjny wojownik. „Świat wokół mnie może wirować w tempie 150 kilometrów na godzinę – telefony, maile, prośby od klientów – ale na mnie to już nie działa tak jak kiedyś – mówi. – Jestem jak wyspa spokoju w oceanie szaleństwa".

Podobnie jak Pavitt, Rodriguez czuje, że jest bardziej kreatywny: „Myślę, że teraz znajduję bardziej twórcze rozwiązania dla moich klientów. Jeśli umysłowi dać szansę, by zwolnił, może naprawdę wykombinować coś niezłego".

Istnieją nawet dowody na to, że medytowanie może uszczęśliwiać. W 2003 roku naukowcy z Uniwersytetu Wisconsin-Madison przeprowadzili obrazowanie mózgu u ludzi, którzy od dłuższego czasu praktykowali buddyzm. Okazało się, że ich lewy płat przedczołowy, część mózgu powiązana z dobrym samopoczuciem, jest nadzwyczajnie aktywny, czyli że inaczej mówiąc, są fizjologicznie szczęśliwi. Jedna z hipotez głosi, że regularna medytacja daje lewemu płatowi przedczołowemu nieustający zastrzyk energii.

Te odkrycia nie dziwą Roberta Holforda. Co roku ten pięćdziesięciosześcioletni psychoanalityk znajduje pośród natłoku innych zajęć czas, by wziąć udział w dziesięciodniowym kursie IMC w Wiltshire. A poza tym stara się medytować codziennie. Medytacja daje mu poczucie pewności i chroni od mrocznych myśli. „Wyciszony umysł jest jak smak wolności – mówi. – To tak, jak gdyby człowiek jednocześnie siedział i na brzegu rzeki, i w rzece: bierze udział w życiu, ale zarazem ma też szerszy ogląd wszystkiego. Dzięki temu jestem pogodniejszy i szczęśliwszy".

Mimo wcześniejszego sceptycyzmu, medytacja jest teraz normalną częścią mojego życia. W środku dnia robię sobie krótkie przerwy na medytację, około dziesięciu minut za jednym razem, i widzę, że przynosi to efekty. Do biurka powracam odprężony, z jasnością w głowie. Choć są to rzeczy, które trudno zmierzyć, to myślę, że dzięki medytacji staję się bardziej świadomy, bardziej zdolny do cieszenia się chwilą – bardziej Powolny.

Medytacja może też przynosić korzyści zdrowotne. Choć od siedemnastowiecznych dociekań Kartezjusza filozofia Zachodu przeprowadzała rozgraniczenie między ciałem a umysłem, jedno jest ewidentnie połączone z drugim. Badania kliniczne pozwalają sądzić, że praktyka medytacyjna może przyczyniać się do utrzymania ciała w dobrym stanie. Lekarze coraz częściej zalecają ją pacjentom jako sposób na szereg schorzeń, takich jak migreny, choroby serca, AIDS, rak, bezpłodność, nadciśnienie, zespół jelita drażliwego, bezsenność, skurcze żołądka, zespół napięcia przedmiesiączkowego, a nawet depresję. Trwające przez pięć lat badania przeprowadzone w Stanach Zjednoczonych wykazały, że osoby praktykujące medytację transcendentalną mają o 56% mniejsze ryzyko hospitalizacji.

Również świat fitnessu odkrywa związek między ciałem i duchem oraz rolę, jaką powolność odgrywa przy utrzymaniu jednego i drugiego w dobrej formie. Pomysł, by ćwiczyć powoli, kłóci się oczywiście ze współczesnymi trendami. W XXI wieku sala do ćwiczeń jest świątynią wściekłości i wrzasku. Zagrzewani do boju dudniącą ścieżką dźwiękową ludzie wyciskają z siebie siódme poty na urządzeniach do treningu kardio i lekcjach aerobiku. Kiedyś widziałem instruktora z siłowni ubranego w T-shirt z napisem „Pakuj szybko. Pakuj ostro. Albo pakuj manatki". Inaczej mówiąc, jedynym sposobem na zbudowanie sylwetki jest takie napompowanie sobie tętna, aby dobiło do szczytowych rejonów strefy pożądanych parametrów.

Ale czy na pewno? Fundamentem wielu systemów ćwiczeń zrodzonych przed wiekami w Azji jest spowolnienie ciała i wyciszenie umysłu – połączenie, które może przynieść znacznie rozleglejsze korzyści niż zwykłe oblewanie się potem na stopniach StairMastera. 143

Weźmy przykład jogi, starożytnego hinduskiego systemu ćwiczeń fizycznych, duchowych i umysłowych, którego celem jest doprowadzenie do harmonii ciała, umysłu i ducha. W sanskrycie słowo „joga" oznacza „jednoczyć". Na Zachodzie przywykliśmy jednak skupiać się na fizycznym aspekcie tej dyscypliny – na kontrolowaniu oddechu, powolnych, płynnych ruchach i pozycjach, czyli *asanach*. Joga potrafi zdziałać dla ciała cuda, nadając siłę mięśniom, wzmacniając tonus i system odpornościowy, poprawiając krążenie i zwiększając giętkość.

Korzyści fizyczne to dopiero początek. Wiele wschodnich systemów ćwiczeń naucza, jak rozciągnąć chwilę poprzez wejście w stan łączący rozluźnienie i gotowość. Nawet adepci sztuk walki takich jak karate, judo czy kendo, w których kopnięcia i ciosy zadaje się z prędkością światła, dowiadują się, jak utrzymywać fundamentalną powolność. Im szybciej ich umysł pędzi, im bardziej udzielają im się niepokój i pośpiech, tym większe niebezpieczeństwo, że ulegną przeciwnikowi. Wyciszony wewnętrznie mistrz sztuk walki uczy się „spowalniać" ruchy swoich przeciwników, aby tym skuteczniej je blokować. Musi być Powolny w środku, aby być szybkim na zewnątrz. Na Zachodzie mówi się czasem o tym czy innym sportowcu, że gra „jak w transie". Nawet wykonując błyskawicznie jakiś manewr, wewnątrz pozostaje spokojny i zrównoważony. Kiedy John Brodie, były gwiazdor futbolu amerykańskiego z San Francisco 49ers, opowiada o zachowaniu spokoju w ogniu walki, brzmi jak mistrz zen: „Czas zdaje się zwalniać w jakiś niesamowity sposób, jak gdyby wszyscy poruszali się w zwolnionym tempie. Jakby miały minąć godziny, zanim skrzydłowi dobiegną na pozycje. A przecież wiem, że obrońcy drużyny przeciwnej pędzą na mnie tak szybko jak zawsze".

144   Joga może pomóc w osiągnięciu tego fundamentalnego opanowania. Zmierza ona do podtrzymywania w człowieku jego *chi* – siły witalnej lub energii – której szkodzą stres, niepokój, choroba lub przepracowanie. Nawet osoby odrzucające pojęcie *chi* jako mistyczny bełkot często przekonują się, że joga pozwala im osiągnąć Powolny stan umysłu. Dzięki niespiesznym, skoordynowanym ruchom pogłębiają samoświadomość, koncentrację i cierpliwość.

W świecie złaknionym wewnętrznego spokoju i pięknego ciała joga jest zatem cudownym rozwiązaniem. Dziś ludzie uprawiają ją wszędzie, od biur i szpitali po posterunki straży pożarnej i fabryki. Niedawno przeprowadzona ankieta wskazuje, że od 1998 roku liczba Amerykanów ćwiczących jogę wzrosła trzykrotnie i wynosi obecnie 15 milionów, a wśród nich znajduje się wielu zawodowych sportowców. We wszystkich gazetach dodatki turystyczne są pełne reklam wakacji z jogą w różnych egzotycznych miejscach. Mój syn uprawia jogiczne ćwiczenia u siebie w przedszkolu. W wielu fitness klubach joga odebrała aerobikowi palmę pierwszeństwa wśród najpopularniejszych zajęć. Nawet Jane Fonda, niegdyś królowa wyciskających z człowieka siódme poty skrętów i wymachów, kręci dzisiaj filmy instruktażowe do ćwiczenia jogi.

Mark Cohen twierdzi, że dzięki jodze jest zdrowy i Powolny. Jako trzydziestoczteroletni makler giełdowy z Wall Street, żyje na wysokich obrotach. Cała jego praca polega na podejmowaniu decyzji w ułamku sekundy, a w wolnych chwilach uprawia jedne z najszybszych dyscyplin sportowych na świecie – koszykówkę i hokej. Jak wielu innych, do jogi odnosił się lekceważąco, widząc w niej hobby dla mięczaków niezdolnych do zajęcia się „prawdziwymi" sportami. Jednak kiedy kobieta, która mu się podobała, zaprosiła go, żeby wpadł na zajęcia do jej grupy, zacisnął zęby i poszedł. Pierwszego wieczoru był zaskoczony, jak trudno mu było wejść w niektóre *asany*, a zarazem tym, jak zrelaksowany czuł się po zakończeniu sesji. Choć uznał, że on i kobieta od jogi nie pasują do siebie, to zapisał się na zajęcia odbywające się bliżej jego domu. Kilka miesięcy wystarczyło, by zauważyć, że jest silniejszy, a jego ciało bardziej gibkie. Ponadto postawa poprawiła mu się do tego stopnia, że wyrzucił wyświechtaną poduszkę ortopedyczną, która dotychczas była nieodłącznym dodatkiem do jego biurowego krzesła. Ma też poczucie, że poprawił równowagę i szybkość podczas gry w koszykówkę i hokeja. Najbardziej jednak w jodze Cohenowi podobają się jej odprężające, medytacyjne właściwości. „Kiedy wykonuję *asany*, wszystko, co mam w środku, natychmiast zwalnia – opowiada. – Po zajęciach czuję się nie tylko przyjemnie, ale mam też jaśniejszą głowę". To uczucie rozlewa się na resztę jego życia. „Powinieneś mnie teraz zobaczyć w pracy – mówi. – Kiedy zaczyna się prawdziwe szaleństwo, ja pozostaję uosobieniem spokoju".

Joga wprowadza też Cohena w tryb Powolnego Myślenia. Często zjawia się na zajęciach w stanie stresu wywołanego jakimś problemem w pracy. Bywa, że po godzinie relaksowania umysłu i powolnego wyginania ciała wte i wewte, do głowy przychodzi mu rozwiązanie. „Najwyraźniej kiedy ćwiczę, mój umysł obrabia te sprawy na poziomie podświadomości – mówi. – Na część z najlepszych pomysłów wpadam, kiedy idę do domu po zajęciach".

Inni nie mogą wyjść z zachwytu nad energią, jakiej dostarcza im joga. Dahlia Teale pracuje w salonie fryzjerskim w Nowym Orleanie w stanie Luizjana. W przeszłości chodziła cztery razy tygodniowo na siłownię, gdzie uczestniczyła w zajęciach aerobiku i ćwiczyła na maszynach do treningu kardio. W 2002 roku zapisała się z koleżanką na jogę. Z miejsca poczuła przypływ energii. „Często zdarzało się, że wychodziłam z siłowni wykończona – wspomina. – Z jogą jest na odwrót: dostaję potężny zastrzyk energii, która utrzymuje się przez długi czas". Teale zrezygnowała z karnetu na siłownię i obecnie utrzymuje formę, łącząc jogę, spacery i rower.

Straciła trzy kilogramy.

Chi kung to kolejny wschodni system ćwiczeń fizycznych, który zyskuje rzesze entuzjastów. Nazywane czasem „jogą z medytacją i ruchem", *chi kung* jest ogólną nazwą obejmującą szereg starożytnych chińskich technik, które wspomagają zdrowie poprzez rozprowadzanie *chi* po całym ciele. Ćwiczący stoją i, używając okolic miednicy jako punktu oparcia, wykonują powoli sekwencję pozycji rozciągających członki. Ważny jest też powolny, głęboki oddech. W *chi kung* nie chodzi o to, by podbijać gwałtownie tętno albo zalewać się potem; jego celem są kontrola i świadomość. *Chi kung* może poprawiać równowagę, siłę, postawę i koordynację ruchową. Bardziej nawet niż joga pomaga osiągnąć odprężenie umysłu przy zachowaniu aktywnego stanu. *Chi kung* ma wiele odmian, poczynając od sztuk walki w rodzaju *kung fu*, aż po znacznie łagodniejsze *tai chi*.

Na Zachodzie *chi kung* często służy osiąganiu lepszych rezultatów w sporcie. Mike Hall uczy golfa i squasha w Edynburgu, a „powoli" jest jego zawołaniem bojowym. Twierdzi, że wyciszywszy umysł przy pomocy *chi kung*, jest w stanie dostrzec żółtą kropkę na lecącej w jego kierunku piłeczce do squasha. Wykonując powolne, kontrolowane ruchy z repertuaru *chi kung*, jego podopieczni uczą się płynnie poruszać po korcie, zamiast ciskać się po nim bezładnie wte i wewte. Wprawiają przy tym umysł w stan uspokojenia, aż poczują, że mają dość czasu, aby odebrać każdą piłkę. „Paradoks polega na tym, że jednocześnie ruszasz się i jesteś nieruchomy" – mówi mi Hall przez telefon.

Aby zobaczyć ten paradoks w akcji, umawiam się z nim w jego klubie do squasha w Edynburgu. Hall, były zawodowy piłkarz, to solidnie zbudowany, lekko sepleniący czterdziestopięciolatek o rudawych włosach. Kiedy się zjawiam, właśnie kończy lekcję. Od razu wyróżnia się z tłumu. Gdy inni dookoła młócą i tłuką, Hall przesuwa się po korcie z gracją mistrza tanga. Nawet kiedy nurkuje przed siebie, by odebrać trudną piłkę, wydaje się, że frunie. Przypomina mi się sprzeczna ze zdrowym rozsądkiem rada Jackiego Stewarta, herosa Formuły 1: czasem, żeby być szybszym, człowiek musi być wolniejszy.

Po lekcji Hall pokazuje mi kilka ćwiczeń *chi kung*, przypominając mi o płynnym ruchu. Stale podkreśla znaczenie zachowania stabilnego centrum, zarówno ciała, jak i umysłu. „U większości ludzi problem przy grze w squasha nie polega na tym, że nie są wystarczająco szybcy – mówi. – Rzecz w tym, że nie są wystarczająco wolni". Trochę za bardzo trąci to komunałem, co dodatkowo zachęca mnie, by przytrzeć mu nosa na korcie. Niemniej już od pierwszej wymiany piłek zostaję zepchnięty do defensywy. Hall niemal bez wysiłku panuje nad całym kortem. Zwycięża 9:2.

Po skończonej grze następny uczeń Halla, zaskakująco sprawny siedemdziesięciodwuletni wykładowca szkoły handlowej imieniem Jim Hughes, opowiada mi, jak *chi kung* pomaga mu zwalczyć uzależnienie od pośpiechu. „To nie zmienia się z dnia na dzień, ale odkąd pracuję z Mike'iem gram znacznie lepiej – mówi. – Nie biegam dziś bez sensu po korcie tyle co dawniej". Dzięki *chi kung* zdołał też wyeliminować trochę pośpiechu z życia zawodowego. Pracując jako doradca, miał w zwyczaju jak najszybciej przedstawiać klientowi ocenę sytuacji. Jako wykładowca leciał pospiesznie przez materiał, nie spuszczając oka z zegarka. Teraz, dzięki *chi kung*, działa Powoli. Oznacza to, że rezerwuje sobie czas, by pracować we właściwym tempie z uczniami i czeka na odpowiedni moment, by omówić sprawy z klientami. „Zamiast słuchać pierwszego odruchu, który nakazuje mi ruszać do akcji najszybciej jak się da, teraz zwalniam i daję sobie czas, by zastanowić się nad różnymi rozwiązaniami – mówi Hughes. – Jestem pewien, że dzięki temu stałem się i lepszym nauczycielem, i lepszym doradcą".

Nazajutrz rano po mojej porażce na korcie Hall zabiera mnie, żeby popykać trochę w golfa w pobliskim parku. Pogoda jest jak na starych pocztówkach z Edynburga, szara i dżdżysta. Hall przygląda się, jak zagrywam parę piłek dziewiątką. Następnie wykonujemy kilka ćwiczeń *chi kung*. Hall znów przypomina, jak ważne jest, by w środku pozostawać wyciszonym i spokojnym. Opowiada też o badaniach, które wykazują, że zbyt szybki zamach powoduje, że kij traci impet tuż przed uderzeniem w piłeczkę. Wolniejszy, płynny zamach zapewnia lepszą kontrolę i większą moc uderzenia. Biorę do ręki żelazo numer dziewięć, by wprowadzić jego rady w czyn. Rzeczywiście tym razem mój zamach jest gładszy i silniejszy.

Później rozmawiam o tym z Lindsayem Montgomerym, pięćdziesięcioletnim szefem Szkockiej Rady Pomocy Prawnej, który całe życie gra w golfa. Kiedy zaczynał uczyć się u Halla, sceptycznie odnosił się do *chi kung* i idei powolności. Sześć miesięcy później, ku swojemu zdziwieniu, poprawił handicap o prawie trzy punkty. „*Chi kung* daje ci inne wyczucie czasu i tempa – mówi. – Mam skłonność, by wszystko robić bardzo szybko, taka moja natura. Ale odkąd zwolniłem, mój zamach stał się dużo płynniejszy. Dzięki *chi kung* nauczyłem się nie spieszyć, a przez to stałem się dużo lepszym graczem". Nie wszystkie postaci powolnego, skupionego ćwiczenia pochodzą ze Wschodu. W latach trzydziestych XX wieku w Wielkiej Brytanii Joseph H. Pilates opracował system wzmacniającego treningu opartego na trzech nader jogicznych zasadach: precyzyjnych ruchach, koncentracji i kontroli oddechu. Dzisiejsi adepci metody Pilatesa wykonują specjalne ćwiczenia wzmacniające najważniejsze mięśnie okolic kręgosłupa i tym samym poprawiają giętkość ciała, wytrzymałość i postawę. Pilates nie wywodzi się z żadnej tradycji duchowej lub medytacyjnej, ale także może przyczyniać się do zwiększenia koncentracji i uwagi. Amerykański golfista Tiger Woods uprawia pilates i medytację.

Tymczasem zachodni naukowcy zajmujący się sportem zaczynają przychylać się do zdania, że powolny trening może przynieść lepsze wyniki. Im ciężej ćwiczymy, tym szybciej bije serce i tym więcej tłuszczu spalamy. Ale powyżej pewnej granicy zasada „szybciej równa się lepiej" traci ważność. Prowadzący badania na Uniwersytecie w Birmingham doktor Juul Achten odkrył, że najwięcej tłuszczu na minutę spalamy, kiedy nasze tętno wynosi 70% − 75% swojej maksymalnej wartości. Przeciętny człowiek osiąga ten stan w trakcie *power walking* lub lekkiego truchtu. Podczas ostrzejszego treningu, kiedy tętno sięga górnej granicy, ciało zacznie zużywać więcej węglowodanów, aby zapewnić sobie energię. Innymi słowy, tytan siłowni zasuwający w szaleńczym tempie na StairMasterze spala najprawdopodobniej mniej tłuszczu niż stateczny użytkownik sąsiedniego urządzenia. „Wydaje się, że zając więcej zyskuje, ponieważ biegnie szybciej – mówi doktor Achten. – Ale w wyścigu, gdzie stawką jest pozbywanie się tłuszczu, postawiłbym na żółwia".

W takich to okolicznościach dokonuje się powrót najstarszej formy ćwiczeń − chodzenia. W czasach przedprzemysłowych ludzie podróżowali przede wszystkim pieszo i dzięki temu zachowywali sprawność. Z nadejściem silnika parowego rozleniwili się. Chodzenie stało się ostatecznością, czy też – jak ujmuje to Światowa Organizacja Zdrowia – „zapomnianą sztuką".

Jak widzieliśmy w poprzednim rozdziale, urbaniści na całym świecie na nowo planują przedmieścia i centra miast, aby lepiej dostosować je do potrzeb pieszych. Wandsworth, moja londyńska gmina, od niedawna wprowadza w życie Strategię Chodzenia. Za poruszaniem się pieszo przemawia wiele dobrych powodów. Po pierwsze, to nic nie kosztuje: żeby nauczyć się spacerować po parku nie potrzeba zapisywać się na kurs ani wynajmować osobistego trenera. Wiele tras, które pokonujemy samochodem, moglibyśmy równie łatwo – a czasem łatwiej – przemierzyć piechotą. Chodzenie podnosi naszą sprawność i chroni przed chorobami serca, udarem, rakiem i osteoporozą, a przy tym w mniejszym stopniu niż bardziej forsowne ćwiczenia naraża nas na kontuzję.

Przemieszczanie się pieszo może także służyć rozmyślaniom i wprowadzać umysł w Powolny stan. Spacerując, zauważamy szczegóły świata wokół nas – ptaki, drzewa, niebo, sklepy, domy, innych ludzi. Nawiązujemy łączność z otoczeniem.

Chodzenie sprzyja poskramianiu chęci przyspieszania. Kiedy jesteśmy w samochodzie, pociągu lub samolocie, gdzie silnik wiecznie obiecuje większą moc i większe obroty, czujemy pokusę, by pędzić szybciej, a każde opóźnienie odbierać jako osobistą zniewagę. Nasz organizm ma od urodzenia zaszczepione ograniczenie prędkości, toteż chodzenie może nas nauczyć, byśmy zwolnili, bo jest ono z istoty swojej Powolne. Jak powiada Edward Abbey, *enfant terrible* amerykańskiego ruchu ekologicznego, „Wiele dobrego można powiedzieć o chodzeniu (...). Na przykład to, że zajmuje więcej czasu niż jakakolwiek inna forma lokomocji z wyjątkiem pełzania. Przyczynia się zatem do rozciągania czasu i wydłużania życia. Życie jest i tak zbyt krótkie, by trwonić je na szybkość (...). Chodzenie pieszo sprawia, że świat jest dużo większy, a tym samym znacznie ciekawszy. Człowiek ma wtedy czas, żeby przyjrzeć się szczegółom".

Alex Podborski zgadza się z tym w stu procentach. Ten dwudziestopięcioletni mężczyzna dojeżdżał do pracy w biurze podróży w centrum Londynu na skuterze. Kiedy po raz trzeci skradziono mu jego vespę, postanowił zobaczyć, jak by to było chodzić do pracy pieszo. Dziś spędza 25 minut, przemieszczając się na nogach do pracy i z powrotem. Jego trasa prowadzi przez Hyde Park, gdzie często myśli mu się najlepiej. Po drodze uśmiecha się do ludzi i generalnie czuje się mocniej związany z miastem. Już nie wpada do pracy roztrzęsiony po przedarciu się przez poranne korki, ale odprężony i gotowy na wszystko. „Spacer to dla mnie czas relaksu – mówi. – Na początku dnia daje mi kopa, a na koniec pomaga się odprężyć". Przynosi to także korzyści na polu sprawności fizycznej. Odkąd zaczął chodzić, Poborski jest zdrowszy i szczuplejszy. „Nigdy nie będę reklamować bielizny dla Calvina Kleina – uśmiecha się z lekką ironią – ale przynajmniej mój mięsień piwny się zmniejsza".

Dla kogoś, kto szukałby Powolnych ćwiczeń w bardziej współczesnym wydaniu, mamy pod ręką przykład SuperSlow, odmiany podnoszenia ciężarów, która święci sukcesy w Ameryce Północnej i poza nią. Na początek jednak wyjaśnijmy pewne rozpowszechnione nieporozumienie: wyciskanie kilogramów żelastwa na siłowni z każdego musi zrobić Niesamowitego Hulka. Przeciętny człowiek pod wpływem SuperSlow staje się silniejszy i szczuplejszy bez nabierania masy mięśniowej, a ponieważ mięśnie zajmują około 30% mniej miejsca niż tłuszcz, po zabawie z ciężarkami wielu ćwiczących zmienia ubranie na mniejsze o numer lub dwa. „Vanity Fair", magazyn będący biblią wszystkich tych, którzy urodę cenią wyżej niż kilogramy, wymienił SuperSlow wśród najmodniejszych ćwiczeń 2002 roku. Do pochwalnego chóru dołączyły także „Newsweek", „Men's Health", „Sports Illustrated for Women" i „New York Times".

Kiedy po raz pierwszy przeglądam doniesienia medialne, pełne entuzjazmu sprawozdania wydają się zbyt piękne, aby mogły być prawdziwe. Ćwiczenie z ciężarkami w konwencjonalnym tempie nigdy nie przyniosło takich efektów ani u mnie, ani u żadnej znanej mi osoby. Czy obniżenie tempa naprawdę czyni aż tak dużą różnicę? Siedziba SuperSlow leży w anonimowym pasażu handlowym nieopodal lotniska w Orlando na Florydzie. Kiedy przybywam na miejsce, Ken Hutchins, który we wczesnych latach osiemdziesiątych zaczął uczyć techniki SuperSlow, rozmawia przez telefon, wyjaśniając rozmówcy z Seattle, jak uzyskać uprawnienia trenerskie. Dzięki temu opóźnieniu mam okazję przyjrzeć się rozwieszonym na ścianach biura fotografiom „przed i po". Ted, brodacz w średnim wieku, w ciągu dziesięciu tygodni stracił piętnaście centymetrów w pasie. Trzydziestoparoletnia Ann zmniejszyła obwód ud o osiemnaście centymetrów w niespełna trzy miesiące. Zdjęcia wykonano w naturalistycznym stylu podręczników medycznych – bez upiększania, bez artystycznego oświetlenia, bez retuszu. Wygląda to dla mnie przekonująco i pozwala sądzić, że SuperSlow zdobywa wyznawców dzięki wynikom, a nie chytrym zabiegom marketingowym.

Sam Hutchins to wysoki mężczyzna o posturze oficera marines (pracował kiedyś jako asystent chirurga w Siłach Powietrznych USA). Jest dobrze zbudowany, ale nie napakowany. Siadamy na krzesłach i zaczynamy rozmawiać o obłędzie kultury Robienia Wszystkiego Szybciej. „Według dzisiejszej mentalności, robić coś wolniej, to znaczy być opieszałym i nieskutecznym. Dotyczy to także ćwiczeń fizycznych – mówi Hutchins. – Ludziom wydaje się, że bez obłąkańczego tempa, takiego jak w aerobiku, nie uzyska się żadnych korzyści. Tymczasem jest dokładnie odwrotnie. Właśnie dzięki powolnej pracy ćwiczenia są tak skuteczne".

Jak to działa? Osoba ćwicząca SuperSlow podnosi i opuszcza ciężar przez dwadzieścia sekund, choć normalnie zabiera to sześć sekund. To spowolnienie eliminuje siłę rozpędu i zmusza mięśnie, by pracowały aż do całkowitego wyczerpania, co z kolei sprawia, że szybciej i pełniej odzyskują sprawność. Podnoszenie ciężarów wzmacnia również kości i zagęszcza ich strukturę, co stanowi prawdziwe błogosławieństwo dla młodych i starych. Jak wynika z badań opublikowanych w czerwcu 2001 roku w „Journal of Sports Medicine and Physical Fitness", SuperSlow wzmacnia siłę ćwiczących o 50% skuteczniej niż konwencjonalny trening z ciężarami, przynajmniej w krótkiej perspektywie. Ale nie chodzi tylko o mocne muskuły. Takie ćwiczenia to także dobry sposób na schudnięcie, ponieważ poprawiają przemianę materii, zmuszając organizm, by przez cały dzień spalał więcej kalorii. Wystarczy nabrać trochę mięśni, właściwie się odżywiać, a tłuszcz sam zacznie znikać.

Dodatkowa zaleta SuperSlow polega na tym, że ćwiczenie pochłania bardzo niewiele czasu. Trening jest tak intensywny, że nigdy nie trwa dłużej niż 20 minut. Początkujący powinni robić między kolejnymi sesjami przerwy od trzech do pięciu dni, a bardziej zaawansowani nawet dłuższe. Ponieważ podczas ćwiczenia człowiek poci się bardzo mało lub wcale – wiatraki utrzymują niską temperaturę w sali – wielu klientów SuperSlow ćwiczy w strojach biurowych. Wolniejsze okazuje się szybsze. A także bezpieczniejsze: dzięki płynnym, opanowanym ruchom SuperSlow obniża ryzyko kontuzji do minimum.

Trening metodą SuperSlow może zaowocować szeregiem innych korzyści zdrowotnych, od zwiększonego poziomu HDL, czyli dobrego cholesterolu, po silniejsze stawy o większym zakresie ruchu. Hutchins twierdzi, że sam SuperSlow wystarczy, by utrzymać przeciętnego człowieka w dobrej formie i zdrowiu i każdy dodatkowy sport będzie tylko zawadzać. Na dźwięk słów „trening kardio" wywraca oczami. Ale nie każdy przyzna mu słuszność. Zarówno American Heart Association (Amerykańskie Stowarzyszenie Serca), jak i Surgeon General of the United States of America (biuro Naczelnego Lekarza USA) zalecają połączenie treningu siłowego z konwencjonalnym aerobikiem.

Mimo braku rozstrzygających badań klinicznych, wieści o zaletach SuperSlow rozchodzą się szybko. Podobno w Stanach Zjednoczonych zawodowe i szkolne drużyny sportowe wplatają elementy filozofii SuperSlow do swoich programów treningowych, podobnie jak Siły Specjalne, FBI, firmy ochroniarskie i sanitariusze. Lekarze fizjoterapeuci zachwycają się nią. W całej Ameryce Północnej siłownie o profilu SuperSlow przyciągają zróżnicowaną klientelę − od emerytów, przez otyłych nastolatków po przykutych do biurka yuppies i damulki, które przesiadują nad latte w centrach handlowych. Niemal codziennie do biura w Orlando dzwoni ktoś, pytając, jak uzyskać uprawnienia trenerskie. Centra SuperSlow działają w Australii, Norwegii, Indiach, Izraelu i na Tajwanie.

Dlaczego musiało minąć aż 20 lat, zanim SuperSlow dołączył do zajęć sportowych głównego nurtu? Być może dlatego, że trudno go pokochać, choćby z racji tego, że podnoszenie ciężarów raczej nie zapewnia endorfinowej jazdy, którą dają inne rodzaje ćwiczeń. Ponadto wyciskanie kilogramów żelastwa w ślimaczym tempie powoduje cholerny ból. Przestrzeganie reżimu SuperSlow co do joty wywołuje nie tyle uczucie przyjemności, co ciężkiego obowiązku. Posłuchajcie stworzonego przez Hutchinsa opisu idealnej sali do SuperSlow: „(...) wystrój możliwie jak najmniej rozpraszający uwagę, ściany w pastelowych kolorach, bez muzyki, bez roślin, bez luster, słabe oświetlenie, nieustanna wentylacja, niska temperatura, niski poziom wilgotności (...). Relacje towarzyskie w sali ćwiczeń winny odznaczać się chłodem i powściągliwością".

Na zakończenie naszego wywiadu Hutchins prowadzi mnie do swojego studia na trening SuperSlow. Chłodne, ciche, sterylne pomieszczenie odznacza się przytulnością fabryki czipów. Trzymając w dłoni stoper i podkładkę pod notatki, Hutchins prowadzi mnie do maszyny do wyciskania nogami. Moją pierwszą próbę nawiązania pogawędki ucina jak piła tarczowa. „Nie po to tu jesteśmy" – burczy. – Masz tylko odpowiadać «tak» lub «nie» na moje pytania". Zamykam się i zaczynam wyciskać. Z początku obciążenie wydaje się dość lekkie, ale w miarę ćwiczenia staje się nieznośnie ciężkie. Instynkt podpowiada mi, żebym przyspieszył, ale Hutchins nie dopuszcza takiej możliwości. „Wolniej – karci mnie. – Nie podniecaj się. Jedź spokojnie i oddychaj. Skup się, będzie ci łatwiej". Po sześciu powtórkach nie czuję mięśni ud. Kolejne trzy maszyny wymierzają podobną karę moim bicepsom, łydkom i klatce. A potem koniec. „Piętnaście minut, trzydzieści sekund – mówi Hutchins. – Jak się czujesz?". Wypruty, zmasakrowany. Nogi mam jak z galarety, a gardło wysuszone na wiór. Ale jest to nowy rodzaj zmęczenia po treningu – bez zadyszki czy utraty tchu. Nawet nie jestem spocony. Kilka minut później wracam do samochodu radosnym krokiem.

Odjeżdżając, zadaję sobie pytanie: czy chciałbym tego jeszcze raz spróbować? Szczerze mówiąc, nie. Być może efekty są zdumiewające, ale wszystko to wydaje się – by użyć słów Hutchinsa – bardzo chłodne. Czytam jednak, że inni trenerzy SuperSlow mają bardziej swobodne nastawienie. Lecę do Nowego Jorku, by tam wypróbować dobrze prosperujące studio SuperSlow.

Siedem pięter nad Madison Avenue w centrum Manhattanu, studio o nazwie Ultimate Training Center znacznie bardziej przypomina tradycyjną siłownię: lustrzane ściany, muzyka z głośników, w powietrzu żartobliwy gwar. Właściciel, Lou Abato, ma kucyk i chętnie się uśmiecha. Jego fotografia u boku Arnolda Schwarzeneggera stoi na honorowym miejscu, na parapecie przy recepcji, tuż obok półek zawalonych magazynami o mięśniach. Zbudowany jak superbohater Abato występuje w zawodach kulturystycznych, ale jego program treningu jest kwintesencją minimalizmu: jedna sesja SuperSlow w tygodniu i nic więcej. „Ludziom trudno w to uwierzyć, ale to wszystko, czego potrzebujesz" – mówi mi.

Ultimate Training Center nie jest jednak mekką strongmenów. Niemal wszyscy klienci Abato to pracownicy biur z Manhattanu. Jako pierwszy zjawia się o 8:30 rano Jack Osborn, prawnik zajmujący się prawem budowlanym, mężczyzna w średnim wieku, weteran SuperSlow z trzyletnim stażem. Wynurza się z szatni w białym podkoszulku na ramiączkach i niebieskich szortach. Nie licząc niewielkiego brzuszka, wygląda jakby był w formie. Abato rozciąga go na urządzeniu do wyciskania nogami podobnym do tego, które wypróbowałem u Hutchinsa. Zaczyna się trening. Osborn powtarza ćwiczenia, krzywiąc się i stękając. Oddech mu przyspiesza, oczy wychodzą na wierzch, nogi i ręce drżą. Czuję jego ból. Abato upomina go, żeby nie przyspieszał: „Powoli, zwolnij, nie spiesz się". I tak to się toczy. Około dwudziestu minut później Osborn, przebrany z powrotem w ciemny garnitur, opowiada mi, jak dzięki SuperSlow pozbył się pięciu kilogramów, pokonał chroniczny ból pleców i zyskał nowe pokłady energii. „Czuję się, jakbym miał zupełnie nowe ciało" – mówi. Wiedziony intuicją pytam, czy powolne podnoszenie ciężarów przynosi też korzyści psychiczne. Czy dzięki temu nauczył się podchodzić w bardziej Powolny sposób do nowojorskiego wyścigu szczurów? Twarz mu się rozpromienia. „Nie dlatego zapisałem się na SuperSlow, ale bez wątpienia jest to jedna z korzyści – odpowiada. – Osiągam taki jakby medytacyjny spokój, który utrzymuje się przez cały dzień. Kiedy mam w planach ważne spotkanie albo sprawę w sądzie, pilnuję, żeby zawsze poćwiczyć SuperSlow. W ten sposób przychodzę skoncentrowany, opanowany, z jasną głową". Niedawno Osborn znakomicie poradził sobie w pewnej bardzo zawikłanej sprawie i przynajmniej część zasługi przypisuje powolnemu podnoszeniu ciężarów. „Nawet kiedy zaczęło się szaleństwo, tak jak to bywa podczas procesu, zachowałem zimną krew. Byłem w stanie zapanować nad klientem, sędzią i innymi prawnikami – opowiada. – SuperSlow nie tylko przyniósł pożytek mojej kondycji, ale też sprawił, że lepiej idzie mi w sądzie".

Brzmi zachęcająco, ale czy inni klienci Abato są tak samo wkręceni? Okazuje się, że tak. Osborn wraca do biura, zostawiając mnie z Mike'iem Marino, pięćdziesięciojednoletnim konsultantem do spraw zarządzania, który mi opowiada, jak dziewięć miesięcy ćwiczeń SuperSlow pomogło mu zredukować tkankę tłuszczową o blisko 50%. Wysoki, zadbany i opalony, wygląda jakby zstąpił prosto z czasopisma z modą dla mężczyzn. Podobnie jak Osborn postrzega SuperSlow jako receptę na wrodzoną skłonność nowojorczyków do pośpiechu. „Na pewno dzięki temu w moim intensywnym stylu życia nastąpiło pewne wyciszenie – mówi. – Dawniej wobec poważnego problemu instynktownie starałem się przyspieszyć, żeby jak najszybciej mieć to z głowy. Dziś podchodzę do spraw w bardziej refleksyjny sposób, a to pomaga w pracy konsultanta".

Kolejni klienci opowiadają mi tę samą historię o silniejszych, sprawniejszych i wolnych od bólu ciałach, a wielu z nich dodaje, że dzięki SuperSlow zachowują wewnętrzny spokój w zamęcie Manhattanu. SuperSlow okazuje się Powolny w każdym tego słowa znaczeniu.

Dziękuję Abato za pomoc i zjeżdżam windą na dół. Na zewnątrz młoda elegancka kobieta, która wygląda, jakby właśnie wyszła od drogiego fryzjera, rozmawia przez telefon komórkowy, rozpływając się nad Super-Slow. Udaję, że szukam czegoś w torbie, żeby podsłuchać, co mówi. „Zobaczysz, spodoba ci się – grucha do słuchawki. – Powolność to szybkość nowej generacji".

6

MEDYCYNA:

CIERPLIWOŚĆ W POCZEKALNI

Czas jest wielkim uzdrowicielem.

ANGIELSKIE PRZYSŁOWIE, XIV WIEK

Znajdujemy się w poczekalni Szpitala Chelsea i Westminster w Londynie. Przyszedłem z dokuczliwym bólem prawej nogi na wizytę u specjalisty. Mimo opuchlizny i dyskomfortu, które trwają od miesięcy, jestem pełen optymizmu. Szpital kojarzy mi się dobrze – tu urodziła się dwójka moich dzieci – a oddział ortopedyczny należy do najlepszych w Wielkiej Brytanii.

Poczekalnia jest wypełniona po brzegi. Ludzie kuśtykają o kulach od toalety po stojak z czasopismami i z powrotem. Ostrożnie przesuwają się na siedzeniach. Niektórzy są przykuci do wózków inwalidzkich. Umieszczona nad drzwiami prowadzącymi na oddział elektroniczna tablica informuje nas, że opóźnienie w rozkładzie pracy kliniki wynosi 45 minut. Zaczytany w starym numerze „Cosmopolitan" ledwo zauważam przepływ kolejnych pacjentów.

Zostaję wywołany i pielęgniarka prowadzi mnie do gabinetu przyjęć, gdzie za biurkiem czeka młody lekarz. Ogarnia mnie fala rozczarowania. Wszystko, co widzę, łącznie z plamą kawy na jego krawacie, zdaje się mówić: „Szybciej!". Wymamrotawszy powitanie, lekarz z miejsca rozpoczyna sprinterski wywiad. Gdzie boli? Od kiedy? W jakich okolicznościach? Oczekuje szybkich, zwięzłych odpowiedzi. Kiedy próbuję coś rozwinąć, natychmiast mi przerywa, powtarzając pytanie z większą stanowczością. Stoimy wobec sprzecznych interesów. Chcę przedstawić pełny obraz urazu – opowiedzieć, jak zmieniała się rutyna moich treningów, jak ewoluował ból, jakie były efekty środków przeciwbólowych i rozciągania, jak kontuzja wpływa na moją postawę – ale Doktorowi Pospiesznemu zależy na tym, żeby odfajkować parę okienek i skończyć dyżur. Podczas krótkiego badania dwukrotnie spogląda na zegarek. Nie potrafi zidentyfikować przyczyny bólu, za to każe mi dalej łykać pigułki przeciwbólowe i wypisuje skierowanie na rezonans magnetyczny i badanie krwi. Mam więcej pytań, ale mój czas minął. Z gabinetu wychodzę rozczarowany.

Wielu z was tego zaznało. W szpitalach i klinikach na całym świecie lekarze są pod ciągłą presją, by szybciej obsługiwać pacjentów. W przeciążonych placówkach brytyjskiego Narodowego Funduszu Zdrowia przeciętna wizyta u lekarza pierwszego kontaktu trwa około sześciu minut. Nawet w dysponujących sporym budżetem szpitalach prywatnych lekarzy dopadł bakcyl pośpiechu. Stale ponaglani przez pagery, praktykują coś, co niektórzy nazywają „beeper medicine" (pomocą lekarską na odległość). W efekcie rodzi się kultura medycyny typu łapu-capu. Zamiast poświęcić czas na wysłuchanie pacjentów, zbadanie wszystkich aspektów ich zdrowia, nastroju i stylu życia, konwencjonalni lekarze koncentrują się na symptomach. Często następny krok to sięgnięcie po technikę – obrazowanie, leki, operację chirurgiczną. Chodzi im o szybki rezultat, zresztą pacjentom również. W świecie, gdzie liczy się każda sekunda, obie strony chcą – wręcz oczekują – jak najszybszej diagnozy, kuracji i wyleczenia.

Oczywiście szybkość jest często nieodzowna w medycynie. Każdy pewnie oglądał *Ostry dyżur*. Jeśli w porę nie usunąć chorego wyrostka robaczkowego, nie zatamować rany postrzałowej czy nie zrobić zastrzyku insuliny, pacjent umrze. Ale w medycynie, podobnie jak w tylu innych dziedzinach, szybsze nie zawsze jest lepsze. Wielu lekarzy i pacjentów zaczyna zdawać sobie sprawę, że często opłaca się być Powolnym.

Opór wobec Szybkiej medycyny przybiera na sile. Wszędzie dookoła lekarze nawołują o więcej czasu dla pacjenta. Uczelnie medyczne kładą większy nacisk na rolę wywiadu lekarskiego w stawianiu diagnozy. Rośnie liczba badań naukowych, które wykazują, że często cierpliwość okazuje się najlepszą strategią. Weźmy na przykład bezpłodność. Kobiecie, której nie uda się zajść w ciążę po roku starań, lekarze zwykle zalecają zapłodnienie in vitro, z całym towarzyszącym mu ryzykiem. Badania przeprowadzone w 2002 roku w siedmiu europejskich miastach wykazały jednak, że rok to zwyczajnie za mało. Większość zdrowych kobiet zajdzie w ciążę, jeśli dać im kolejnych dwanaście miesięcy. Jak dowodzą wspomniane badania, 90% kobiet przed czterdziestką zachodzi w ciążę w przeciągu dwóch lat, o ile ich partner także ma mniej niż czterdzieści lat.

Miliony ludzi rozczarowanych konwencjonalną opieką zdrowotną zwracają się ku medycynie alternatywnej i komplementarnej (CAM – od „complementary and alternative medicine"), czerpiącej z niespiesznych, holistycznych metod leczniczych, które zajmują dominującą pozycję w większości krajów rozwijających się. CAM jest dość szerokim pojęciem, obejmującym filozofie leczenia od tradycyjnej medycyny chińskiej, przez indyjską ajurwedę po arabską unani. Do najbardziej znanych metod alternatywnych należą homeopatia, ziołolecznictwo, aromaterapia, akupunktura, masaż i bioterapia. Osteopaci i chiropraktycy również są zaliczani do przedstawicieli CAM.

Kwestia, na ile alternatywna medycyna działa, pozostaje przedmiotem zażartej dyskusji. Trudno dotrzeć do naukowych dowodów świadczących o jej bezpieczeństwie i skuteczności. Sceptycy, a są ich całe zastępy, odrzucają CAM jako znachorstwo zdobne w świece i kryształowe kule. Jeżeli w ogóle działa – przekonują – to tylko na zasadzie placebo: człowiek wierzy, że zostanie wyleczony, więc faktycznie zdrowieje. Dziś jednak wpływowe gremia świata medycznego poświęcają CAM więcej uwagi niż kiedykolwiek wcześniej. Na całym świecie konwencjonalne szpitale oraz instytuty badawcze poddają tradycyjne metody skrupulatnym testom. Wyrok jeszcze nie zapadł, ale wstępne materiały pozwalają sądzić, że niektóre odmiany CAM faktycznie są skuteczne. Wielu lekarzy przyznaje na przykład, że akupunktura może uśmierzać ból i mdłości, choć nie są pewni, czemu to przypisać.

W tym samym czasie, kiedy specjaliści polują na dowody w swoich laboratoriach, ludzie głosują nogami. Światowe obroty rynku CAM przekraczają 60 miliardów dolarów rocznie. Mniej więcej połowa mieszkańców Ameryki Północnej poszukuje obecnie pomocy poza oficjalnym systemem opieki zdrowotnej. W Niemczech, gdzie CAM jest rozpowszechniona, blisko 80% klinik specjalizujących się w bólach oferuje akupunkturę. W Wielkiej Brytanii liczba specjalistów od medycyny komplementarnej przewyższa liczbę lekarzy pierwszego kontaktu. Nie mogąc odnaleźć tego, czego szukają u siebie w domu, mieszkańcy Zachodu stadnie ruszają do Chin i innych krajów słynących z tradycyjnej medycyny. W Pekinie istnieje szpital posiadający osobny oddział dla cudzoziemców. Inne proponują pakiety wycieczkowe *all-inclusive* zawierające zwiedzanie Wielkiego Muru oraz wizytę u chińskiego zielarza!

Nawet najbardziej zagorzali fani CAM nie sądzą jednak, że może ona – ani że powinna – całkowicie zastąpić zachodnią tradycję medyczną. W wypadku pewnych dolegliwości, takich jak infekcje czy urazy, medycyna konwencjonalna zawsze będzie skuteczniejsza. Nawet w Chinach nie spotkacie zielarzy spieszących na ratunek ofiarom wypadku samochodowego. Zwolennicy CAM uważają, że może się ona okazać najbardziej przydatna właśnie tam, gdzie zachodnia medycyna zawodzi: w przypadku chronicznych problemów od astmy i chorób serca, przez bóle kręgosłupa po depresję. Obecnie łączy się najskuteczniejsze metody medycyny zachodniej i CAM w celu stworzenia całkowicie nowej „medycyny integracyjnej". Kursy CAM już powstają na konwencjonalnych uczelniach medycznych w rozwiniętym świecie, a ośrodki medycyny integracyjnej pojawiły się na tak renomowanych uniwersytetach amerykańskich jak Harvard, Columbia czy Duke. W 2002 roku Światowa Organizacja Zdrowia rozpoczęła ogólnoświatową kampanię na rzecz włączenia najlepszych odmian CAM do medycyny głównego nurtu.

W Europie jednym z największych usługodawców z zakresu medycyny integracyjnej jest Klinika Hale zajmująca cztery piętra usytuowanego w centrum Londynu szeregowca w stylu regencji. Kiedy otwierała swoje podwoje w 1987 roku, postrzegano ją jako przystań newage'owców. Dziś najróżniejsi ludzie, od dyrektorów firm po nauczycieli chemii, zjawiają się tu na zabiegi akupunktury czy aromaterapii lub żeby zrównoważono im czakry. Młodzi i starzy klienci przeglądają książki i czasopisma w podziemnej księgarence i ustawiają się do apteki sprzedającej leki ziołowe lub homeopatyczne. „Kiedy zaczynaliśmy, medycynę komplementarną postrzegano jako coś dziwnego i rewolucyjnego, coś w sam raz dla buntowników – opowiada Teresa Hale, założycielka kliniki. – Teraz medycyna głównego nurtu akceptuje ją. Są nawet szpitale, które kierują do nas swoich pacjentów". Wśród stuosobowego personelu Kliniki Hale znajduje się kilkoro absolwentów tradycyjnych uczelni medycznych, w tym paru lekarzy pierwszego kontaktu. W 2003 roku pewien londyński szpital zaprosił jednego z uzdrowicieli kliniki, żeby się zajął u nich pacjentami chorymi na raka.

Atrakcyjność medycyny komplementarnej polega między innymi na tym, że unika ona leczenia na łapu--capu i traktuje pacjentów jak ludzi, a nie jak worki z objawami. Większość proponowanych przez CAM terapii jest z natury Powolna. Działają one w harmonii z ciałem i umysłem, uciekając się do łagodnej perswazji, a nie przymusu. Często podstawę leczenia – obok nakłaniania do życia w bardziej zrównoważonym tempie – stanowi relaksacja, która obniża ciśnienie, zmniejsza ból, niepokój i depresję. W Klinice Hale przedstawiciele wszystkich dyscyplin leczniczych przekonują pacjentów do życia w Powolny sposób – aby mniej pracowali, wolniej jedli, medytowali, więcej czasu spędzali z rodziną i bliskimi, by znaleźli sobie hobby sprzyjające kontemplacji albo po prostu każdego dnia odbywali krótki spacer po parku.

Lekarze CAM zwykle poświęcają choremu znacznie więcej czasu, niż mogą sobie na to pozwolić ich konkurenci z głównego nurtu medycznego. Homeopata spędza z pacjentem dwie godziny, budując relację, uważnie słuchając i pieczołowicie analizując jego odpowiedzi, by odkryć podłoże dolegliwości. Sesja masażu lub akupunktury trwa zazwyczaj godzinę, a w tym czasie specjalista rozmawia z pacjentem i dotyka go. Być może zabrzmi to jak zużyty frazes, ale w świecie, gdzie każdy ciągle dokądś pędzi, a prawdziwe relacje między ludźmi są nieliczne i rzadkie, odrobina troskliwej opieki znaczy naprawdę wiele. Może wręcz uruchomić w ciele mechanizmy zdrowienia. Jak mówi brytyjska psycholożka Ingrid Collins: „Kiedy poświęcić pacjentom czas i uwagę, to odprężają się i wracają do zdrowia".

Badania zdają się to potwierdzać. W ramach jednego amerykańskiego eksperymentu lekarz pierwszego kontaktu pracował w zespole z psychoterapeutą, który w trakcie konsultacji z empatią wysłuchiwał pacjentów. Jego pytania wykraczały daleko poza standardowy wywiad. Jak się czujesz ze swoją chorobą? Jaki ma ona wpływ na twoje otoczenie? Pacjentom bardzo podobało się, że poświęca im się tyle uwagi i w następstwie stan niektórych znacznie się poprawił. W ten sposób znowu wracamy do związku między ciałem i umysłem. W poprzednim rozdziale widzieliśmy, jak wolniejsze formy ćwiczeń fizycznych prowadzą do tego, co Rzymianie nazywali *mens sana in corpore sano*. Dziś świat medyczny zaczyna nawracać się na holistyczne przekonanie, że stan ducha może przekładać się na fizyczne samopoczucie człowieka. Kiedy lekarz przyjmie do wiadomości, że pacjent ma swoje humory, zahamowania i własną historię, będzie rzeczą jasną, że nie wystarczy przelecieć przez listę objawów i sięgnąć po bloczek z receptami. Trzeba spokojnie wysłuchać chorego. Trzeba go zrozumieć. Medycyna głównego nurtu na wiele sposobów włącza Powolność do swego repertuaru. Jeden z nich to relaksacja, coraz chętniej stosowana jako metoda uzdrawiania. Pragnąc pomóc pacjentom w odprężeniu się, coraz więcej i więcej szpitali zaleca kojące zajęcia w rodzaju ogrodnictwa, malowania, muzykowania, szydełkowania i przebywania ze zwierzątkami domowymi. Inny trend to uznanie uzdrowicielskiego działania Matki Natury. Badanie przeprowadzone na teksańskim Uniwersytecie A&M wykazało, że widok ze szpitalnego okna na zielone tereny pomagał pacjentom po zabiegach chirurgicznych wyzdrowieć szybciej i używać przy tym mniej środków przeciwbólowych. Dlatego szpitale zakładają dookoła swoich budynków ogrody i przebudowują oddziały tak, by zapewnić więcej światła, roślin i widoku zieleni. Jednocześnie na ekranach telewizorów pacjenci oglądają nagrania pływających w morzu delfinów i strumieni szemrzących w skąpanych w słońcu lasach.

167

Konwencjonalni lekarze coraz liczniej przekonują się do Powolnych sposobów terapii. Niektórzy wykorzystują medytację, jogę i *chi kung* w leczeniu raka, zespołu cieśni nadgarstka, choroby zwyrodnieniowej stawów, cukrzycy, nadciśnienia, astmy, epilepsji oraz problemów psychicznych. Inni posługują się metodą SuperSlow podczas rehabilitacji pacjentów z osteoporozą lub niewydolnością serca. Wielu lekarzy pierwszego kontaktu kieruje dziś swoich pacjentów do chiropraktyków, akupunkturzystów, osteopatów, zielarzy i homeopatów. Zwykle na efekty kuracji za pomocą CAM trzeba czekać dłużej, ale zdarza się też, że Powolne podejście owocuje szybszymi wynikami. Jako przykład można przywołać dwie konkurencyjne metody leczenia bólu wywołanego przez ucisk korzonków nerwowych wychodzących z kręgosłupa. Zachodni doktor najprawdopodobniej skrobnie receptę na leki przeciwzapalne, które zaczną działać dopiero po pewnym czasie. Za to specjalista od ajurwedy może natychmiast zlikwidować ból, wykonując masaż *marma*, skupiony wokół specjalnych punktów, gdzie spotykają się mięśnie, żyły i kości.

Niektórzy lekarze z głównego nurtu idą krok dalej i dokształcają się w materii CAM. Weźmy na przykład Catherine Watson, która pracowała jako technik laboratoryjny w dużej firmie farmaceutycznej i zajmowała się opracowywaniem leków służących wzmacnianiu systemu odpornościowego. Lata spędzone w laboratorium sprawiły, że rozczarowała się topornymi metodami konwencjonalnej medycyny. Zachodnie leki często przeprowadzają wojnę błyskawiczną z objawami choroby, ale nie leczą jej głębokiej przyczyny. Ponadto wiele z nich bombarduje przy okazji inne cele, wywołując skutki uboczne wymagające użycia kolejnych lekarstw. „Po prostu czułam, że musi być jakiś inny sposób" – mówi Watson. W 1999 roku rzuciła dobrze płatną posadę w koncernie farmaceutycznym na rzecz nauki zachodniego ziołolecznictwa. Dzięki wcześniejszym doświadczeniom już na starcie była do przodu, ponieważ wiele współczesnych leków wytwarza się z naturalnych ziół. Dziś Watson prowadzi prosperującą praktykę ziołoleczniczą u siebie w domu w Hertfordshire, tuż pod Londynem. Specjalizuje się w problemach skórnych i trawiennych. Czasem same ziołowe mikstury wystarczą do wyleczenia choroby, innym razem, na przykład w wypadku astmy, łączy się je z metodami konwencjonalnej medycyny. Niemniej w stosunku do każdego pacjenta Watson stosuje Powolne podejście. Zwykle poświęca co najmniej godzinę na wstępną konsultację i bez ogródek informuje, że zanim jej specyfiki przyniosą efekty, mija pewien czas. „Bywa, że uzyskuje się szybkie rezultaty, ale na ogół ziołolecznictwo działa stopniowo, krok po kroku pokonując chorobę – opowiada. – Zwykle jest wolniejsze niż medycyna konwencjonalna, ale koniec końców przynosi bez porównania lepsze wyniki, a przy tym nie ma efektów ubocznych, na które wystarczająco się napatrzyłam w branży farmaceutycznej".

Często CAM jest ostatnią deską ratunku dla pacjentów, których zawiodła medycyna Zachodu. Nik Stoker, dwudziestosiedmioletnia kierowniczka do spraw reklamy z Londynu, cierpiała na skutek porażających bólów menstruacyjnych. Co miesiąc jej hormony zaczynały świrować. W nocy budziły ją nagłe przypływy gorąca, w dzień była chronicznie wycieńczona. Stała huśtawka nastrojów utrudniała jej pracę. Ostatecznie lekarz przepisał jej pigułki antykoncepcyjne, które często stosuje się jako remedium na bóle menstruacyjne. Przez lata zmieniała kolejne marki pigułek, nigdy nie pozbywając się problemu, za to odczuwając skutki uboczne. Lekarstwo sprawiało, że czuła się, jak gdyby jej żołądek i nogi były obciążone ołowianą kulą. Czasami ledwo mogła chodzić. "Myślałam, że sfiksuję" – opowiada. Kiedy ani obrazowanie, ani nawet rozpoznawcza operacja chirurgiczna nie zdołały ustalić przyczyn jej dramatu, lekarze nie okazali wiele współczucia, mówiąc, że każdej kobiecie dolegają bóle menstruacyjne i jedynymi sposobami są gorący termofor i porządny wypoczynek. "Przez nich poczułam się tak, jak bym się po prostu mazgaiła, jak bym tylko zabierała im czas" – wspomina.

Zrozpaczona Stoker wybrała się do Toma Lawrence'a, akupunkturzysty i zielarza poleconego przez znajomego. Był to dla niej pierwszy wypad w rejony medycyny alternatywnej, ale jego swobodne, holistyczne podejście sprawiło, że natychmiast poczuła się komfortowo. Pierwsza wizyta trwała ponad godzinę. Przez cały ten czas Stoker mówiła, mówiła i mówiła, nie tylko o objawach, ale również o tym, co je, o życiu zawodowym, samopoczuciu, życiu towarzyskim i zainteresowaniach. Lawrence chciał zbudować jak najpełniejszy obraz sytuacji. Stoker poczuła, że wreszcie ktoś ją słucha. Sama kuracja dalece odbiegała od medycznego abecadła. Aby ponownie ułożyć i na nowo zrównoważyć kanały energii biegnącej przez jej ciało, Lawrence wpakował jej las igieł w łydki i nadgarstki. Polecił, by przestała jeść nabiał i przyrządził jej kapsułki zawierające tuzin różnych ziół, w tym miętę polną oraz korzenie arcydzięgla i lukrecji. Konwencjonalni lekarze mogą drwić z tych metod, ale efekt mówi sam za siebie. Po pierwszej wizycie Stoker odczuła spadek napięcia, jakiego nie doświadczała od lat. Po upływie tuzina kolejnych sesji bóle menstruacyjne mniej lub bardziej znikły. Jej życie uległo zmianie. „Jestem dziś inną osobą" – mówi.

Jak wielu innych pacjentów, którzy sięgają poza obręb konwencjonalnej medycyny, Stoker uważa, że CAM działa leczniczo zarówno na jej ciało, jak i umysł. Jest teraz mniej drażliwa i lepiej sobie radzi ze stresem i szybkim tempem życia w Londynie. „Znasz to paskudne uczucie, kiedy masz milion rzeczy na głowie i nie wiesz nawet, od czego zacząć? – pyta. – No więc teraz już mi się to tak często nie zdarza. Jestem dużo spokojniejsza i myślę dużo trzeźwiej".

Jednak tak długo, jak CAM pozostanie na peryferiach medycyny, pacjenci będą zmuszeni lawirować po polu zaminowanym błędnymi informacjami. Wielu szarlatanów, chętnych zarobić na modzie na alternatywne formy terapii, zamiast obiecywanej holistycznej opieki oferują jej nędzną imitację. Nauczenie się technik *shiatsu* czy masażu ajurwedyjskiego trwa latami, tymczasem niewykwalifikowani fryzjerzy proponują je jako dodatek po strzyżeniu. Niewłaściwe stosowanie CAM często jest jedynie kosztownym marnowaniem czasu. Zdarza się jednak, że powoduje autentyczne szkody. Niektóre badania wskazują, że dziurawiec zwyczajny, roślina używana jako lek na depresję, może popadać w konflikt z lekami wykorzystywanymi do leczenia raka i AIDS. Niektóre specyfiki CAM sprzedawano wraz z wielce mylącymi informacjami: w Chinach zioło o nazwie *ma huang* (prześl chińska, zawiera efedrynę) jest tradycyjnym remedium na krótkotrwałą niedrożność dróg oddechowych, lecz amerykańskie firmy sprzedawały je jako środek wspomagający trawienie i dodający energii. Efektem były zgony, zawały i udary.

Stopniowo jednak prawo zapuszcza się w te rejony, przez niektórych postrzegane jako Dzikie Pola medycyny. Rządy przyjmują ustawy regulujące i określające podstawowe standardy w dziedzinie CAM. W 2001 roku w Wielkiej Brytanii wreszcie opracowano rejestr osteopatów. Tuzin stanów w USA podjął uchwały wprowadzające licencje dla naturopatów, czyli uzdrowicieli praktykujących szereg alternatywnych form leczenia, od homeopatii po ziołolecznictwo. Krytycy przestrzegają, że „formalizacja" CAM może zdławić jej rozwój – nawet najstarsze tradycje lecznicze zawsze ewoluują. Jednak nawet jeśli to prawda, uzyskanie oficjalnego uznania przyniesie im korzyści, szczególnie w postaci pieniędzy z budżetów państwowych.

Obecnie większość ludzi płaci za pomoc w ramach CAM z własnej kieszeni. A wiele usług nie jest tanich. W Londynie jedna sesja u akupunkturzysty może kosztować ponad 60 dolarów. Przekonanie władz państwowych, żeby sypnęły kasą, nie będzie łatwe. W czasach zawrotnego wzrostu cen usług medycznych rządom nie spieszy się z rozszerzaniem zakresu świadczeń na nowe formy terapii, zwłaszcza takie, których skuteczność jest poparta znikomymi dowodami naukowymi. Dlatego też CAM traktuje się często jako luksus, a nie produkt pierwszej potrzeby. Wobec kryzysu gospodarczego państwowe zakłady ubezpieczeniowe w Niemczech redukują liczbę objętych polisą alternatywnych usług medycznych.

Mimo to istnieje być może gospodarczy argument przemawiający za wydawaniem pieniędzy publicznych przynajmniej na niektóre formy CAM. Medycyna alternatywna bywa chociażby tańsza od konwencjonalnej konkurentki. Seria masaży *shiatsu* może usunąć problem z kręgosłupem, który w przeciwnym razie wymagałby kosztownej operacji. W Niemczech dziurawca używa się obecnie przy ponad połowie wszystkich leczonych przypadków depresji. Badania wykazują, że zioło to ma mniej efektów ubocznych niż środki antydepresyjne sprzedawane na receptę. Jego dzienna dawka kosztuje 25 centów, czyli znacznie mniej niż prozak.

CAM może również na inne sposoby obniżać wydatki z budżetu opieki zdrowotnej. Wyznawane przez wielu specjalistów CAM holistyczne podejście łączące ciało i umysł kładzie nacisk na profilaktykę, która jest znacznie tańsza niż terapia. Wydaje się także, że CAM przynosi niezrównane efekty w leczeniu chorób chronicznych, które w świecie uprzemysłowionym pożera około 75% wydatków związanych ze zdrowiem. W Stanach Zjednoczonych jest to kwota blisko biliona dolarów rocznie.

Zauważają to spece od finansów. W Wielkiej Brytanii, gdzie państwowa służba zdrowia jest permanentnie niedofinansowana, szpitale zaczynają włączać do bezpłatnej oferty takie formy leczenia, jak aromaterapia, homeopatia i akupunktura. Około 15% amerykańskich szpitali oferuje jakąś postać CAM. W 2003 roku dwóch naturopatów po raz pierwszy weszło w skład komitetu ustalającego listę usług medycznych włączonych do amerykańskiego programu opieki zdrowotnej.

Wiele prywatnych firm uwzględnia dziś CAM w pakiecie świadczeń pracowniczych. Microsoft opłaca zatrudnionym u siebie osobom wizyty u naturopaty. Po obu stronach Atlantyku wiodące przedsiębiorstwa ubezpieczeniowe włączają coraz więcej zabiegów CAM do swojej oferty. Na czele listy znajdują się opieka chiropraktyka i osteopaty, ale wiele prywatnych polis zdrowotnych obejmuje teraz homeopatię, refleksologię, akupunkturę, biofeedback, masaż leczniczy i leki ziołowe. Pół tuzina stanów w USA wymaga od ubezpieczycieli, by opłacali przynajmniej niektóre formy alternatywnej terapii. Firmy ubezpieczeniowe w Europie już teraz oferują niższe składki w polisach na życie dla osób, które regularnie medytują.

Niemniej akceptacja ze strony branży ubezpieczeniowej nie jest jedyną gwarancją, że alternatywne formy terapii faktycznie działają. Danira Caleta z Kliniki Hale praktykuje coś, co niewątpliwie należy do najbardziej powolnych i łagodnych odmian medycyny, czyli *reiki*, polegające na sterowaniu energią poprzez przesuwanie dłoni nad ciałem pacjenta i budzeniu w ten sposób jego „wewnętrznego lekarza". Choć firmy ubezpieczeniowe stronią od *reiki*, to ponad sto szpitali w Stanach Zjednoczonych ma ją w ofercie, a Caletę odwiedzają tłumy klientów chętnych, by zapłacić z własnej kieszeni.

Marlene Forrest przyszła do niej po pomoc w 2003 roku. U tej pięćdziesięciopięcioletniej kobiety zdiagnozowano wówczas raka i miała w perspektywie podwójną mastektomię. Wspomnienie o operacji i śmierci ojca dziesięć lat wcześniej wprawiło ją w popłoch i przed oczami stawały jej najczarniejsze scenariusze. Żeby się uspokoić i przygotować do operacji, Forrest umówiła się na wizytę do Calety.

W leczeniu i ćwiczeniach relaksacyjnych Caleta łączy *reiki* z innymi technikami. Zaczyna od głębokich oddechów, a następnie za pomocą kontrolowanej medytacji pomaga pacjentom wyobrazić sobie spokojny krajobraz. „Zwłaszcza u ludzi mieszkających w miastach to nawiązanie do przyrody daje wyjątkowo pozytywne reakcje – mówi. – Naprawdę ich to uspokaja".

Po pięciu sesjach z Caletą stany lękowe ustąpiły i do szpitala Forrest wybrała się w pogodnym nastroju. Na oddziale, oczekując na operację, robiła ćwiczenia oddechowe, medytowała i dokonywała wizualizacji. Kiedy pielęgniarze wieźli ją do sali operacyjnej, uśmiechała się. „Czułam się tak zrelaksowana – wspomina – że byłam gotowa na wszystko".

Forrest, która prowadzi w Londynie dom seniora, tak szybko odzyskała zdrowie, że personel szpitala zaczął ją nazywać „superwoman". Poza niewielką początkową dawką nie brała leków przeciwbólowych. „Lekarze i pielęgniarki byli zdumieni – opowiada. – Ciągle wpadali do mnie, żeby rzucić okiem, czy nie potrzebuję trochę morfiny, ale nie potrzebowałam. Mówili, że najwidoczniej jestem dzielna albo mam wysoki próg bólu, ale to w ogóle nie o to chodziło. Najzwyczajniej nie czułam żadnego bólu". Pielęgniarka opiekująca się kobietami po mastektomii była pod takim wrażeniem, że usilnie namawiała Caletę na zajęcie się pacjentami chorymi na raka. Terapia praktykowana przez Caletę nie jest przeznaczona wyłącznie dla osób wymagających interwencji lekarskiej. Pomaga też w osiągnięciu Powolnego stanu ducha, tak jak się to udało Davidowi Lambowi. W 2002 roku ten zapracowany trzydziestosiedmiolatek zajmujący się handlem tekstyliami miał zapalenie błędnika, czyli wywołujący mdłości stan zapalny ucha wewnętrznego. Niezadowolony z pomocy lekarza pierwszego kontaktu, zapisał się na kilka sesji do Calety, która skróciła czas jego rekonwalescencji o cztery tygodnie. Największe wrażenie wywarło jednak na Lambie złagodzenie i ukojenie nastroju będące następstwem kuracji. Minęło już sporo czasu, odkąd wyleczył zapalenie błędnika, ale wciąż, co trzy tygodnie, przychodzi na wizytę do Calety. „Każdy musi znaleźć swój sposób na stres związa-

174 ny z szybkim tempem życia w Londynie – mówi. – Dla jednych to joga, dla innych siłownia albo ogrodnictwo. Ja wybrałem *reiki*". Godzina spędzona pod dłońmi Calety zwykle pomaga Lambowi zwolnić i pozbyć się stresu. Jej uzdrowicielski dotyk sprawił także, że na nowo przemyślał swoje priorytety. „*Reiki* działa na człowieka spowalniająco, skłaniając go, by pomyślał o tym, co jest naprawdę ważne w życiu – o dzieciach, o partnerze, o przyjaciołach – opowiada. – Dzięki temu zauważasz, że cała ta krzątanina, żeby podpisać kolejny duży kontrakt, zarobić więcej pieniędzy czy kupić większy dom, jest w gruncie rzeczy bezsensowna". Nie znaczy to, by Lamb zamierzał porzucić pracę i zamieszkać w komunie. Nic z tych rzeczy. Po prostu wykorzystuje powolność *reiki*, by lepiej radzić sobie w szybkim świecie biznesu. Kiedy przed ważnym spotkaniem ma zamęt w głowie, wycisza umysł za pomocą ćwiczeń oddechowych i wizualizacji. Nie tak dawno odwiedził Caletę, żeby odzyskać spokój na dwa dni przed negocjacjami w sprawie duże-

go kontraktu z zagranicznym dostawcą. Gdy nadszedł wielki dzień, wkroczył pewnie na spotkanie, klarownie przedstawił swoje argumenty i sfinalizował umowę. „Jestem biznesmenem i lubię zarabiać pieniądze, ale istnieje właściwy sposób, by to robić – mówi. – Nawet do agresywnego otoczenia można odnosić się ze spokojem. *Reiki* umacnia takie nastawienie, uwydatniając ten spokój. Spokojny umysł dodaje pewności siebie i siły".

Nic zatem dziwnego, że Caleta zaczyna rozszerzać swoją działalność poza szpitale i kliniki, na miejsca pracy. Niedawno leczyła Esther Portę, trzydziestoletnią konsultantkę wiodącej londyńskiej agencji PR. Porta po raz drugi w ciągu pięciu lat zachorowała na zapalenie nerwu wzrokowego, paskudną chorobę wywołującą tymczasową utratę wzroku. Dzięki Calecie wyzdrowiała całkowicie, i to tak szybko, że nawet jej lekarz był zaskoczony. Kiedy koledzy w pracy zauważyli, jak dobrze wygląda, Porta przyznała, że odwiedziła uzdrowicielkę. Firmowa wierchuszka, zamiast z niej szydzić, zapragnęła dowiedzieć się więcej. Jeden z członków zarządu zaproponował zaproszenie Calety do biura, żeby wszystkim zatrudnionym pomogła zwolnić i odzyskać równowagę.

Te pełne ochów i achów opowieści intrygują mnie, mam też po uszy nieskutecznych prób z fizjoterapią, masażem sportowym i lekami na chorą nogę. Postanawiam więc wypróbować *reiki*. Umawiamy się z Caletą w poniedziałkowe popołudnie w Klinice Hale.

Caleta to czterdziestotrzyletnia Australijka o wesołych oczach. Uśmiech nie schodzi z jej twarzy, a jej obecność działa krzepiąco. Pokój zabiegowy jest nieduży i biały, z wysokim oknem wychodzącym na tyły budynku stojącego na zapleczu. Nie ma tu kryształowych kul, planszy z położeniem gwiazd, kadzideł ani innych newage'owych ozdóbek, jakich się spodziewałem. Przeciwnie, pokój mocno przypomina gabinet mojego lekarza pierwszego kontaktu.

Caleta zaczyna od tego, że wypytuje mnie o wszystkie sprawy, które nigdy nie zostały omówione podczas mojej pospiesznej konsultacji z ortopedą: o dietę, o pracę, o stan emocjonalny, o życie rodzinne, jak sypiam. Wysłuchuje też z uwagą szczegółowej relacji o tym, jak ewoluował mój ból. Kiedy nie ma już nic więcej do dodania, kładę się na stole zabiegowym i zamykam oczy. Na początek mam zwolnić oddech. Caleta poleca mi wciągać powietrze przez nos, aż brzuch się nadmie, a następnie wypuszczać je ustami. „To technika *chi kung* służąca pobudzeniu na nowo krążenia energii" – wyjaśnia. Następnie przechodzimy do kontrolowanej medytacji. Caleta opisuje piękną plażę: tropikalne słońce, błękitne niebo, łagodna bryza, ciepły piasek pod stopami, nieruchoma, przezroczysta, turkusowa tafla wody, szmaragdowa dżungla poprzetykana plamkami czerwonego hibiskusa oraz żółto-białej plumerii. „Widok jest cudowny – szepcze. – Czujesz się wolny, otwarty, nieruchomy, odprężony i spokojny". To prawda. Niemal czuję, jak unoszę się na plecach w ciepłej wodzie, z oczami utkwionymi w niebo. Następnie Caleta prosi, żebym wyobraził sobie, jak biała kula uzdrawiającego światła przesuwa się przez moje ciało.

Kiedy zaczyna *reiki*, nie pamiętam już, co znaczy słowo „stres". Caleta rozciera dłonie i układa je nad różnymi częściami mojego ciała, aby na nowo uruchomić bieg energii. Choć jej nie widzę, to wiem gdzie stoi, bo dobiega stamtąd dziwne uczucie gorąca. Wydaje się, jakby nadchodziło ze środka, jak gdyby coś uruchomiło się wewnątrz ciała. W okolicach dolnych pleców uczucie jest słabiutkie, to zaledwie cichutki szept ciepła. Ale kiedy przenosi dłonie nad moją prawą nogą, czuję autentyczny ukrop.

Sesja trwa godzinę. Po jej zakończeniu czuję przyjemną błogość, choć zarazem jestem czujny, pełen energii, gotów na wszystko. Za to noga jak bolała, tak boli. „To trochę trwa – mówi Caleta, dostrzegając moje rozczarowanie. – Ciało goi się we własnym tempie, musisz być cierpliwy. Nie możesz tego przyspieszyć". To gładkie streszczenie filozofii powolnościowej nie bardzo mnie przekonuje i wychodzę z kliniki z mieszanymi uczuciami.

Po kilku dniach następuje jednak przełom. Ból w nodze złagodniał, ustąpiła także opuchlizna. To pierwsze od miesięcy wyraźne symptomy poprawy. Nie potrafię tego naukowo wyjaśnić, podobnie jak mój ortopeda, do którego przychodzę tydzień później. Może gotowość Calety do spokojnego wysłuchania pacjenta pomogła rozpocząć gojenie. A może dzięki uruchomieniu uniwersalnej energii ciało samo zaczyna się leczyć. Bez względu na wyjaśnienie, wydaje się, że *reiki* działa w moim przypadku. Już umówiłem się na kolejną wizytę.

7

SEKS:

NIE BĄDŹ TAKI SZYBKI BILL

*Większość ludzi goni za przyjemnością
w takim pośpiechu, że przebiega obok niej.*

SØREN KIERKEGAARD (1813-1855)

Są wpadki, od których następstw człowiek nie uwalnia się nigdy. Kilka lat temu Sting zwierzył się w pewnym wywiadzie z zamiłowania do tantrycznego seksu i z zachwytem opowiadał, jak bez końca kocha się ze swoją żoną. W mgnieniu oka angielski rockman stał się obiektem miliona dowcipów. Komentatorzy dziwowali się, jak znajduje czas na pisanie piosenek albo jak to możliwe, że jego żona wciąż jest w stanie chodzić. Kiedy Sting podjął próbę, by zbagatelizować swoje eksperymenty z tantryzmem, było już za późno. W zbiorowej wyobraźni na zawsze zapisał się jako naczelny satyr sceny pop. Nawet dziś didżeje zapowiadają jego piosenki, rzucając drwiące aluzje do nigdy niekończącego się bzykanka.

Sting powinien był się tego spodziewać. Jest coś zasadniczo komicznego w zapisywaniu się na kursy mające za cel poprawienie seksualnych wyników, a tantra, mistyczna mieszanka jogi, medytacji i seksu, jest szczególnie wdzięcznym celem pogardliwych uwag. Na myśl o niej przed oczami zjawiają się obrazki włochatych hipisów baraszkujących na golasa. W jednym z odcinków *Seksu w wielkim mieście* Carrie i dziewczyny uczestniczą w warsztatach tantrycznych. Po długim i powolnym przygotowaniu instruktor przypadkiem wystrzeliwuje nasieniem we włosy Mirandy, która przez resztę odcinka jak maniaczka wyciera grzywkę chusteczkami higienicznymi.

Tantra ma jednak do zaproponowania coś więcej niż tanie żarty. Na całym świecie ludzie oswajają się z bardzo tantrycznym przekonaniem, że wolniejszy seks to lepszy seks. Większości z nas na pewno nie zaszkodziłoby, gdybyśmy trochę więcej czasu spędzali kochając się. W pierwszej chwili to stwierdzenie może zabrzmieć osobliwie. Przecież współczesny świat już jest nasycony seksem. Od filmów i mediów po reklamę i sztukę wszystko wokół nas ma seksualny podtekst. Człowiek odnosi wrażenie, że nikt nie zajmuje się niczym innym. Tyle że tak nie jest. Nawet jeśli spory kawałek dnia spędzamy oglądając seks oraz rozmawiając, fantazjując, żartując i czytając o nim, to sama czynność zajmuje bardzo niewielką część naszego czasu. Jak wykazały badania przeprowadzone w 1994 roku, przeciętny dorosły Amerykanin kocha się przez mizerne pół godziny w tygodniu. A kiedy wreszcie się za to zabieramy, często jest po wszystkim, zanim cokolwiek zdąży się na dobre zacząć. Choć na statystyki dotyczące zwyczajów seksualnych zawsze należy patrzeć ze szczyptą sceptycyzmu, to zarówno akademickie ankiety, jak i wiedza potoczna wskazują, że ogromna część stosunków odbywa się na zasadzie „dzień dobry, bara bara, dziękuję". Słynne były szacunki z raportu Kinseya z lat pięćdziesiątych, oceniające, że 70% amerykańskich mężów osiąga orgazm w przeciągu dwóch minut od rozpoczęcia penetracji.

182

Szybki seks nie jest współczesnym wynalazkiem – istnieje od dawien dawna i prawdopodobnie ma związek z instynktem przetrwania. W czasach prehistorycznych sprawę należało załatwić szybko, bo w każdej chwili groził atak ze strony dzikiego zwierzęcia lub rywala. Później zachęt do skracania aktu seksualnego dodała kultura. Niektóre religie nauczały, że stosunek służy bardziej prokreacji niż rekreacji, a mąż powinien wgramolić się na żonę, zrobić swoje i złazić.

Wydawałoby się, że dziś sprawy wyglądają inaczej. Współczesnemu światu trafia do gustu przekonanie Woody'ego Allena, że seks to największa radocha, jaką można mieć, nie śmiejąc się na głos. Dlaczego więc ciągle się z tym spieszymy? Jednym z powodów jest to, że biologiczny popęd, żeby parzyć się szybko, wciąż pozostaje zakodowany w ludzkim mózgu, przynajmniej męskim. Część winy spada też na nasz prędki tryb życia. Napięte terminarze nie sprzyjają długiej, powolnej grze miłosnej. Kiedy nadchodzi koniec dnia, jesteśmy zwykle zbyt wykończeni, żeby mieć ochotę na seks. Zmniejszenie liczby godzin spędzanych w pracy to jeden ze sposobów na uzyskanie wolnych zasobów energii i czasu na seks, dlatego też pary częściej kochają się w trakcie wakacji. Przemęczenie i presja czasu nie są jednak jedynymi przyczynami szybkiego seksu. Nasza pospieszna kultura naucza, że dotarcie do celu znaczy więcej niż sama podróż – seks również ulega wpływowi mentalności owładniętej pragnieniem dotarcia do mety. Nawet kobiece magazyny zdają się bardziej zaprzątnięte orgazmem (Jak intensywny? Jak często?) niż wywołującą go grą wstępną. W swojej książce *Tantra: The Secret Power of Sex* Arvind i Shanta Kale napisali: „Jedną z pierwszych ofiar zbytniego pośpiechu zachodniego mężczyzny jest jego życie seksualne. Wydajność mierzy się prędkością, z jaką dana osoba potrafi skutecznie doprowadzić akt do końca, zaś skuteczny akt seksualny to taki, który kończy się orgazmem (...). Innymi słowy, im szybszy orgazm, tym bardziej skuteczny stosunek". Zwieńczeniem zachodniej obsesji na tym punkcie jest pornografia, sprowadzająca seks do widoku opętańczego rżnięcia ukoronowanego tym, co najważniejsze: ujęciem przedstawiającym wytrysk.

Współczesny świat ma niewiele wyrozumiałości dla każdego, kto nie nadąża za tempem seksualnego wyścigu. Wiele kobiet – według niektórych badań 40% – ma problem polegający na nieodczuwaniu seksualnego pociągu ani przyjemności. W zgodzie z duchem kultury „na łapu-capu" branża farmaceutyczna obstaje, że rozwiązaniem są tabletki w rodzaju viagry. Ale niewykluczone, że przepływ krwi w sferach genitalnych to fałszywy trop. Możliwe, że prawdziwym problemem jest prędkość. Kobiety rozgrzewają się wolniej, a osiągnięcie stanu pełnego podniecenia zajmuje im średnio 20 minut wobec 10

lub mniej w wypadku mężczyzn. Większość kobiet, tak jak Pointer Sisters, woli kochanka o powolnej dłoni[1].
Nie dajmy się jednak zwariować. W sypialni jest miejsce na szybkość. Czasem jedyne, czego człowiek chce lub potrzebuje, to błyskawiczne fiki-miki. Niech żyje szybki numerek. Ale seks bez sprinterskiego biegu ku orgazmowi może dawać o wiele, wiele więcej. Kochanie się powoli bywa głębokim doświadczeniem. Może też zapewnić fantastyczne orgazmy.

Dlatego właśnie filozofia Powolności zaczyna wkraczać do sypialni na całym świecie. Nawet czasopisma dla facetów zaczęły intensywnie namawiać czytelników, by uwodzili swoje partnerki w trakcie niespiesznych schadzek erotycznych przy świecach, muzyce, winie i masażu. W 2002 roku „Weekly Gendai", czołowy japoński magazyn dla mężczyzn, zapełniał swoje szpalty artykułami o tym, jak kochać się w XXI wieku. Ton był poważny, wręcz nieco dydaktyczny, a to dlatego, że za cel wzięto sobie nauczenie czytelników sztuki zażyłości, zmysłowości i powolności. „Wielu japońskich mężczyzn sądzi, że najlepszy seks to szybki macho-seks w stylu amerykańskim – mówi Kazuo Takahashi, jeden z głównych redaktorów. – Chcieliśmy pokazać, że relacje fizyczne mogą wyglądać inaczej". Jeden z artykułów z serii opisywał z entuzjazmem tradycję „powolnego seksu" z Polinezji. Autor wyjaśniał, jak polinezyjscy kochankowie spędzają całe wieki na pieszczotach i odkrywaniu swoich ciał. Jeśli chodzi o orgazm, to jakość stawia się wyżej niż ilość.

Seria artykułów o seksie stała się w Japonii przebojem. Nakład „Weekly Gendai" wzrósł o 20%, a redakcję zalały listy od wdzięcznych czytelników. Jeden z nich dziękował czasopismu za to, że dało mu odwagę, by otwarcie porozmawiać z żoną o seksie. Ze zdumieniem dowiedział się, że żywiołowy, gwałtowny seks nie zawsze ją kręci i że wolałaby zabierać się do rzeczy w nieco bar-

184

---

[1] Aluzja do piosenki zespołu Pointer Sisters
Slow Hand z 1981 roku.

dziej polinezyjskim tempie. Postanowili spróbować inaczej – z dobrym skutkiem zarówno dla ich małżeństwa, jak i życia seksualnego.

Mniej więcej w tym samym czasie, kiedy pasażerowie tokijskiego metra czytali o radości erotycznego spowolnienia, we Włoszech oficjalnie narodził się ruch Slow Sex. Jego założycielem jest Alberto Vitale, internetowy doradca marketingowy, mieszkający w Bra, ojczyźnie Slow Food. Slow Sex to podręcznikowy przykład zapylenia krzyżowego wewnątrz ruchu na rzecz Powolności. Vitale uznał, że zasadę Petriniego – więcej czasu przeznaczonego na jedzenie to większa zmysłowa przyjemność – można by przenieść z kuchni do sypialni. W 2002 roku założył Slow Sex, aby ratować sztukę kochania przed „karkołomną szybkością naszego szalonego, wulgarnego świata". Liczba członków szybko sięgnęła trzech cyfr, przy równym rozkładzie płci, i ciągle rośnie.

Po długim dniu spędzonym na wywiadach z aktywistami Slow Food spotykam się z Vitale w ogródku kawiarni w Bra. Jest szczupłym trzydziestolatkiem o inteligentnej twarzy. Gdy tylko kończymy zamawiać napoje, zaczyna wyjaśniać mi, dlaczego jego dni Casanovy dobiegły końca. „W naszej konsumenckiej kulturze chodzi o to, aby szybko się z kimś przespać, a potem ruszać na kolejny podbój – mówi. – Posłuchaj, jak rozmawiają mężczyźni. Chodzi tylko o to, ile kobiet, ile razy, w ilu pozycjach. Wyłącznie o liczby. Człowiek idzie do łóżka z listą zadań, które ma odfajkować. Jest zbyt niecierpliwy, zbyt skupiony na sobie, żeby naprawdę cieszyć się seksem".

Vitale prowadzi krucjatę przeciw kulturze szybkiego numerka. Jeździ po piemonckich klubach towarzyskich, by wygłaszać pogadanki o rozkoszach Powolnego seksu. Zamierza przekształcić swoją stronę internetową w forum służące do dyskusji nad wszelkimi aspektami erotycznego spowolnienia. Zmniejszenie tempa przyniosło cudowne rezultaty w jego własnym życiu seksualnym. Zamiast przelatywać przez swoje ulubione pozycje, Vitale długo prowadzi grę wstępną, szepcząc do ucha partnerki i patrząc jej w oczy. „Jeśli spojrzysz dookoła, to zobaczysz, że ludzie coraz bardziej pragną zwolnić – mówi. – Moim zdaniem najlepiej zacząć od własnego łóżka".

Nic tak nie oddaje tęsknoty za wolniejszym seksem jak eksplozja mody na tantrę. Podczas rewolucji seksualnej w latach sześćdziesiątych i siedemdziesiątych XX wieku kilkoro pionierów eksperymentowało po amatorsku z technikami tantrycznymi. Dziś kolejni nadrabiają zaległości. Każdego dnia 12 tysięcy użytkowników przedziera się przez gąszcz internetowej pornografii, aby dotrzeć na stronę www.tantra.com, a pary w najróżniejszym wieku, niezrażone śmiesznością, jaka okryła Stinga, gromadnie zapisują się na warsztaty seksu tantrycznego.

A zatem czym dokładnie jest tantra? Samo słowo pochodzi z sanskrytu i znaczy „rozciągać, poszerzać lub wplatać". Stworzona przed pięcioma tysiącami lat w Indiach, a następnie przyjęta przez buddystów w Tybecie i Chinach, tantra jest duchową dyscypliną traktującą ciało jako instrument modlitwy. Tak jak chrześcijańscy mistycy kierowali się ku Bogu, dokonując samobiczowania, tak dla tantryków powolne, świadome złączenie seksualne było ścieżką ku oświeceniu. Inaczej mówiąc, tantryczny seks w swojej najczystszej postaci jest czymś więcej niż tylko zwykłym seksem w zwolnionym tempie. Chodzi w nim o zastosowanie energii seksualnej dla stworzenia idealnego duchowego związku z partnerem i wszechświatem.

Filozofia tantryczna uczy, że energia porusza się po ludzkim ciele przez siedem czakr usytuowanych wzdłuż kręgosłupa, od genitaliów po czubek głowy. Dzięki mieszaninie medytacji, ćwiczeń jogicznych, kontroli oddechu i niespiesznej gry wstępnej, pary uczą się zatrzymywać swoją energię seksualną i sterować jej przepływem. W trakcie stosunku mężczyzna przedłuża erekcję poprzez powolną, miarową penetrację. Mężczyźni uczą się także, jak osiągnąć orgazm bez wytrysku. Z racji nacisku kładzionego na wzajemność, zażyłość i powolność, tantra jest bardzo przyjazna kobietom. W rzeczy samej, od mężczyzny oczekuje się, że będzie traktował kobietę jak boginię, łagodnie podsycając jej pożądanie, nie próbując przejmować kontroli ani narzucać własnego tempa. Ostatecznie jednak łupy zostają rozdzielone po równo. Kiedy tantra działa, oboje partnerzy doświadczają – jak głosi tantra.com – „stanu wyższej świadomości" oraz „urzeczywistnienia błogiej istoty Jaźni". Na wypadek gdyby te słowa zanadto trąciły frazesem, cielesne zyski również są niesamowite: tantra uczy mężczyzn i kobiety co robić, by dowolnie długo surfować po falach wielokrotnego orgazmu. Jeśli para pozostanie razem – a kto by nie chciał po czymś takim? – ogień ich miłości cielesnej, zamiast wygasać, będzie z biegiem lat płonąć coraz żywiej.

Współczesny impuls ku spowolnieniu w sypialni ma, podobnie jak w wypadku innych dziedzin, korzenie w wieku XIX. W miarę jak proces industrializacji podkręcał tempo życia, spojrzenia szukające alternatywy zwracały się ku Wschodowi, a wraz z rosnącym zainteresowaniem orientalnymi filozofiami uwagę mieszkańców Zachodu zwróciła tantra. Do wczesnych fanów zjawiska, które zaistniało pod nazwą „świętego seksu", należała Alice Bunker Stockham, jedna z pierwszych kobiet-lekarzy w Stanach Zjednoczonych. Stockham poznała tantrę w Indiach, a następnie, wróciwszy do domu, propagowała kontrolowanie orgazmu jako sposób osiągnięcia fizycznej rozkoszy, więzi emocjonalnej, lepszego zdrowia i duchowego spełnienia. Dla opisania własnej, zeświecczonej wersji tantry ukuła termin *karezza*, od włoskiego słowa oznaczającego pieszczotę. Jej seksualne porady po raz pierwszy pojawiły się w 1883 roku w książce pod tytułem *Tokology*, przełożonej później na rosyjski przez Lwa Tołstoja. Za Stockham podążyli następni, publikując na przekór wiktoriańskiemu tabu książki i poradniki poświęcone sztuce powolnej, świadomej miłości fizycznej. W książce *Hell on Earth Made Heaven: The Marriage Secrets of a Chicago Contractor* George Washington Savory przedstawił tantryczny seks w wydaniu chrześcijańskim.

Ponad sto lat później sam z oporami wyruszam w podróż po świecie tantry. Kiedy zaczynam zbierać materiały na ten temat, w pierwszym odruchu mam ochotę kpić lub uciekać. Newage'owy żargon, czakry, poradnikowe nagrania wideo prowadzone przez facetów z kucykami – wygląda to zbyt kiczowato. Nie wiem, czy jestem gotów, by zharmonizować swego wewnętrznego mężczyznę, ani by obudzić własną boskość, ani nawet czy wiem, co znaczą te rzeczy. I czy naprawdę musimy nazywać penisa lingą albo „różdżką światła"?

Kiedy się jednak zastanowić, tantra nie jest tak idiotyczna, jak się wydaje. Nawet najbardziej twardo stąpające po ziemi osoby wiedzą, że seks to coś więcej niż przyjemny skurcz mięśni. Może przyczyniać się do tworzenia silnych więzi emocjonalnych, sprawić, że opuściwszy własne ciało będziemy unosić się w bezczasowej teraźniejszości. Czasem pozwala przez moment dostąpić głębi, transcendencji. Opowiadając o najbardziej intensywnych rozkoszach seksualnych, ludzie często

posługują się religijnymi metaforami: „Czułem, że lecę jak orzeł". „Wstąpiłem w jej ciało". „Widziałam twarz Boga". Celem tantry jest rozwijanie tego związku między seksem a duchowością.

W starożytnym świecie ludzie latami oczyszczali ciało i umysł, zanim guru tantry w ogóle zgodził się z nimi rozmawiać. Studia nad technikami seksualnymi mogli rozpocząć dopiero, kiedy przebudziła się ich „wewnętrzna energia psychiczna". W dzisiejszych czasach każdy może od jutra zacząć kurs tantrycznej miłości, a ponieważ znajdujemy się w społeczeństwie konsumpcyjnym, to w ofercie znajdują się warsztaty dostosowane do każdego gustu. Niektóre bardziej uduchowione, inne mniej. Wielu zachodnich instruktorów włącza do nich techniki z Kamasutry i innych świętych tekstów seksu. Nic dziwnego, że puryści oskarżają reformatorów o wciskanie ludziom „tantra-coli". Ale nawet gdyby tak było, to co z tego? Cóż jest złego w zmodyfikowanej tantrze, jeżeli działa? Nawet jeśli ludzie nie zdołają wznieść się na wyżyny świadomości ani zbalansować swoich czakr, to i tak mogą skorzystać z podstawowej filozofii seksualnej. Przecież koniec końców, po usunięciu mistycznego opakowania tantry, zostaną nam fundamenty udanego seksu: czułość, komunikacja, szacunek, różnorodność i powolność. Nawet zatwardziali sceptycy ulegają urokom tantry. W 2001 roku czterdziestoparoletnia dziennikarka Val Sampson zabrała się za pisanie artykułu o tantrycznym seksie dla londyńskiego „Timesa". Na warsztaty zaciągnęła ze sobą męża, oczekując, że przechichoczą razem cały kurs. Tymczasem przekonali się, że proste ćwiczenia oddechowe faktycznie działają, a przekaz dotyczący powolnego, wspólnego seksu przypadł im do gustu. „To było objawienie – opowiada mi Sampson, kiedy spotykamy się na siłowni w Twickenham na przedmieściach Londynu. – Naprawdę nie miałam pojęcia, że istnieje inne podejście do seksu, w którym chodzi o to, żeby więcej czasu poświęcać sobie nawzajem i by całą głową i całym sercem angażować się w stosunek seksualny".

Sampson i jej mąż czym prędzej zapisali się na weekend z tantrą. Dziś należą do grona nawróconych. W 2002 roku Sampson wydała książkę zatytułowaną *Tantra: The Art of Mind-Blowing Sex* (*Tantra: sztuka powalającego seksu*), poradnik typu „zrób to sam", napisany z myślą o ludziach, którzy zwykle trzymają się z daleka od wszystkiego, co newage'owe. Zdaniem autorki każdy może sam zadecydować, jak dalece chce zgłębiać mistyczną stronę seksualności. „Uważam, że równie dobrze można traktować tantrę jako ścieżkę duchową, jak i metodę na poprawienie swojego życia seksualnego – mówi. – A i tak na końcu człowiek zapewne dotrze do tego samego punktu".

Na zakończenie naszej pogawędki Sampson wręcza mi numer telefonu swojej nauczycielki tantry, noszącej niewiarygodne imię Leora Lightwoman („kobieta światła" lub „lekka kobieta"). Dzwonię do niej tego samego wieczoru. Pomysł książki o spowalnianiu trafia jej do przekonania i zaprasza mnie na następny warsztat.

189

Dwa miesiące później, w wietrzny piątkowy wieczór moja żona i ja przybywamy do starego magazynu w północnym Londynie. Dzwonimy i drzwi otwierają się z kliknięciem. Z piwnicy dociera szum głosów i zapach kadzidła. Jeden z asystentów – nazywa się ich „aniołami" – wita nas na podeście schodów. Ma trzydzieści kilka lat, łobuzerski uśmiech i włosy w kucyk. Ubrany jest w białą koszulkę i kremowe spodnie do jogi, i silnie zalatuje pachą. Przypomina mi pewnego szczególnie obciachowego instruktora z filmu do nauki tantry, który oglądałem. Ogarnia mnie fala zniechęcenia.

Zdejmujemy buty i schodzimy do piwnicy. Jest to duży pokój o pobielanych ścianach, przystrojony etnicznymi tkaninami. Moje najgorsze obawy – że każdy będzie weganinem-makrobiotykiem lub aromaterapeutą albo jednym i drugim naraz – okazują się mocno chybione. Jest kilkoro stereotypowych newage'owców w sarongach i z paciorkami, ale większość spośród trzydziestu dwóch uczestników to zwyczajni ludzie w swobodnych miejskich strojach. Są tu lekarze, maklerzy, nauczyciele. Jeden mężczyzna, spekulant giełdowy, przyjechał prosto zza swojego biurka w City. Dla wielu osób to pierwszy kontakt z warsztatami rozwoju osobistego.

Lightwoman dokłada starań, by każdy poczuł się swobodnie. Ma pełną gracji sylwetkę elfa, krótko ścięte włosy i duże oczy. Mówi powoli, jak gdyby obracała każde zdanie w głowie, zanim je wygłosi. Na początek wyjaśnia pokrótce, czym jest tantra, a następnie prosi, żebyśmy się przedstawili i powiedzieli, dlaczego przyszliśmy. Single twierdzą, że trafili tu w ramach dążenia ku samopoznaniu, pary – że chcą pogłębić swoje relacje.

Po przełamaniu pierwszych lodów zaczynamy od małego drżenia kundalini. Polega to na tym, że zamykamy oczy i wprawiamy w drganie całe ciało od kolan w górę. Celem jest odprężenie i pobudzenie krążenia wewnętrznej energii. Nie wiem, jak z energią, ale po dziesięciu minutach dygotu czuję się wyraźnie mniej spięty. Następnie przechodzimy do największej atrakcji wieczoru, czyli Przebudzenia Zmysłów. „We współczesnym świecie, gdzie każdy się spieszy, często nie poświęcamy dość czasu na pobudzanie naszych zmysłów – mówi Lightwoman. – Zaraz na nowo odkryjecie wasze zmysły i przywrócicie je do życia".

Każdy wkłada na oczy opaskę i bierze partnera za rękę. Po kilku minutach ktoś prowadzi moją żonę i mnie przez pokój i usadza na podłodze na poduszkach. Jedyny dźwięk to delikatny szelest poruszających się aniołów, którzy prowadzą ludzi tam i z powrotem. Zamiast wiercić się, czuję, jak ulegam chwili i płynę z jej prądem. Lightwoman prosi nas miękkim głosem, byśmy wytężyli słuch. Ciszę przerywa dźwięk tybetańskiego gongu. Mój umysł, pozbawiony jakichkolwiek innych wrażeń zmysłowych, koncentruje się na tym dźwięku – czystym, bogatym i szlachetnym – który zdaje się mnie obmywać. Chciałbym, żeby trwał bez końca. Inne odgłosy – dłonie uderzające w bęben, marakasy i didgeridoo – wywierają podobny efekt. Przez chwilę zdaje mi się, że zniósłbym utratę wzroku, gdyby moje uszy mogły zawsze pieścić tak cudowne tony. Ceremonia trwa dalej i przenosi się na zmysł powonienia. Aniołowie machają nam przed nosem przedmiotami nasyconymi bogatym zapachem – cynamonu, wody różanej, pomarańczy. Aromaty są intensywne i podniecające. Następnie, aby obudzić nasze kubki smakowe, aniołowie wsuwają nam do ust drobne kawałki jedzenia – czekolady, truskawek, mango. Znowu następuje zmysłowa eksplozja.

Ostatnim etapem podróży jest dotyk. Aniołowie wodzą piórkami wzdłuż naszych ramion i muskają nam szyje puszystymi pluszakami, co jest dużo przyjemniejsze, niż się wydaje z opisu. Później każdy dostaje do rąk jakiś przedmiot. Ja mam brązową figurkę kobiety. Przesuwam palcami po każdym szczególe, starając się nakreślić w myśli jej obraz. Następnie mamy zbadać dotykiem dłonie naszych partnerów, zachowując ten sam nastrój zdumionego zachwytu. Brzmi słabo, ale tak na serio doświadczenie okazuje się dość poruszające. Kiedy powoli wodzę palcami po dłoniach mojej żony, przypominam sobie, jak robiłem to długi czas temu, u początków naszego związku, na progu pewnego bistro w Edynburgu. Zsuwamy z oczu przepaski. W pokoju panuje teraz półmrok, a wszyscy siedzą na poduszkach w dużym kręgu. Pośrodku, na czerwonym kocu udrapowanym na jakichś pudłach, stoją pośród licznych świec gustownie ułożone przedmioty użyte w trakcie ceremonii. Całość wygląda jak luksusowy jacht wpływający do portu w letni wieczór. Po pokoju roztacza się ciepły blask. Jeden z mężczyzn, prawnik, który przyszedł na warsztaty tylko dlatego, że chciał sprawić przyjemność żonie, jest głęboko poruszony. „To było bardzo piękne – mruczy. – Naprawdę piękne". Wiem, co czuje. Mam wyostrzone wszystkie zmysły. Wieczór minął w mgnieniu oka. Nie mogę się doczekać, kiedy wrócimy po więcej.

Następnego dnia moje plany w katastrofalny sposób spalają na panewce. Nasza córka trafia do szpitala z infekcją dróg oddechowych i żona musi opuścić zajęcia, żeby z nią zostać. Jest to spory cios dla nas obojga. Mimo to postanawiam kontynuować w pojedynkę i w sobotę rano zjawiam się w charakterze singla.

Skrępowanie z pierwszego wieczoru ustąpiło swobodnej kumpelskiej atmosferze. To między innymi dlatego, że zajęcia nie mają nic wspólnego z imprezami, gdzie pary uprawiają seks wśród nieznajomych. Jawnie seksualny dotyk ani nagość nie wchodzą w grę. Szacunek jest dla Lightwoman kwestią pierwszorzędną. Wyrzuciła na przykład z warsztatu mężczyznę bez partnerki, który okazywał nieco zbyt duże zainteresowanie uczestniczkami zajęć.

Po kolejnej rundzie drżenia kundalini dobieramy się w pary, żeby przejść przez serię ćwiczeń rozwijających sztukę powolnej, przesyconej miłością zmysłowości. Jedno z nich nazywa się Tak-Nie-Może-Proszę. Partnerzy dotykają się na zmianę, przy czym dotykany na bieżąco przekazuje swoje odczucia dotykającemu: „Tak" znaczy „To mi się podoba", „Nie" – „Wypróbuj

coś innego", „Może" – „Nie jestem pewien", „Proszę"
– „Mmm, chcę więcej". Według tantry za każdym razem
kiedy para się kocha, powinna badać nawzajem swoje
ciała, jakby to był pierwszy raz. Podczas tego ćwiczenia
moją partnerką jest odrobinę nieśmiała młoda kobieta.
Ponieważ standardowe strefy erogenne są tabu, mamy
szansę zająć się przestrzeniami zwykle zaniedbywanymi
w chwilach uniesienia – kolanami, łydkami, kostkami,
stopami, ramionami, podstawą szyi, łokciami, kręgosłupem. Zaczynamy niezdarnie, ale z czasem łapiemy dobre
wibracje. Jest bardzo słodko i zmysłowo.

Pozostałe ćwiczenia także propagują te same Powolne wartości. Tańczymy zmysłowo, oddychamy w duecie
i patrzymy sobie w oczy. Zabiegi, by stworzyć intymny
nastrój z osobą kompletnie obcą, zdają mi się nieco dzi-
waczne, ale sama zasada – zwolnij i złap kontakt z partnerem – ewidentnie okazuje się skuteczna w wypadku
wielu uczestników. Pary, u których na wstępie język
ciała sygnalizował znudzenie, teraz trzymają się za ręce
i obściskują. Sam zaczynam tęsknić za żoną.

Najcięższe ćwiczenia w ten weekend służą wzmoc-
nieniu mięśni łonowo-guzicznych, przebiegających od
kości łonowej po kość ogonową. To właśnie je napina-
my, żeby pozbyć się ostatnich kropelek moczu. Lightwoman nazywa je „mięśniami miłości". Wzmocnienie ich
może u obu płci owocować intensywniejszymi orgazma-
mi, a mężczyznom pomóc w oddzieleniu wytrysku od
towarzyszących mu skurczów, otwierając w ten sposób
drogę do wielokrotnego orgazmu.

Lightwoman mówi nam, żebyśmy połączyli trening
mięśni miłości z kontrolowanym oddychaniem. Zaci-
skając i rozluźniając mięsień łonowo-guziczny, wyobra-
żamy sobie, jak oddech płynie w górę przez kolejnych
siedem czakr, od krocza po czubek głowy. Nawet jeśli,
tak jak ja, patrzycie sceptycznie na całą tę historię z cza-
krami, to ćwiczenie jest bardzo odprężające.

Jednak dla wielu osób największą atrakcją tego weekendu jest zabieg nazywany strumieniowaniem. Zwykle

kulminację seksu stanowi trwający przez kilka sekund orgazm genitalny. Tantra dąży do tego, by rozciągnąć i natężyć rozkosz poprzez uwolnienie energii seksualnej z okolic krocza i rozprowadzenie jej po okolicy. Zjawisko to nazywa się orgazmem totalnym. W wypadku obu płci strumieniowanie jest techniką służącą oczyszczeniu kanałów, przepływu energii. Działa to następująco. Najpierw na chwilę wprawiamy się w drżenie kundalini, a następnie kładziemy się na plecach, z kolanami w powietrzu i stopami opartymi o ziemię. W miarę jak powoli rozkładamy i łączymy nogi, drżenie powinno powrócić na poziomie kolan, a potem przesuwać się w górę ciała. Partner może pomagać w przepływie energii, wachlując dłonią nad punktem, gdzie zlokalizowane jest drżenie i powoli zaklinając je, by sunęło w odpowiednim kierunku. Brzmi jak niezłe kuku na muniu, ale wierzcie mi, że strumieniowanie daje dokładnie to, co obiecano na opakowaniu. Jednym słowem: wow! Niemal natychmiast po tym, jak się kładę, zaczyna się drżenie, jak gdyby coś zawładnęło moim ciałem. Przesuwa się przez miednicę w stronę splotu słonecznego. W pierwszej chwili ruchy są gwałtowne i trochę straszne, przypominają mi filmy z serii o Obcym, gdzie bohaterowie miotają się i zwijają w konwulsjach zanim potwór wystrzeli z ich klatki piersiowej. Ale strach trwa krótko. Niebawem drżenie doprowadza do uczucia rozluźnienia i rozkoszy. Nie jestem w tym sam. Dookoła ludzie wydają z siebie okrzyki radosnej ulgi. To prawdziwie wyjątkowa chwila. Kiedy dobiegnie końca, leżą objęci w parach, głaszcząc się niespiesznie.

Tantry nie można opanować w weekend. Potrzeba na to czasu. Już same podstawowe ćwiczenia wymagają praktyki – w każdym razie moje mięśnie miłosne wciąż potrzebują treningu – a istnieje wiele innych technik do przyswojenia. Mój pierwszy kontakt z tantrą pozwala jednak sądzić, że bez względu na to, co się uważa na temat New Age, może ona prowadzić do bardziej udanego seksu oraz większej zażyłości i świadomości samego siebie.

Chcąc się dowiedzieć czegoś więcej, rozmawiam z absolwentami warsztatów tantrycznych. Większość nie posiada się z entuzjazmu. Kimbersowie, sympatyczne małżeństwo w średnim wieku, mieszkają w Rickmansworth pod Londynem. Cathy ma pięćdziesiąt dwa lata i zajmuje się marketingiem przy różnych targach specjalistycznych, czterdziestoośmioletni Roger prowadzi własne przedsiębiorstwo produkujące systemy wentylacyjne dla dużych budynków. Są małżeństwem od trzydziestu lat. Jak to bywa w wielu związkach o długim stażu, z nadejściem dzieci – mają dwóch synów – i rozwojem kariery, seks zszedł na dalszy plan. Kimbersowie byli często zbyt zajęci, zmęczeni lub zestresowani na łóżkowe fajerwerki. Kiedy już zdarzało im się kochać, zwykle nie trwało to długo.

W 1999 roku Cathy postanowiła jednak dokonać zmiany. Miała poczucie, że całe jej życie przelatuje obok jak rozpędzony ekspres i pora wyhamować. Wydawało się, że tantra to coś dobrego na początek, więc zapisała się na warsztaty wprowadzające do Lightwoman. Im bliżej wyznaczonego weekendu, tym bardziej Kimbersowie zaczynali pękać. Roger, typ praktycznego faceta z wrodzoną awersją do wszelkiego hokus-pokus, wzdragał się na myśl o pogadankach na temat *chi* i czakr. Z kolei Cathy paniką napawała perspektywa udziału w Przebudzeniu Zmysłów. Jakim cudem ona, podręcznikowy przykład osobowości typu A, miałaby przez cały ten czas wysiedzieć w miejscu i nic nie robić? Mimo to postanowili dać tantrze szansę, a weekend na kursie okazał się dla obojga objawieniem. Rogera zupełnie rozłożyło strumieniowanie, a Cathy zakochała się w Przebudzeniu Zmysłów. „Czułam niesamowitą przyjemność zmysłową – opowiada. – Kiedy wyszłam z zajęć, byłam w siódmym niebie, przepełniona niewiarygodnym uczuciem spokoju". Od tamtej pory oboje uczestniczyli w czterech cyklach zajęć tantrycznych.

Ich życie erotyczne przeżyło renesans przez duże R. Dziś przynajmniej raz w tygodniu znikają w małym pokoiku na piętrze, przeznaczonym specjalnie do tantrycznych schadzek. Jedna z nauk tantry zaleca, by stworzyć

„świętą przestrzeń" przeznaczoną na seks, przy czym może to oznaczać tyle, co umieszczenie w sypialni kadzidełek lub kolorowych świateł. Pokój Kimbersów to świecka kapliczka udekorowana przedmiotami o mistycznej wymowie oraz osobistymi pamiątkami – kamiennymi rzeźbami aniołów stróżów, ulubionymi książkami, tybetańskimi gongami, świecami, fotografiami rodzinnymi i ceramiczną figurką ulepioną lata temu przez ich młodszego syna. Z sufitu zwiesza się łapacz snów. W miękkim blasku świec i przy zapachu parujących olejków eterycznych Kimbersowie godzinami wzajemnie masują się, pieszczą i oddychają unisono. Kiedy w końcu zaczynają się kochać, nie ma szans, żeby nie zakończyło się trzęsieniem ziemi. Oboje doświadczają teraz głębszych i bardziej intensywnych orgazmów. Za sprawą tantrycznych metod relaksacyjnych, treningu okolic miednicy i ćwiczeń oddechowych poznanych dzięki tantrze, Roger jest w stanie wydłużyć swój orgazm do dwóch, trzech minut. „To niesamowite – mówi z uśmiechem. – Po prostu nie chcesz, żeby to się kończyło".

U Kimbersów seks nie zawsze oznacza wielogodzinne przedsięwzięcie. Tak jak inni fani tantry, wciąż lubią oni szybką akcję, ale nawet szybszy seks wywołuje potężniejsze wstrząsy niż kiedyś.

Te wstrząsy to tylko część zysków. Przed Kimbersami otworzył się nowy świat czułości i zażyłości. Kiedy leżą objęci na sofie w salonie, wyglądają jak para nowożeńców. „Tantra bardzo pogłębiła nasze relacje – opowiada Roger. – Seks ma teraz w sobie więcej duchowości i bardziej pochodzi z serca". Cathy przytakuje. „Ludzie mogą być małżeństwem od dwudziestu lat i tak naprawdę nie znać się nawzajem, bo przez cały czas prześlizgują się po powierzchni – mówi. – Poprzez tantrę Roger i ja stopniowo poznaliśmy się naprawdę głęboko".

Zanim jednak popędzicie, by zapisać się na weekendowe warsztaty, pamiętajcie, że tantra jest obosieczną bronią. Z jednej strony stwarza szansę, by wpuścić świeże powietrze do związku, który popadł w rutynę. Z drugiej strony, ponieważ za jej sprawą ludzie przyhamowują i uważnie przyglądają się swoim partnerom oraz samym sobie, na jaw mogą wyjść różnice nie do pogodzenia. W połowie warsztatów, na które chodziłem, odpadł jeden mężczyzna. Jak opowiadała mi jego żona, miotał się po domu ze łzami w oczach, wykrzykując, że ich związek został zrujnowany.

Tim Dyer, trzydziestosiedmioletni menedżer restauracji z Bristolu, dobrze zna to uczucie. W 2002 roku on i jego narzeczona, robiąca świetną karierę specjalistka do spraw rozwoju produktu, wzięli udział w warsztatach tantry. Byli razem od trzech lat i przed ostateczną decyzją o ślubie chcieli ożywić swoje kulejące pożycie seksualne. Tymczasem zamiast wprowadzić ich na szlak wiodący do orgazmu idealnego, warsztat uzmysłowił im bez cienia wątpliwości, że ich związek był zbudowany na piasku. Dyer czuł się nieswojo, patrząc w oczy narzeczonej. Nim nadszedł koniec weekendu, oboje kłócili się ściszonymi głosami podczas ćwiczeń. Kilka tygodni później zerwali ze sobą.

Usłyszeliśmy wcześniej ostrzeżenie Milana Kundery, że ludzie żyjący na najwyższych obrotach nie mogą być pewni niczego, nawet własnych uczuć. Dyer zgadza się z tą opinią w stu procentach. „Kiedy teraz patrzę wstecz, to widzę, że oboje byliśmy tak zajęci, że nigdy nie mieliśmy dość czasu, by zauważyć, że nasz związek nawala – mówi. – Tymczasem tantra sprawia, że wyhamowujesz i zaczynasz widzieć różne rzeczy. No i jak wyhamowaliśmy, to zobaczyliśmy, że nie jesteśmy dla siebie stworzeni". Dyer czuje ulgę, że uniknął małżeństwa skazanego z góry na rozprawy rozwodowe, i że znowu jest singlem. Wyciągnął wnioski ze swoich błędów. W przyszłym związku zamierza skorzystać ze swego niewielkiego zasobu tantrycznej mądrości i poświęcić więcej czasu jego intymnym i zmysłowym aspektom. „Zrozumiałem, że w najlepszym seksie chodzi o to, żeby złapać kontakt, a kiedy się spieszysz, to nie ma na to szans – tłumaczy. – Kiedy następnym razem ktoś mi się spodoba, to chcę, żeby od samego początku była w tym ta powolność i świadomość".

Jeżeli Dyer wytrwa w swoim postanowieniu, być może przekona się, że obniżenie tempa w sypialni pomaga zaprowadzić powolny porządek w innych dziedzinach życia. Taki efekt tantra przyniosła na pewno w wypadku Kimbersów. Cathy uspokoiła się i nabrała więcej cierpliwości wobec opóźnień zdarzających się w codziennym życiu. Tymczasem Roger postanowił mniej pracować. Nic dziwnego: gdy w domu czeka na niego tyle miłości i tyle orgazmów, to mniej go ciągnie, by spędzać długie godziny za biurkiem. „Po prostu praca nie wydaje mi się taka ważna jak kiedyś" – mówi. Doszło nawet do tego, że zaczął prowadzić swój interes według zasad Powolności. Przez lata jego firma chlubiła się tempem realizacji zleceń, dziś jednak mniej ulega obsesji jak najszybszego wykonywania zamówień. Jednym z powodów zmiany była chęć złagodzenia presji spoczywającej na pracownikach. Czy firma padła ofiarą szybszych konkurentów? Przeciwnie, jakość ich usług podniosła się i wciąż napływają do nich nowe zlecenia. „Wbrew temu, co wyobrażają sobie ludzie, spowolnienie nie wywołuje katastrofalnych skutków – mówi Roger – a właściwie może przynosić korzyści. To nie znaczy, że nie wolno nam dodać gazu, kiedy jest to konieczne, ale nie musimy tego robić przez cały czas".

198

Nikogo nie powinno dziwić, że biznesmen porównuje pracę i miłość. Ożenek z pracą odciska piętno na naszych związkach, ale szkody pojawiają się też na innym polu. Według badań przeprowadzonych w USA, pracownicy mający problemy małżeńskie opuszczają średnio 15 dni pracy rocznie, co w rok kosztuje amerykańskie firmy blisko 7 miliardów dolarów. Ruch powolnościowy podsuwa rozwiązanie równie proste, co atrakcyjne: mniej pracujcie, a więcej folgujcie sobie, uprawiając powolny seks.

8

PRACA:

DLACZEGO WARTO LŻEJ PRACOWAĆ

*Czyż robotnicy nie mogą zrozumieć, że przemęczając
się nadmierną pracą, wyczerpują siły swoje i swego
potomstwa i przed czasem stają się niezdolni
do jakiejkolwiek pracy, że otumanieni jedną namiętnością,
przestają być ludźmi i stają się cieniami; że zabijają w sobie
wszystkie wspaniałe zdolności, by zachować w stanie
kwitnącym tylko szaloną namiętność do pracy?*

PAUL LAFARGUE, PRAWO DO LENISTWA (1883)[1]

---

[1] Paul Lafargue, *Prawo do lenistwa*, przeł. Izabela Bibrowska.

Były raz czasy, nie tak znowu dawno temu, kiedy ludzkość patrzyła w przyszłość, wyglądając nowej Ery Wypoczynku. Maszyny obiecywały każdemu wyzwolenie spod jarzma pracy. Pewnie – myślano – może się czasem zdarzyć, że od czasu do czasu przypadnie nam zmiana w biurze czy w fabryce, gdzie będziemy obserwować ekrany, beztrosko kręcić jakąś gałką czy podpisywać faktury, ale reszta dnia zejdzie nam na spacerach i rozrywce. Wobec takich zasobów wolnego czasu słowa w rodzaju „pośpiechu" czy „gonitwy" ostatecznie znikną z naszego słownika.

Benjamin Franklin należał do grona pierwszych wieszczów świata oddanego wypoczynkowi i relaksowi. Zainspirowany epokowymi odkryciami techniki u kresu XVIII wieku przewidywał, że wkrótce człowiek będzie pracować nie więcej niż cztery godziny tygodniowo.

Dziewiętnasty wiek ośmieszył to proroctwo, ukazując jego naiwność. W ponurym szatańskim młynie rewolucji przemysłowej mężczyźni, kobiety, a nawet dzieci tyrali po piętnaście godzin dziennie. Mimo to pod koniec XIX wieku Era Wypoczynku znów pojawiła się w debacie nad kulturą. George Bernard Shaw wieszczył, że do 2000 roku będziemy pracować dwie godziny dziennie.

Sen o permanentnym próżnowaniu utrzymywał się przez cały wiek XX. Zwykły człowiek, olśniony magicznymi obietnicami techniki, marzył o życiu spędzanym nad brzegiem basenu w asyście robotów, które nie tylko zmieszają kapitalne martini, ale też zadbają, żeby gospodarka kręciła się elegancko. W 1956 roku Richard Nixon zapowiedział Amerykanom, by przygotowali się na cztery dni robocze w tygodniu w „niezbyt odległej przyszłości". Dziesięć lat później senacka podkomisja w USA dowiedziała się, że przed nadejściem 2000 roku Amerykanie będą pracować jedynie czternaście godzin na tydzień. Jeszcze w latach osiemdziesiątych niektórzy stawiali prognozy, wedle których robotyka i komputery miały zapewnić nam tyle wolnego czasu, że nie będziemy wiedzieli, co z nim zrobić.

Czy można było się bardziej pomylić? Jeżeli w XXI wieku możemy być pewni czegokolwiek, to tego, że proroctwa o śmierci pracy są mocno przesadzone. Dziś Era Wypoczynku wydaje się czymś równie prawdopodobnym jak biuro bez papierów. Większości z nas bliżej do tego, by czternaście godzin spędzać w pracy w ciągu jednego dnia, a nie jednego tygodnia. Praca pożera większość naszego czasu po przebudzeniu. Wszystkie inne aspekty życia – rodzina i przyjaciele, seks i sen, zainteresowania i wakacje – ustępują wobec wszechpotężnego planu pracy.

W świecie uprzemysłowionym regularny spadek średniej liczby przepracowywanych godzin rozpoczął się w okolicach połowy XIX wieku, kiedy normą był sześciodniowy tydzień pracy. Jednak od dwudziestu lat na sile zyskują dwa konkurencyjne trendy.

Podczas gdy Amerykanie pracują tyle samo, co w 1980 roku, Europejczycy pracują mniej. Z niektórych szacunków wynika, że przeciętny Amerykanin spędza rocznie w pracy o 350 godzin więcej niż statystyczny Europejczyk. W 1997 roku Stany Zjednoczone wyprzedziły Japonię w rankingu krajów uprzemysłowionych, w których pracuje się najwięcej. Europa wypada w porównaniu z nimi jak raj obiboków. Ale i tutejszy pejzaż nie jest jednorodny. Chcąc nadążyć za szybką globalną gospodarką działającą 24 godziny na dobę, wielu Europejczyków musiało przyswoić model pracy bliższy amerykańskiemu.

Średnie wartości zawarte w statystykach skrywają ponurą prawdę, mianowicie taką, że w rzeczywistości miliony ludzi, zwłaszcza w krajach anglosaskich, pracują więcej i ciężej, niż by chcieli. Dziś jeden Kanadyjczyk na czterech nastukuje tygodniowo ponad 50 godzin pracy, gdy tymczasem w 1991 roku był to jeden pracownik na dziesięciu. W 2002 roku jeden trzydziestoparoletni Brytyjczyk na pięciu pracował przynajmniej 60 godzin na tydzień. Pamiętajmy, że mowa tylko o czasie przed doliczeniem długich godzin spędzonych na dojazdach.

Co się stało z Erą Wypoczynku? Dlaczego tak wielu z nas wciąż pracuje tak ciężko? Jednym z powodów są pieniądze. Każdy musi zarobić na życie, ale nienasycony konsumencki głód oznacza, że ciągle potrzebujemy ich więcej i więcej. Dlatego też zapłatę za podniesioną wydajność przyjmujemy nie w postaci zwiększonych ilości czasu wolnego, a w formie podwyższonych zarobków.

Tymczasem technika pozwoliła pracy wcisnąć się 203 w każdy zakamarek życia. W epoce informatycznej superautostrady nie istnieje miejsce, w którym można by schronić się przed mailami, faksami i telefonami. Odkąd powstała możliwość, by wejść do firmowej bazy danych z domu, połączyć się z Internetem w samolocie albo odebrać telefon od szefa na plaży, każdy potencjalnie jest w pracy przez cały czas. Z własnego doświadczenia wiem, że pracowanie w domu z łatwością może przerodzić się w pracowanie przez cały czas. Marilyn Machlowitz, autorka *Workaholics*, stwierdziła, że w XXI wieku presja, by być „zawsze na chodzie", stała się powszechna: „Kiedyś za pracoholików uchodzili ludzie gotowi pracować zawsze i wszędzie. Zmiana polega na tym, że bycie do dyspozycji 24 godziny na dobę 7 dni w tygodniu stało się normą".

W większości miejsc pracy jest też znacznie więcej obowiązków do wykonania. Po latach restrukturyzacji i cięć w zatrudnieniu firmy oczekują, że pracownicy udźwigną obowiązki pozostawione przez zwolnionych kolegów. Nad biurami i fabrykami unosi się widmo bezrobocia, a wiele osób sądzi, że nic tak nie dowodzi ich wartości, jak długie godziny spędzane w pracy. Miliony ludzi zjawiają się w firmie nawet wtedy, gdy są zbyt zmęczeni lub chorzy, aby zachować wydajność. Kolejne miliony nigdy nie wykorzystują w pełni przysługującego im urlopu.

Czysty obłęd. Niektórzy lubią spędzać w pracy długie godziny i powinni mieć taką możliwość, nie należy jednak oczekiwać, że wszyscy inni będą im dotrzymywać kroku. Praca ponad siły szkodzi i nam, i gospodarce. W 2002 roku na Uniwersytecie Kyushu w japońskim mieście Fukuoka przeprowadzono badania, z których wynika, że u mężczyzn pracujących po 60 godzin tygodniowo prawdopodobieństwo zawału serca jest dwukrotnie wyższe niż w wypadku mężczyzn pracujących przez 40 godzin. Ryzyko to potrajało się u osób, które przynajmniej dwa razy w tygodniu spały mniej niż pięć godzin.

204   Stres wywołany pracą nie jest czymś bezwzględnie złym. W ograniczonych dawkach może podnosić koncentrację i zwiększać wydajność. Bywa jednak, że jego nadmiar oznacza bezpowrotną drogę fizycznego i psychicznego załamania. W niedawnej ankiecie ponad 15% Kanadyjczyków zadeklarowało, że stres związany z pracą doprowadził ich na skraj samobójstwa.

Także firmy słono płacą za narzucanie długiego dnia pracy. Zawsze trudno jest oszacować wydajność, ale naukowcy zgadzają się, że przepracowany człowiek ostatecznie dobija do granic wytrzymałości. To samo podpowiada zdrowy rozsądek: człowiek zmęczony, zestresowany, nieszczęśliwy i chory jest także mniej wydajny. Według Międzynarodowej Organizacji Pracy godzina pracy belgijskiego, francuskiego czy norweskiego pracownika przynosi większe efekty niż godzina pracy Amerykanina. Brytyjczycy spędzają w pracy więcej czasu niż większość Europejczyków, ale mają za to jeden z najniższych na kontynencie współczynników wydajności na godzinę. Fakt, że pracuje się mniej, często oznacza, że pracuje się lepiej.

Za tą wielką debatą nad wydajnością kryje się być może najważniejsze pytanie, przed jakim stajemy: do czego służy życie? Większość ludzi zgodziłaby się, że praca jest dla nas czymś dobrym. Bywa przyjemna, czasem wręcz uszlachetnia. Wielu z nas lubi swoją pracę – wyzwania intelektualne, fizyczny wysiłek, stosunki towarzyskie, status. Niemniej, szaleństwem jest pozwolenie, by praca zawładnęła naszym życiem. Jest zbyt wiele ważnych spraw, które wymagają czasu – przyjaciele, rodzina, zainteresowania i wypoczynek.

Dla ruchu powolnościowego miejsce pracy to kluczowy odcinek frontu. Kiedy kariera zawodowa pożera tyle godzin, czas przeznaczony na wszystko inne kurczy się gwałtownie. Nawet tak proste czynności jak zawożenie dzieci do szkoły, jedzenie kolacji czy gawędzenie z przyjaciółmi zmieniają się w wyścig. Murowany sposób na przyhamowanie to mniej pracować. Do tego właśnie dążą miliony ludzi na całym świecie.

Wszędzie, a zwłaszcza w gospodarkach, w których w pracy spędza się wiele godzin, wyniki ankiet świadczą, że ludzie pragnęliby mniej pracować. W międzynarodowym badaniu opinii przeprowadzonym przez ekonomistów z Uniwersytetu Warwick i Dartmouth College 70% badanych z 27 krajów zadeklarowało, że życzyliby sobie lepszej równowagi praca-życie. Sprzeciw wobec pracoholizmu nabiera wiatru w żagle w Stanach Zjednoczonych. Coraz więcej spółek cieszących się zaufaniem inwestorów, takich jak Starbucks czy Wal-Mart, otrzymuje pozwy ze strony personelu, który jakoby był zmuszany do bezpłatnych godzin nadliczbowych. Amerykanie masowo kupują książki, w których opowiada się, jak swobodniejsze podejście do pracy i życia w ogóle może stać się źródłem szczęścia i sukcesu. Wśród tych tytułów znajdują się między innymi *Leniwa droga do sukcesu*, *Jak odnieść sukces: przewodnik dla leniwych* oraz *Warto być leniwym*. W 2003 roku amerykańscy aktywiści na rzecz krótszego czasu pracy po raz pierwszy celebrowali narodowy Dzień Odzyskiwania Czasu. Przypadał on 24 października, do tego dnia bowiem, według pewnych szacunków, Amerykanie przepracowują tyle, ile Europejczycy przez okrągły rok.

We wszystkich uprzemysłowionych krajach specjaliści do spraw personalnych opowiadają, że młodsze osoby ubiegające się o posadę zaczynają zadawać pytania, które byłyby nie do pomyślenia piętnaście lat temu: czy wieczorem będę mógł wychodzić z biura o rozsądnej porze? Czy można zmniejszyć dochód na rzecz dłuższego urlopu? Czy będę miała kontrolę nad moimi godzinami pracy? Z każdą rozmową kwalifikacyjną przekaz staje się jaśniejszy i głośniejszy: chcemy pracować, ale chcemy też mieć własne życie.

Kobietom szczególnie zależy na równowadze między pracą a życiem. Ostatnie pokolenia wychowano w przekonaniu, że ich prawem i obowiązkiem jest mieć wszystko: rodzinę, karierę, dom, udane życie towarzyskie. Ale pomysł, by „mieć wszystko", okazuje się zdradliwym mirażem. Miliony kobiet rozpoznają swoją zmęczoną twarz w amerykańskim zbiorze esejów Cathi Hanauer *Jędza w domu*[1] i bestsellerowej powieści Allison Pearson *Nie wiem, jak ona to robi* o aktywnej zawodowo matce, która zaharowuje się, próbując jednocześnie prowadzić fundusz hedgingowy i zajmować się domem. Znużone rolą superbohaterek kobiety przewodzą batalii o ponowne zdefiniowanie zasad rządzących miejscem pracy. Nastawienia ulegają zmianie. Na eleganckich kolacjach samice alfa równie chętnie przechwalają się długością urlopu macierzyńskiego, co wysokością dodatku do pensji. Nawet robiące karierę kobiety bez dzieci upominają się o czterodniowy tydzień pracy.

Janice Turner, felietonistka „Guardiana", zauważyła niedawno, że skierowanie kroków na drogę Powolności może być dla współczesnej kobiety słodko-gorzkim do-

206

---

[1] Cathi Hanauer, *Jędza w domu*, przeł. Anna Gren, wyd. Drzewo Babel 2007.

świadczeniem: „Jak okrutną rzeczą dla pokolenia kobiet wychowanych do sukcesu i wypełniania każdej chwili pożytecznymi zajęciami jest odkrycie, że koniec końców szczęście nie polega na tym, żeby być najszybszą czy najbardziej zapracowaną. To zakrawa na ironię, że poczucie spełnienia częściej bierze się z tego, że zwalniamy, że znajdujemy przyjemność w czytaniu dziecku bajki na dobranoc i nie przyspieszamy lektury, żeby zadzwonić do Nowego Jorku".

Wszędzie na świecie spragnieni głosów politycy podczepiają się pod temat „praca a życie". W 2003 roku kanadyjska Partia Quebecka przedstawiła projekt czterodniowego tygodnia pracy dla rodziców małych dzieci. Czas pokaże, czy podobne obietnice trafią kiedykolwiek do dzienników ustaw. W wypadku wielu polityków i firm zainteresowanie kwestią praca-życie kończy się na frazesach, ale już to, że zadają sobie trud, by je wygłaszać, świadczy o głębokiej transformacji.

Ta zmiana jest szczególnie uderzająca w Japonii, która kiedyś budziła w świecie popłoch swoją surową etyką 207 pracy. Dekada gospodarczego zastoju zasiała w ludziach niepokój o przyszłość zawodową, a z nim pojawiło się nowe myślenie o pracy i czasie. Coraz więcej młodych Japończyków rezygnuje z długich godzin w pracy na rzecz dłuższego wypoczynku. „Przez lata japońscy rodzice poganiali swoje dzieci, by pędziły szybciej, ciężej pracowały i robiły więcej, ale dziś ludzie stwierdzają, że miarka się przebrała – mówi Keibo Oiwa, autor książki *Powolne jest piękne*. – Nowe pokolenie dostrzega, że człowiek nie musi pracować przez nie wiadomo ile godzin, że bycie powolnym wcale nie jest takie złe". Zamiast zostawać trybikiem w korporacyjnej machinie – „salarymanem" – wielu młodych Japończyków woli dziś dryfować od jednej dorywczej pracy do następnej. Komentatorzy mówią o Pokoleniu Fureeta – pojęcie powstało z połączenia angielskiego słowa *free* (wolny) i niemieckiego *Arbeiter* (robotnik, pracownik).

Popatrzmy na Nobuhito Abe, dwudziestoczteroletniego absolwenta tokijskiego uniwersytetu. Podczas gdy jego ojciec tyra w banku po siedemdziesiąt godzin tygodniowo, on zatrudnił się na niepełny etat w sklepie spożywczym, a resztę dnia spędza grając w baseball lub gry wideo albo włócząc się po mieście. Uśmiechając się spod farbowanej henną fryzury, Abe wyjaśnia, że życie pod dyktando pracy nie jest czymś dla niego ani jego znajomych. „Moje pokolenie wreszcie dostrzega to, co Europejczycy zauważyli już dawno: to szaleństwo pozwolić, żeby praca zaczęła rządzić twoim życiem – mówi. – Chcemy kontrolować własny czas. Chcemy prawa do bycia powolnymi". Przedstawicieli pokolenia Fureeta trudno uznać za przyszłościowy wzorzec – większość może sobie pozwolić na beztroski tryb życia, żerując na ciężko harujących rodzicach. Niemniej ich odmowa, by zaakceptować wściekły obłęd na punkcie pracy, wskazuje na kulturową zmianę. Nawet japońskie urzędy zaczynają zmieniać kurs. W 2002 roku rząd wezwał do skrócenia godzin pracy. Dzięki nowemu ustawodawstwu już teraz łatwiej jest dzielić stanowisko z drugą osobą. Japonię czeka jeszcze długa droga, ale trend, by pracować mniej, został zapoczątkowany.

Jak dotąd proces skracania dnia pracy najdalej postąpił w kontynentalnej Europie. Na przykład statystyczny Niemiec spędza dziś w pracy o 15% mniej czasu niż w 1980 roku. Wielu ekonomistów odrzuca pogląd, że kiedy ludzie pracują krócej, to praca jest lepiej rozdzielona w społeczeństwie i rośnie liczba miejsc zatrudnienia. Każdy jednak zgodzi się, że redukcja godzin pracy powoduje zwiększenie puli czasu na wypoczynek, który wedle tradycji stoi wyżej w hierarchii wartości kontynentalnych Europejczyków. W 1993 roku Unia Europejska wprowadziła 58 godzin jako maksymalną stawkę tygodniową, przy czym ci, którzy chcą, mają prawo pracować więcej. Pod koniec tej samej dekady Francja wykonała najodważniejszy jak dotąd ruch zmierzający do wskazania pracy jej miejsca w szeregu, mianowicie skróciła tydzień pracy do 35 godzin.

W praktyce we Francji rozporządzono, że nikt nie powinien pracować więcej niż 1600 godzin rocznie. Jako że warunki wprowadzania systemu *les 35 heures* ustalano na poziomie przedsiębiorstw, to jego wpływ wygląda różnie w różnych miejscach. Niektórzy przez cały rok korzystają z krótszego dnia pracy, inni pracują tygodniowo tyle samo, co kiedyś, lub nawet więcej, ale w zamian dostają dodatkowe dni wolne. Średniej rangi urzędnik lub pracownik przedsiębiorstwa może w jednym roku liczyć na dziewięć tygodni urlopu lub więcej. Choć niektóre grupy – między innymi wyższe kadry zarządzające, lekarze, dziennikarze i żołnierze – nie zostały objęte zasadą 35 godzin, to ostatecznym wynikiem jest rewolucja wypoczynkowa.

Dziś dla wielu Francuzów weekend zaczyna się w czwartek albo kończy we wtorek. Zastępy personelu biurowego porzucają swoje biurka o trzeciej po południu. Część wykorzystuje dodatkowy czas wolny, żeby się byczyć – spać albo oglądać telewizję – ale znacznie więcej postanowiło poszerzyć swoje horyzonty. Wzrasta liczba chętnych na zajęcia plastyczne i muzyczne oraz na kursy językowe. Biura podróży donoszą, że wielką popularnością cieszą się krótkie wypady do Londynu, Barcelony i innych modnych punktów na mapie Europy. Bary i knajpki, kina i sale sportowe pękają w szwach. Wzrost wydatków związanych z czasem wolnym dał bardzo wyczekiwany zastrzyk energii gospodarce. Nie chodzi jednak tylko o bilans ekonomiczny: krótszy tydzień pracy zrewolucjonizował życie Francuzów. Rodzice więcej bawią się z dziećmi, przyjaciele spotykają się częściej, pary mają więcej czasu, by flirtować. Skorzystała nawet ulubiona francuska rozrywka, czyli zdrada małżeńska. Paul, żonaty księgowy z południowej Francji, opowiada mi, że trzydziestopięciogodzinny tydzień pracy pozwala mu co miesiąc cieszyć się dodatkową schadzką z kochanką. „Jeśli dzięki odciążeniu w pracy człowiek ma więcej czasu na miłość, to chyba dobrze, *n'est-ce pas?*" – mówi, uśmiechając się z rozmarzeniem. Niewątpliwie fanów nowego ładu można znaleźć bez trudu. Weźmy Emilie Guimard. Dziś ta mieszkająca w Paryżu ekonomistka może kilka razy w miesiącu cieszyć się trzydniowym weekendem, do czego dochodzi jeszcze sześć tygodni płatnego urlopu w ciągu roku. Zaczęła grać w tenisa i czytać od deski do deski niedzielne wydanie „Le Monde". Wiele długich weekendów przeznacza na zwiedzanie różnych europejskich muzeów. „Mam teraz czas na rzeczy, które wzbogacają moje życie. Jest to dobre zarówno dla mnie, jak i dla moich pracodawców – mówi. – Kiedy w życiu prywatnym człowiek jest szczęśliwy i wolny od napięć, to też lepiej pracuje. Większość osób u mnie w biurze jest zdania, że teraz działamy efektywniej niż przedtem".

Wiele dużych firm z czasem pokochało trzydziestopięciogodzinny tydzień pracy. Dzięki nowemu ładowi nie tylko uzyskały ulgi podatkowe wynikające ze zwiększonego zatrudnienia, ale mogły też wynegocjować bardziej elastyczne warunki pracy. Personel dużych fabryk, takich jak Renault i Peugeot, przystał na to, by pracować więcej w okresie zwiększonej produkcji i krócej, kiedy produkcja siada.

Tak więc kasandryczne zapowiedzi, że trzydziestopięciogodzinny tydzień pracy spowoduje natychmiastową zapaść francuskiej gospodarki, okazały się błędne. Produkt krajowy brutto rośnie, a bezrobocie, mimo że wciąż powyżej średniej europejskiej, spada. Także wydajność pracy pozostaje na wysokim poziomie. Niektóre źródła faktycznie wskazują, że wielu francuskich pracowników jest teraz wydajniejszych. W pracy spędzają mniej czasu, a po niej czeka ich dłuższy wypoczynek, więc dokładają większych starań, by dokończyć swoje obowiązki, zanim wyjdą do domu.

W tej beczce miodu znalazło się jednak kilka sporych łyżek dziegciu. Dla małych firm trzydziestopięciogodzinny tydzień okazał się prawdziwym ciężarem i wiele odwlekało wprowadzenie go aż do ostatecznego terminu w 2005 roku. Sfinansowanie ulg podatkowych stanowiących filar całego systemu wybiło dziurę w finansach publicznych. Tymczasem czołowi przedstawiciele świata biznesu skarżą się, że rewolucja wypoczynkowa obniżyła atrakcyjność Francji w oczach inwestorów. Jest w tym nieco prawdy. W ostatnich latach przypływ zagranicznych inwestycji zwolnił, ponieważ przedsiębiorstwa wolą otwierać interesy w krajach, gdzie siła robocza kosztuje taniej. Część winy za to ponosi trzydziestopięciogodzinny tydzień pracy. Przykład Francji dobitnie wskazuje na ryzyko związane z jednostronnym rozwiązaniem kwestii długich godzin pracy w warunkach zglobalizowanej gospodarki.

Model 35 godzin nie jest też błogosławieństwem dla wszystkich zatrudnionych. Dla zrównoważenia wysokich kosztów pracy wielu pracodawców wstrzymuje podwyżki. Zarówno w sektorze prywatnym, jak i publicznym często nie zatrudnia się wystarczającej liczby nowych pracowników, co oznacza, że starzy muszą w krótszym czasie uporać się z tą samą ilością obowiązków, jaka spoczywała na nich wcześniej. Szczególnie ostro potraktowano robotników. Ograniczenia w kwestii nadgodzin uszczupliły ich dochody, a wielu z nich straciło wpływ na to, kiedy mogą wybrać się na urlop. Dla tych, którzy chcieliby pracować dłużej, nowy system jest przekleństwem.

Francuzi zainwestowali w koncepcję *les 35 heures* tak wiele, że ich podejście do czasu przybrało bardziej obsesyjny charakter. Z ramienia państwa trzydziestopięciogodzinnego tygodnia pilnują czepliwi inspektorzy, którzy liczą samochody na firmowym parkingu i wypatrują świateł w oknach biura po osiemnastej. Są większe szanse, że pracodawca będzie krzywo patrzeć na przerwę na kawę albo wyjście do toalety. Niektóre francuskie sklepy muszą teraz zamykać drzwi wcześniej, tak żeby personel mógł wyjść równo z wybiciem ostatniej godziny.

System ma swoje wady i wszyscy o tym wiedzą. W 2002 roku nowy, prawicowy rząd wykonał pierwsze kroki w kierunku wycofania się z niego, łagodząc restrykcje dotyczące godzin nadliczbowych. Kamień milowy stanowi ankieta z września 2003 roku, w której niewielka większość francuskich obywateli wyraziła pogląd, że kraj powinien wrócić do trzydziestodziewięciogodzinnego tygodnia pracy. 36% respondentów życzyłoby sobie, aby zmianę wprowadzono na zawsze, 18% uznało, że powinna ona być tymczasowa. Ale choć krytycy twierdzą, że zbliża się antyreforma, to całkowite uchylenie ustawy nie przyjdzie łatwo. Francuskie przedsiębiorstwa zainwestowały lata wysiłków i spore pieniądze we wdrożenie trzydziestopięciogodzinnego tygodnia pracy i niechętnie zapatrują się na ponowne trudne, grożące konfliktami negocjacje, takie jak wtedy, kiedy nowy system ustanowiono. Ponadto poparcie dla filozofii, która stoi za aktualnym porządkiem – mniej pracy, więcej wypoczynku – pozostaje silne.

Dla innych krajów, zwłaszcza tych, gdzie rządy zwykły mniej ingerować w gospodarkę, płynie z tego nauka, że skracanie tygodnia pracy według jednego modelu w całym społeczeństwie ma poważne wady – dlatego też walka o to, by mniej pracować, w innych miejscach wygląda inaczej.

Inne państwa europejskie wprowadzają krótszy tydzień pracy w poszczególnych sektorach gospodarki na podstawie umów zbiorowych negocjowanych. Jako modelowy przykład tego stopniowego rozwiązania często przywołuje się Holandię. Holendrzy pracują dziś mniej niż niemal jakiekolwiek inne uprzemysłowione społeczeństwo. Przeciętny tydzień pracy skurczył się u nich do 38 godzin, przy czym w 2002 roku połowa zatrudnionych pracowała po 36 godzin w tygodniu. Jedna trzecia holenderskich pracowników to obecnie osoby pracujące na niepełnym etacie. Kluczowe dla tej zmiany były przyjęte w latach dziewięćdziesiątych ustawy, na mocy których Holendrzy mogą zmusić swoich pracodawców do krótszego dnia pracy w zamian za niższą pensję. Takie majstrowanie przy rynku pracy budzi grozę u ortodoksyjnie usposobionych ekonomistów. Ale jak dotąd to się sprawdza. Holandia łączy dobrobyt z pozazdroszczenia godną jakością życia. W porównaniu z Amerykanami Holendrzy mniej czasu poświęcają na dojazdy, zakupy i oglądanie telewizji, a więcej na życie towarzyskie, naukę, zajmowanie się dziećmi, uprawianie sportów i hobby. Inne kraje, zwłaszcza Japonia, z uwagą przyglądają się „modelowi holenderskiemu".

Nawet tam, gdzie ustawodawcy krzywo patrzą na ingerencje w rynek pracy, ludzie na własną rękę sprzeciwiają się modelowi pracy typu 24/7. W 2002 roku Suma Chakrabarti, jeden z najzdolniejszych wyższych urzędników państwowych w Wielkiej Brytanii, zgodził się objąć stanowisko szefa korpusu urzędniczego w Departamencie Rozwoju Międzynarodowego pod warunkiem, że będzie pracować przez 40 godzin w tygodniu i ani sekundy dłużej. Dlaczego? Żeby móc rano zjeść śniadanie z sześcioletnią córką, a wieczorem poczytać jej bajkę na dobranoc. Po drugiej stronie Atlantyku prezydent George W. Bush ani myślał przepraszać za krótki dzień pracy i weekendy spędzane na wypoczynku. Tymczasem na każdego ambitnego bywalca pierwszych stron gazet, który zaczyna mniej pracować, przypadają miliony zwykłych ludzi robiących to samo. Choć mniej czasu w pracy oznacza często mniejsze zarobki, to coraz więcej spośród nas dochodzi do wniosku, że to cena, którą warto zapłacić. Według ankiety przeprowadzonej niedawno w Wielkiej Brytanii liczba osób pragnących pracować krócej dwukrotnie przewyższa liczbę tych, którzy woleliby wygrać na loterii. Podobne badanie opracowane w Stanach Zjednoczonych wykazało, że wobec wyboru między dwoma tygodniami wakacji a kwotą odpowiadającą dwutygodniowym zarobkom, dwukrotnie wyższa liczba Amerykanów decydowała się na urlop. W różnych krajach Europy zatrudnienie w niepełnym wymiarze uwalnia się od złych skojarzeń z McPracą i zyskuje coraz większą popularność jako sposób na życie. Według ankiety z 1999 roku, 77% mieszkańców UE pracujących w niepełnym wymiarze godzinowym postanowiło pracować mniej, aby mieć więcej czasu na rodzinę, hobby i wypoczynek.

Coraz więcej rekinów z samego szczytu korporacyjnego łańcucha pokarmowego decyduje się na status wolnego strzelca lub wykonawcy niezależnego. Dzięki temu mogą kiedy chcą ciężko pracować, a przy tym wciąż znaleźć czas na relaks, hobby i rodzinne wypady. Wielu z nich ma za sobą doświadczenia załamania rynku po pęknięciu bańki internetowej. Dan Kemp przez trzy lata wyrabiał po 90 godzin tygodniowo jako menedżer projektu w firmie produkującej oprogramowanie w Dolinie Krzemowej. Długie godziny poza domem wywołały takie napięcia w jego małżeństwie, że żona zagroziła, że odejdzie od niego razem z córkami bliźniaczkami. Kiedy w 2001 roku firma wylądowała na łopatkach, a sam Kemp szukał nowego zajęcia, postanowił zacząć mniej pracować. Obecnie przez cztery dni w tygodniu pomaga różnym przedsiębiorstwom w zarządzaniu ich systemami IT. Wciąż zarabia pieniądze umożliwiające dostatnie życie, ale ma dziś czas dla rodziny i na grę w golfa. Jak dotąd nie zauważył dezaprobaty ani lekceważenia ze strony kolegów pracujących w pełnym wymiarze godzin. „Jeżeli już, to zazdroszczą mi mojego trybu życia" – mówi.

Jak się okazuje, osoby redukujące liczbę godzin pracy często odczuwają mniejsze skutki finansowe niż przewidywały. Bierze się to stąd, że mniej czasu w pracy to także mniej pieniędzy wydanych na rzeczy, dzięki którym możemy pracować: transport, opłaty parkingowe, jedzenie poza domem, kawę, gotowe dania, opiekę nad dziećmi, pralnię czy terapię zakupową. Niższy dochód przekłada się też na niższy podatek. Badanie przeprowadzone w Kanadzie wykazało, że część pracowników spośród tych, którzy zdecydowali się na obniżenie pensji w zamian za więcej czasu wolnego, faktycznie miała na koniec miesiąca więcej pieniędzy na koncie.

Widząc, jak wyglądają bieżące trendy, przedsiębiorstwa w całym uprzemysłowionym świecie zaczynają proponować swojemu personelowi sposoby na uwolnienie się z kieratu wielogodzinnej pracy. Nawet w szybkich branżach, w których panuje zabójcza konkurencja, pracodawcy odkrywają, że jednym ze sposobów na podniesienie wydajności i zysków jest zaoferowanie pracownikom lepszej równowagi między życiem zawodowym a życiem prywatnym. W SAS, wiodącej firmie produkującej oprogramowanie z siedzibą w Cary w Północnej Karolinie, kiedy warunki na to pozwalają, personel pracuje po 35 godzin w tygodniu i korzysta z hojnie przydzielanych urlopów. Ponadto firma proponuje szereg udogodnień dostępnych w budynku biurowym, takich jak opieka nad dziećmi, klinika, kawiarnia z taperem i siłownia – i zachęca pracowników, by robili z nich użytek. SAS regularnie zajmuje czołowe miejsca w głosowaniach na najprzyjaźniejszą pracownikowi firmę w Stanach Zjednoczonych.

Nieco dalej na północ RBC – Royal Bank of Canada – także zbiera pochwały za to, że uznał, że jego pracownicy mają też życie poza biurem. Każdego dnia do 40% personelu RBC korzysta z programu praca-życie, na który składają się takie rozwiązania jak dzielenie stanowiska, elastyczny czas pracy, zmniejszona liczba godzin. W siedzibie banku, olśniewającym wieżowcu stojącym w centrum Toronto, spotykam się z Karen Domaratzki i Susan Lieberman, eleganckimi, energicznymi czterdziestokilkulatkami, które odkąd zaczęły dzielić jedno stanowisko w 1997 roku, regularnie pną się w hierarchii przedsiębiorstwa. W 2002 roku zajmowały drugie co do ważności stanowisko w oddziale zajmującym się zagraniczną sprzedażą usług bankowych. Widzimy się w środę, jedynym dniu, kiedy spotykają się w biurze. Ich wspólny pokój wygląda domowo. Na dwóch półkach stoi las rodzinnych fotografii. Na ścianach wiszą prace artystyczne wykonane przez ich dzieci.

Obie kobiety mają za sobą podobne kariery. Po uzyskaniu dyplomów MBA zaczęły piąć się po szczeblach korporacyjnej drabiny, bez zmrużenia oka wyrabiając po sześćdziesiąt godzin tygodniowo. Lecz kiedy pojawiły się dzieci – każda z nich ma troje – życie stało się niekończącą się beznadziejną gonitwą. Postanowiły, że podzielą się stanowiskiem, a każda będzie pracować po trzy dni w tygodniu.

Okazało się, że obniżenie pensji o 40% to mniejszy cios, niż się zdaje. Oczywiście, fakt, że zarówno Lieberman, jak i Domaratzki mają dobrze zarabiających mężów, jest sprzyjającą okolicznością. Niemniej dodatkowy czas wolny okazał się bezcenny. Obie kobiety mogą teraz poświęcić więcej czasu dzieciom, dzięki czemu życie rodzinne ma więcej luzu i przynosi więcej radości. Niedawno sześcioletni syn Liebermanów namawiał ojca, żeby też zaczął dzielić z kimś stanowisko.

Dwie bankierki uważają też, że zbliżyły się do swoich lokalnych społeczności. Mają teraz czas, by pogawędzić z sąsiadami i miejscowymi sklepikarzami, pomagać u dzieci w szkole i zająć się wolontariatem. Do planu dnia powróciło gotowanie w domu. „Zanim zaczęłyśmy dzielić się stanowiskiem, jadałyśmy dosyć marnie" – mówi Domaratzki, wzdrygając się na samo wspomnienie.

Obie kobiety mają poczucie, że cała ich relacja z czasem ma teraz więcej sensu. Chęć, by przyspieszać, zniknęła lub przynajmniej straciła na sile. „Kiedy ma się więcej czasu, żeby wyhamować i nabrać nowych sił, to człowiek przestaje tak mocno reagować na różne rzeczy – wyjaśnia Lieberman. – Przestawia mu się cała skala emocji i staje się ogólnie spokojniejszy".

Dla RBC ten spokój przynosi zysk w postaci wyższej wydajności – i większej dawki Powolnego Myślenia. „Kiedy przychodzę do pracy w środę, mam świeży umysł. Wszystkie domowe sprawy mam pod kontrolą – dom wysprzątany, jedzenie kupione, pranie zrobione, dzieci szczęśliwe – tłumaczy Domaratzki. – A poza tym nie jest tak, że w dni wolne tylko odpoczywam i nabieram sił. Dużo rozmyślam. Praca cały czas jest gdzieś tam z tyłu głowy i dlatego kiedy wracam do biura, podejmuję lepsze, bardziej przemyślane decyzje. Nie jest tak, że reagujesz na to, co się dzieje, wyłącznie kiedy jesteś na miejscu". W 2001 roku RBC zaczął proponować elastyczne godziny pracy 11 tysiącom nowych pracowników, którzy dołączyli do firmy po rozszerzeniu działalności na Stany Zjednoczone.

Oficjalne obniżenie liczby godzin nie jest jedynym sposobem, by ludziom pracowało się i żyło lepiej. Czasami wystarczy wykorzenić z kultury korporacyjnej przekonanie, że więcej pracy zawsze oznacza lepsze rezultaty. Tak właśnie postąpiono w Marriotcie. W roku 2000 w tej sieci hoteli zauważono, że menedżerowie często zostają w biurze do późna tylko dlatego, że, jak uważają, tego się od nich oczekuje. Konsekwencją było słabnące morale i wypalenie.

W celu przeciwstawienia się kultowi obecności w pracy Marriott uruchomił projekt pilotażowy w trzech hotelach w północno-wschodnich Stanach Zjednoczonych. Pracownikom oznajmiono, że mogą bez problemu opuszczać biuro, kiedy skończą pracę, bez względu na to, co pokazuje zegar. Aby dać przykład, członkowie ścisłego kierownictwa zaczęli wychodzić do domu przed siedemnastą lub wcześniej. Po trzech miesiącach było jasne, że rozpoczęła się rewolucja kulturalna. Pracownicy, którzy wychodzili wcześniej lub z osobistych powodów robili sobie przerwę w środku dnia, przestali być obiektem dezaprobaty i kpin loży szyderców. Zamiast tego ludzie zaczęli interesować się, czym ich koledzy zajmują się w czasie wolnym. Dziś menedżerowie w Marriotcie pracują średnio o pięć godzin w tygodniu mniej – i są bardziej wydajni. To, że nie muszą nabijać wielu godzin tylko dlatego, że tak wypada, daje im dodatkową motywację do szybkiego i skutecznego działania. Bill Munck, który nadzorował w Marriotcie wprowadzenie nowego systemu, dochodzi do wniosku, który należało-

217

by powiesić w salach posiedzeń rad nadzorczych i fabrykach na całym świecie: „Jedna z najważniejszych nauk, jaką z tego wynieśliśmy (...) jest taka, że ludzie mogą być równie wydajni – a czasami nawet bardziej – kiedy pracują mniej godzin".

Mimo to każde posunięcie wymierzone w kulturę długich godzin natrafia na poważne przeszkody. Dyrektor generalny może opracować dowolnie światły program praca-życie, ale zakończy się on niepowodzeniem, jeśli nie zostanie dobrze przyjęty przez menedżerów niższego szczebla. Niedawno pewna amerykańska firma wprowadziła przy pełnym poparciu rady nadzorczej całą furę rozwiązań dotyczących kwestii praca-życie. Minął jednak rok, a udział w programie był znacznie niższy niż przewidywano. Jak się okazało, kilku dyrektorów oddziałów zniechęciło personel, udzielając ostrzeżeń, że ci, którzy się zapiszą, pogrzebią swoje szanse na awans. „Wielu ludzi wciąż odnosi się z dużą podejrzliwością do rozwiązań praca-życie – mówi menedżer z działu kadr wspomnianej firmy. – Zmiana zasad to tylko początek, trzeba także zmienić ludzką mentalność".

Często pracownicy sami z siebie nie chcą korzystać z programów zmierzających do wprowadzenia równowagi między pracą a życiem. Wielu mężczyzn wciąż odnosi się do nich sceptycznie. W większości firm z takich rozwiązań korzystają przede wszystkim kobiety mające dzieci. John Atkins, dyrektor do spraw sprzedaży w dużym przedsiębiorstwie handlu detalicznego w Londynie, został niedawno ojcem. Marzyłby o tym, aby pracować krócej, ale nie potrafi się przemóc i zgłosić do programu. „Za każdym razem, kiedy o tym myślę, jakiś głosik z tyłu głowy mówi mi «Jeśli nie potrafisz, nie pchaj się na afisz»" – opowiada.

Inną przeszkodą na drodze dla ustanowienia równowagi między pracą a resztą życia jest to, że każdy jest inny. Dwudziestopięcioletniemu mężczyźnie singlowi łatwiej spędzać wiele czasu w pracy niż trzydziestosześcioletniej matce czworga dzieci. Może nawet zdarzyć się, że będzie on chciał więcej pracować. Firmy potrzebują recepty na to, by nagradzać osoby, które więcej pracują, nie karząc jednocześnie tych, którzy pracują mniej. Ponadto muszą poradzić sobie z tarciami, jakie mogą rodzić się wśród personelu. Bezdzietni pracownicy często z niechęcią patrzą na ulgi przyznawane pracownikom z dziećmi. W wielu przedsiębiorstwach poszczególne działy najzwyczajniej w świecie nie mogą przejść na te same rozwiązania praca-życie, a to może wywoływać napięcia. W RBC oddział rynków kapitałowych proponuje mniej elastyczne rozwiązania, dlatego po prostu, że pracownicy muszą być pod ręką przez cały czas otwarcia giełdy.

W wypadku wielu przedsiębiorstw presja, aby w krótkiej perspektywie utrzymać niskie koszty, może przyćmić korzyści, które strategie typu praca-życie przynoszą na dłuższą skalę, na przykład wyższą wydajność i utrzymanie personelu w firmie. Często mniej kosztuje zatrudnić mały zespół, przeciążać go nadmiarem pracy i motywować systemem premii, niż przyjąć dodatkowe osoby. Także konkurencja sprawia, że wielu szefów przedkłada pracę nad życie. Jeden brytyjski menedżer wyraża to w brutalnych słowach: „Działamy w bezlitosnej branży i jeśli nasz konkurent wyciska ze swojej załogi 70 godzin w tygodniu, to musimy uzyskać co najmniej tyle samo, żeby nie wypaść z gry". Być może jedyną metodą na powstrzymanie godzinowego wyścigu zbrojeń jest prawo ustanawiane przez państwo.

Ale pomysł, by mniej pracować, to tylko część Powolnego projektu. Ludzie chcą decydować także o tym, kiedy pracują. Chcą kontroli nad własnym czasem, a firmy, które ją im przyznają, czerpią z tego posunięcia korzyści. W kulturze funkcjonującej podług maksymy „czas to pieniądz" nadanie pracownikom władzy nad zegarem jest ruchem sprzecznym z panującym trendem. Od czasów rewolucji przemysłowej normą było zawsze płacenie za liczbę przepracowanych godzin, a nie za efekt pracy. Sztywne plany pracy nie nadążają jednak za duchem gospodarki informacyjnej, gdzie granica między pracą a rozrywką jest znacznie bardziej rozmyta niż miało to miejsce w XIX wieku. W wielu współczesnych zawodach kluczem do sukcesu jest ten szczególny rodzaj twórczego myślenia, które rzadko się pojawia, gdy człowiek siedzi za biurkiem, i którego nie da się wtłoczyć w ramy ustalonego twardo terminarza. Pozwolenie, by pracownicy sami wybierali swoje godziny pracy lub ocenianie ich na podstawie osiąganych efektów, a nie czasu przeznaczonego na ich osiągnięcie, może zaowocować elastycznością, o jakiej marzy wielu z nas.

Badania wykazują, że ludzie mający poczucie, że sami nadzorują swój czas, są bardziej zrelaksowani, twórczy i skuteczni. W roku 2000 pewne brytyjskie przedsiębiorstwo energetyczne wynajęło konsultantów do opracowania skuteczniejszego systemu zmian w należącym do firmy biurze obsługi klienta. Niemal z dnia na dzień wydajność pracy poleciała na łeb na szyję, wystrzeliła w górę liczba skarg od klientów, a pracownicy zaczęli odchodzić. Odbierając im udział w ustalaniu czasu pracy, nowy system fatalnie podziałał na morale. Zorientowawszy się w popełnionym błędzie, firma niezwłocznie przyznała personelowi większą kontrolę nad rozkładem zmian i wkrótce biuro obsługi klienta zaczęło pracować wydajniej niż kiedykolwiek przedtem. Wielu pracowników przyznało, że dzięki „czasowej autonomii" zarówno w pracy, jak i poza nią czują się mniej zabiegani i zestresowani. Domaratzki obserwuje to samo w RBC: „Kiedy człowiek panuje nad własnym czasem, czuje też większy spokój we wszystkim, co robi".

Z własnego doświadczenia wiem, że to prawda. W 1998 roku po latach pracy w charakterze wolnego strzelca dołączyłem do zespołu pewnej kanadyjskiej gazety jako jej londyński korespondent. W mgnieniu oka straciłem panowanie nad czasem. Nie miałem wyznaczonych godzin pracy, więc teoretycznie byłem dostępny przez 24 godziny na dobę przez 7 dni w tygodniu. Nawet jeśli nie dzwoniono z redakcji, zawsze przecież mogli zadzwonić. Różnica między strefami czasowymi powodowała, że zlecone tematy często lądowały na moim biurku po południu, tak że miałem tylko kilka godzin do momentu, kiedy nadchodziła pora, żeby pomóc położyć mojego syna do łóżka. Oznaczało to, że albo będę gnał jak szalony, żeby wszystko skończyć, albo będę czytał o kocie Procie z widmem niedokończonego artykułu nad głową. Było to przygnębiające. Wtedy na różne sposoby tłumaczyłem sobie, dlaczego praca, którą tak bardzo kochałem, stała się takim ciężarem: mój naczelny był ograniczonym typem, a polityka gazety bez sensu. Kiedy jednak zacząłem zajmować się ruchem powolnościowym, uświadomiłem sobie jasno, że źródłem problemu było to, że straciłem moc podejmowania decyzji, kiedy pracuję. Dlaczego w takim razie trzymałem się tego przez trzy lata? Z takich samych powodów, jak te, które powstrzymują wielu z nas przed porzuceniem posady, w której czujemy się nieszczęśliwi: strach przed utratą dobrej pensji, zniszczeniem sobie kariery, rozczarowaniem innych. Ostatecznie decyzję o odejściu podjęto za mnie. Kiedy gazeta ogłosiła masowe zwolnienia, znalazłem się na liście – i w siódmym niebie.

Dziś rzeczy mają się znacznie lepiej. Pracuję po tyle samo godzin, co kiedyś, czasem nawet więcej, ale moje stosunki z czasem są znacznie zdrowsze. Teraz, kiedy sam kontroluję własny rozkład obowiązków, dzień pracy upływa mi w znacznie mniej zagonionej i nerwowej atmosferze. Również wówczas gdy już wstanę zza biurka – czy to by poczytać bajkę na dobranoc, czy to by ugotować kolację – rzadziej zdarza mi się obierać drogę na skróty. Jasna sprawa, moje zarobki spadły, ale to niska cena za to, że – na nowo – zacząłem cieszyć się swoją pracą – i życiem. Jednego tylko żałuję: że nie wróciłem wcześniej do bycia wolnym strzelcem.

Przyznanie ludziom kontroli nad własnym czasem w miejscu pracy będzie oczywiście wymagać kolosalnej zmiany w myśleniu. Jednak jeśli to rozwiązanie jest praktyczne, to można – i należy – wprowadzać je w życie. Odpowiednie wykorzystanie technik informatycznych może nam w tym pomóc. Zamiast by Blackberry, laptopy i telefony komórkowe wydłużały nam dzień pracy, możemy wykorzystać je, aby ten dzień ułożyć na nowo. Wiele firm już teraz przyznaje personelowi większą niezależność w kwestii czasu. Na przykład w Wielkiej Brytanii British Telecom, Bayer oraz Lloyds TSB pozwalają pracownikom dostosowywać rozkład obowiązków do własnych potrzeb: pracować z domu lub, dajmy na to, przychodzić do biura i wychodzić z niego o bardziej dogodnej dla siebie porze. Wprawdzie autonomia czasowa z natury rzeczy bardziej pasuje do pracy biurowej, niemniej rozprzestrzenia się ona także w świecie pracy fizycznej. Niektóre szwajcarskie fabryki zegarków reorganizują proces produkcji tak, by pracownicy na jednej zmianie mogli dobierać sobie początek i koniec pracy w ramach trzygodzinnego marginesu. Fabryka nylonu w hrabstwie Gloucestershire pozwala personelowi samodzielnie ustalać grafik, pod warunkiem że przynajmniej dwóch pracowników zawsze znajduje się na posterunku.

Korzyści z tego, że się pracuje mniej i że pracuje się wtedy, kiedy jest na to dogodna pora, są jasne, ale zastanówmy się teraz, dlaczego czasami warto pracować wolniej. We współczesnym miejscu pracy, gdzie ze wszystkim zdąża się na ostatnią chwilę, szybkość zdaje się najwyższą wartością. Maile domagają się natychmiastowej odpowiedzi, telefony komórkowe błyskawicznego odebrania, a terminy czają się za każdym rogiem. Z badań przeprowadzonych w 2001 roku przez Europejską Fundację na Rzecz Poprawy Warunków Życia i Pracy wynika, że osoby pracujące w UE znajdują się pod znacznie większą presją czasu niż dziesięć lat temu. Obecnie jedna trzecia z nich poświęca cały lub prawie cały czas na pogoń za terminami. Oczywiście szybkość spełnia pewne zadanie w miejscu pracy. Nieprzekraczalny termin pomaga się skupić i potrafi zdopingować nas do niezwykłych osiągnięć. Kłopot w tym, że wielu z nas na dobre utknęło w trybie działania właściwym dla okresu goniących terminów i zostawia sobie niewiele czasu, żeby wrzucić na luz i się zresetować. Sprawy, które wymagają powolności – planowanie strategiczne, twórcze myślenie, budowanie relacji – giną gdzieś pośród obłędnego pędu, by dotrzymać tempa lub by przynajmniej wyglądać na zajętego.

Erwin Heller, członek Stowarzyszenia na Rzecz Spowolnienia Czasu, pracujący we własnej kancelarii prawnej w Monachium, czerpie korzyści z powolniejszej pracy. Kiedyś, jak wielu innych prawników, zwykł przelatywać naprędce przez wstępne spotkania z klientami: dziesięć minut na ogarnięcie akt, a potem z marszu brał się za rozpracowywanie sprawy. Po pewnym czasie uświadomił sobie jednak, że zawsze musiał później jeszcze zadzwonić po coś do klienta, a czasem zdarzało mu się obrać zły tor, przez co musiał zawracać i zaczynać od nowa. „Większość ludzi, kiedy przychodzi do prawnika, ma cele, o których mówi, takie jak pieniądze, i cele, o których nie wspomina, jak bycie zauważonym, sprawiedliwość czy zemsta – mówi. – Dotarcie do ukrytych pragnień, którymi kierują się klienci, jest czasochłonne, ale musisz je poznać, żeby jak najlepiej wykonać swoje zadanie". Dziś jego zapoznawcze spotkania trwają do dwóch godzin. W tym czasie stara się dogłębnie zrozumieć okoliczności, osobowość klienta, wartości, które mu przyświecają, cele i lęki. Dzięki temu Heller, żwawy pięćdziesięciosześciolatek z kozią bródką i szerokim szelmowskim uśmiechem, pracuje skuteczniej, a jego kancelaria świetnie prosperuje. „Klienci zawsze mi mówią, że u innych prawników człowiek ma pięć minut, żeby wyjaśnić, o co mu chodzi, przekazuje papiery i już jest za progiem – mówi. – Wprawdzie może to się wydać bardzo powolne i staroświeckie, ale słuchanie jest najlepszą strategią. Najgorsze, co można zrobić, to od razu rzucić się w wir działania".

Wiele firm stara się obecnie ustanowić równowagę między szybkością i powolnością w pracy. Często wiąże się to z uznaniem ograniczeń techniki. Przy całej swojej szybkości e-mail nie jest w stanie oddać ironii, subtel-

223

nych różnic tonu ani mowy ciała, a to prowadzi do nieporozumień i błędów. Powolniejsze metody komunikacji – jak na przykład przejście na drugą stronę biura i porozmawianie z kimś twarzą w twarz – mogą przyczynić się do zaoszczędzenia czasu i pieniędzy, a w dłuższej perspektywie do wykształcenia ducha pracy zespołowej. Między innymi dlatego właśnie firmy zaczęły zachęcać pracowników, by dobrze zastanowili się, zanim klikną „wyślij". W 2001 roku Nestlé Rowntree jako pierwsza firma w Wielkiej Brytanii wprowadziła piątki bez maila, a za jej przykładem poszło wiele następnych. Rok później linie British Airways wypuściły serię reklam telewizyjnych z motywem przewodnim „Wolniej znaczy lepiej". W jednej z nich grupa biznesmenów wierzy, że zdobyła zlecenie ze Stanów Zjednoczonych dzięki ofercie wysłanej w porę faksem. Tymczasem kontrakt sprzed nosa zwijają im rywale, bo poświęcili czas na to, by polecieć do klientów i osobiście przedstawić swój projekt.

Firmy zaczynają też wprowadzać zmiany zmierzające ku temu, by trochę odejść od rutyny pracy w stylu 24/7. Firma audytowa Ernst & Young niedawno poinformowała swoich pracowników w Stanach Zjednoczonych, że spokojnie mogą nie sprawdzać maili i poczty głosowej w weekendy. W ramach tego samego nurtu wycieńczeni stresem pracownicy wyższego szczebla decydują się na bluźnierczy krok polegający na wyłączaniu telefonów komórkowych poza biurem. Jill Hancock, rzutka inwestorka finansowa z Londynu, zwykła nie rozstawać się ze swoją szykowną chromowaną nokią, a połączenia odbierała nawet na wakacjach czy w trakcie romantycznej kolacji. Przyszło jej jednak zapłacić za to cenę w postaci depresji i chronicznego przemęczenia. Kiedy psycholog postawił diagnozę o uzależnieniu od telefonu komórkowego i stanowczo zalecił, by od czasu do czasu wyłączała go, Hancock była oburzona. Ostatecznie jednak spróbowała zastosować się do jego rad, początkowo wyciszając nokię podczas przerwy na lunch, a później również wieczorami i w weekendy, kiedy szanse na pilny telefon są mniejsze. Minęły dwa miesiące, a ona odstawiła leki antydepresyjne. Jej skóra wygładziła się. Zaczęła wykonywać więcej pracy w krótszym czasie. Koledzy w banku pogodzili się z tym, że Hancock nie jest już permanentnie dostępna. Kilku poszło nawet za jej przykładem. „Wtedy nie zdawałam sobie z tego sprawy, ale sytuacja, w której byłam wiecznie pod telefonem, wiecznie podłączona, wyniszczała mnie – mówi. – Każdy z nas potrzebuje czasu dla siebie". Wytracenie tempa w pracy zmotywowało Hancock, by wprowadzić więcej Powolności także w innych dziedzinach życia. Zaczęła uprawiać jogę, a ponadto co najmniej dwa razy w tygodniu gotuje prawdziwą kolację, zamiast podgrzewać gotowe danie w mikrofalówce.

Jako receptę na wypalenie oraz pobudzanie twórczego myślenia guru od biznesu, terapeuci i psycholodzy coraz częściej przepisują pewną dozę powolności w miejscu pracy. W bestsellerowej książce z 2002 roku *How to Succeed in Business Without Working So Damn Hard* Robert Kriegel zaleca, by w ciągu dnia robić sobie regularne piętnasto-dwudziestominutowe przerwy. Doktor Donald Hensrud, dyrektor programu Opieki Zdrowotnej dla Kadr Zarządzających w Klinice Mayo, radzi: „Spróbujcie zamknąć drzwi do biura na piętnaście minut. Przymknijcie oczy, oprzyjcie się wygodnie i oddychajcie głęboko".

Nawet w branżach, gdzie działa się szybko i pod dużą presją, firmy podejmują kroki mające pomóc personelowi w obniżeniu tempa. Niektóre przyznają wielotygodniowe lub wielomiesięczne urlopy, licząc, że dłuższy czas spędzony z dala od biura odświeży pracowników i na nowo rozpali w nich twórczy płomień. Inne organizują w biurze zajęcia jogi lub sesje aromaterapii i masażu albo zachęcają pracowników, by lunch zjadali gdzie indziej niż przy własnym biurku. W pewnych przedsiębiorstwach urządza się pokoje do wypoczynku. W tokijskim biurze Oracle, giganta branży oprogramowania, personel ma do dyspozycji dźwiękoszczelną salę medytacyjną z drewnianą podłogą obramioną okrągłymi kamykami i dziełami sztuki orientalnej. Światło w pokoju jest miękkie, w powietrzu unosi się delikatny zapach kadzidła. Kiedy przycisnąć guzik, z głośników wydobywa się kojące szemranie wody w strumieniu.

Takeshi Sato jest wielkim fanem sanktuarium z ósmego piętra. Jako menedżer biura dyrektora generalnego pracuje po dwanaście godzin dziennie, zawalony mailami, spotkaniami, telefonami i sprawozdaniami budżetowymi. Gdy tempo staje się zbyt szalone, porzuca biurko, by spędzić dziesięć minut w pokoju medytacyjnym. „Są momenty w ciągu dnia, kiedy nagle odczuwam potrzebę, by stać się powolnym, rozluźnić się, pozwolić umysłowi na wyciszenie i stanięcie w miejscu – opowiada mi. – Niektórzy ludzie mogą uznać, że to stracone dziesięć minut, ale dla mnie to dobrze zainwestowany czas. Dla skutecznego działania bardzo ważna jest umiejętność włączania się i wyłączania, przechodzenia z trybu wolnego na szybki. Po pobycie w pokoju medytacyjnym mój umysł działa sprawniej i spokojniej, a to pomaga mi podejmować trafniejsze decyzje".

Inni idą na całość jeśli chodzi o spowalnianie i ucinają sobie krótką drzemkę w ciągu dnia. Wprawdzie spanie w pracy uchodzi za czyn ze wszech miar karygodny, ale badania wykazują, że krótka „drzemka napędowa" – najlepiej jeśli trwa około dwudziestu minut – może dodawać energii i podnosić wydajność. Podczas niedawnego eksperymentu przeprowadzonego przez NASA zaobserwowano, że dwadzieścia cztery minuty w objęciach Morfeusza w fantastyczny sposób podnosiły czujność pilota i jakość jego pracy. Pośród postaci historycznych, które odniosły sukcesy i odznaczały się znaczną energią, było wielu niepoprawnych miłośników drzemki: John F. Kennedy, Thomas Edison, Napoleon Bonaparte, John D. Rockefeller, Johannes Brahms. Nader przekonującą obronę popołudniowej sjesty wygłosił Winston Churchill: „Nie myślcie, że wykonacie mniej pracy dlatego, że prześpicie się w dzień. To głupie przekonanie propagowane przez ludzi wyzutych z wyobraźni. Będziecie wówczas w stanie osiągnąć więcej. Dostajecie dwa dni w jednym – no, przynajmniej półtora dnia w jednym". Drzemka przydaje się szczególnie dzisiaj, kiedy tak wielu spośród nas zarywa noce. Przy wsparciu najróżniejszych prosennych grup – od Światowej Organizacji Drzemania do Portugalskiego Stowarzyszenia Przyjaciół Sjesty – zwyczaj uderzania w kimono podczas dnia przeżywa odrodzenie. W sześciu fabrykach firmy Yarde Metals na terenie Stanów Zjednoczonych pracowników zachęca się, by drzemali podczas przerw. Przedsiębiorstwo wybudowało specjalne „drzemalnie", a raz do roku urządza sesję zbiorowego drzemania połączoną z bufetem i głupawymi przebraniami. W Vechcie, niedużym mieście w północnych Niemczech, urzędników zachęca się, by zażywali poobiedniej sjesty albo w biurowym fotelu, albo u siebie w domu. Od amerykańskich hal fabrycznych po ratusz niemieckiego miasteczka rezultaty są jednakowe: szczęśliwszy personel, wyższe morale i wydajność. Niewykluczone, że szykuje się więcej drzemania w pracy. Sedus, czołowy europejski producent mebli biurowych, zaprezentował projekt fotelu, rozkładanego do pozycji horyzontalnej, w którym można przez chwilę pochrapać sobie za biurkiem.

Tymczasem w Hiszpanii sjesta powraca ze współczesnym sznytem. Ponieważ większość Hiszpanów nie ma już czasu, by w porze obiadowej wracać do domu na duży posiłek i sjestę, Masajes a 1000 (Masaże dla 1000), ogólnokrajowa sieć „salonów sjesty", proponuje dziś każdemu, od bankiera po barmana, możliwość przespania się przez dwadzieścia minut za cztery euro.

W oddziale przy barcelońskiej Carrer de Mallorca najdrobniejszy szczegół został zaprojektowany z myślą o wypoczynku. Ściany mają kojący brzoskwiniowy odcień, pokoje są ciepłe i miękko oświetlone. Z ukrytych głośników sączy się newage'owa muzyka. W pełni ubrani klienci klęczą z twarzą skierowaną w dół na ergonomicznych krzesłach i poddają się masażowi głowy, szyi i pleców. Kiedy zapadną w sen, masażysta otula ich wełnianym kocem i przesuwa się dalej. W chwili gdy moszczę się na swoim krześle, w tym samym pokoju pochrapują łagodnie co najmniej trzy osoby. Kilka minut później dołączam do nich.

Później, stojąc na chodniku na zewnątrz, wdaję się w rozmowę z młodym handlowcem Luisem, który poprawia krawat po piętnastominutowej drzemce. Wygląda na odświeżonego, ja czuję się tak samo. „To sto razy lepsze niż siłownia – mówi, zatrzaskując aktówkę. – Jestem pełen energii. Jestem gotów na wszystko".

9

Czas wolny:

DOBRZE BYĆ WYPOCZĘTYM

Umiejętność inteligentnego zagospodarowania czasu wolnego jest ostatnim wytworem cywilizacji.

BERTRAND RUSSELL

W świecie ogarniętym obsesją na punkcie pracy wypoczynek to poważna sprawa. W roku 1948 Organizacja Narodów Zjednoczonych uznała go za podstawowe prawo człowieka. Ponad pół stulecia później zalewają nas książki, strony internetowe, czasopisma, programy telewizyjne i dodatki do gazet poświęcone hobby i rozrywce. Istnieje nawet akademicka dyscyplina studiów nad wypoczynkiem.

Troska, jak najlepiej wykorzystać wolny czas, nie jest nowością. Dwa tysiące lat temu Arystoteles uznał wypełnianie chwil niezajętych pracą za jedno z głównych wyzwań człowieka. W przeszłości elity, zwane niekiedy „klasami próżniaczymi", miały więcej czasu niż ktokolwiek inny, by dumać nad tym zagadnieniem. Zamiast pracować do upadłego, żeby związać koniec z końcem, ich przedstawiciele zabawiali się, prowadząc życie towarzyskie i uprawiając sporty. Dziś jednak czas wolny ma bardziej demokratyczny charakter.

W początkach rewolucji przemysłowej masy pracowały zbyt ciężko albo były zbyt ubogie, by należycie korzystać z nielicznych wolnych chwil, które im przypadały. W miarę jednak jak rosły dochody i malała liczba godzin pracy, zaczęła się kształtować kultura wypoczynku. Podobnie jak praca, wypoczynek zyskał wyraźniej określone formy. Wiele zajęć, którymi dziś wypełniamy czas wolny, narodziło się w XIX wieku. Piłka nożna, rugby, hokej i baseball stały się sportami widowiskowymi. Miasta budowały parki, aby mieszkańcy mieli gdzie się przechadzać i piknikować. Klasy średnie zapisywały

231

się do klubów tenisowych i golfowych i gromadnie odwiedzały nowe muzea, teatry i sale koncertowe. Lepsze prasy drukarskie w połączeniu z postępującą alfabetyzacją napędzały rozkwit czytelnictwa.

Ludzie dyskutowali nad celem czasu wolnego, tymczasem jego ekspansja wciąż trwała. W dobie wiktoriańskiej wielu widziało w nim przede wszystkim ucieczkę od pracy lub środek, by pracować lepiej. Inni jednak szli dalej, twierdząc, że to, co robimy w czasie wolnym, nadaje charakter, kształt i sens naszemu życiu. „Prawdziwe życie tkwi w przyjemności – pisała amerykańska eseistka Agnes Repplier. – To właśnie dzięki wypoczynkowi człowiek rozsnuwa tkaninę swojego «ja»". Platon uważał, że najwyższą formą wypoczynku jest zastygnięcie w miejscu i baczne chłonięcie świata dookoła. Pogląd ten powtarzało wielu późniejszych myślicieli. Franz Kafka wyraził go następująco: „Nie musisz nawet wychodzić z pokoju. Zostań przy stole i słuchaj. Nawet nie słuchaj, po prostu czekaj. Nawet nie czekaj, po prostu bądź w miarę nieruchomy i samotny. Świat sam ochoczo pozwoli, byś odkrył jego twarz. Nie ma wyboru. Będzie wił się w rozkoszy u twoich stóp".

Wobec licznych w XX wieku przepowiedni końca pracy komentatorzy zastanawiali się, co ludzie poczną z taką obfitością wolnego czasu. Niektórzy obawiali się, że staniemy się leniwi, zepsuci i niemoralni. Ekonomista John Maynard Keynes ostrzegał, że masy zaczną trawić życie przy radioodbiornikach. Inni byli usposobieni bardziej optymistycznie. W 1926 roku William Green, przewodniczący Amerykańskiej Federacji Pracy, obiecywał, że krótsza praca da mężczyznom i kobietom wolność ku „wyższemu rozwojowi mocy intelektualnych i duchowych". Brytyjski filozof Bertrand Russell przewidywał, że wiele osób będzie wykorzystywać dodatkowy czas wolny do pracy nad sobą; że będą czytać i studiować lub podejmować zajęcia sprzyjające namysłowi, takie jak wędkowanie, ogrodnictwo lub malowanie. W *Pochwale lenistwa*, eseju z 1935 roku, Russell pisał, że czterogodzinny dzień pracy spowoduje, że staniemy się „lepsi, mniej skłonni do prześladowania innych i mniej wobec innych podejrzliwi"[1]. Przy takiej obfitości czasu wolnego życie będzie słodkie i powolne, a ludzie nabiorą ogłady. Jednak w siedemdziesiąt lat później rewolucja wypoczynkowa wciąż pozostaje w sferze marzeń. Praca dalej włada naszym życiem, a kiedy już zdarzy nam się mieć wolne, rzadko wykorzystujemy ten czas na przechadzki w platońskim stanie zastygłego, rozmarzonego skupienia. Zamiast tego krzątamy się jak przykładni uczniowie Fredericka Taylora, aby zagospodarować każdy wolny moment. Pusta rubryka w kalendarzu częściej niż uczucie przyjemności budzi panikę.

Mimo to przepowiednia Russella częściowo się spełnia: ludzie poświęcają więcej wolnego czasu na powolne, kontemplacyjne hobby. Ogrodnictwo, czytanie, malowanie, rękodzieło – wszystkie te zajęcia zaspokajają naszą coraz to silniejszą tęsknotę za czasami, kiedy kult szybkości nie był tak potężny, zaś umiejętność robienia czegoś, a przy tym czerpania z tego przyjemności, była ważniejsza niż robienie wszystkiego szybciej.

Rękodzieło stanowi idealny wyraz filozofii powolnościowej. W miarę jak w XIX wieku tempo życia rosło, wielu ludzi z obrzydzeniem patrzyło na masowo produkowane towary spływające z nowych fabryk. William Morris i inni propagatorzy zrodzonego w Wielkiej Brytanii ruchu Arts and Crafts oskarżali industrializację o doprowadzenie do dominacji maszyn i zdławienie ducha twórczego. Proponowali powrót powolnie wytwarzanego rękodzieła, do warsztatów rzemieślniczych wyrabiających meble, tkaniny, ceramikę i inne dobra przy użyciu tradycyjnych przedprzemysłowych metod. Rękodzieło wychwalano jako ogniwo łączące nas z lepszą, łagodniejszą epoką. Ponad sto lat później, kiedy powraca wrażenie, że to technika rozdaje karty, nasze zamiłowanie do ręcznie wykonanych dóbr jest silniejsze niż kiedykolwiek. Widać to w kulcie prowadzenia domu

233

---

[1] Bertrand Russell, *Pochwała lenistwa*, przeł. Andrzej Dominiczak.

zapoczątkowanym przez Marthę Stewart, w rozwoju ruchu Slow Food i w szale robienia na drutach rozprzestrzeniającym się w Ameryce Północnej.

Robienie na drutach, podobnie jak inne zajęcia domowe w rodzaju gotowania i szycia, popadło w niełaskę w drugiej połowie XX wieku. Feminizm demaskował prace domowe jako przekleństwo kobiet i przeszkodę na drodze do równości płci. Dla kobiet walczących o zdobycie lepszej pozycji w miejscu pracy, robienie na drutach jawiło się jako czynność, która może co najwyżej dostarczać rozrywki babuni siedzącej w bujanym fotelu. Teraz jednak, gdy kwestia równości płci miewa się lepiej, następuje powrót niegdysiejszych robótek ręcznych.

Propagowane przez znane feministki, takie jak Debbie Stoller i zachwalane przez łowców trendów jako „nowa joga", robienie na drutach jest dziś oficjalnie *cool*. W czasie wolnym zajmują się nim niektóre spośród najbardziej kasowych gwiazd Hollywoodu – Julia Roberts, Gwyneth Paltrow czy Cameron Diaz. Od 1998 roku hobby to zaczęło uprawiać ponad cztery miliony Amerykanów poniżej 35 roku życia, w większości kobiet. W Nowym Jorku zobaczycie ich w metrze albo na dużych, wygodnych fotelach w Starbucksie, jak ubrani w kurtki od Ralpha Laurena i buty od Prady siedzą i dziergają z zapałem. Amatorzy dziergania na drutach wymieniają się na licznych stronach internetowych przeróżnymi radami, od wyboru najlepszej wełny na rękawiczki po kwestie związane z drętwieniem palców. Nowe modne sklepy robótkowe oferują olśniewającą przędzę – na przykład sztuczne futro lub kaszmir – do której dostęp mieli kiedyś tylko projektanci mody.

Bernadette Murphy, czterdziestojednoletnia pisarka mieszkająca w Los Angeles, uchwyciła ten nastrój w książce *Zen and the Art of Knitting*. Powrót do włóczki i drutów postrzega jako część szerzej zakrojonego sprzeciwu wobec powierzchowności współczesnego świata. „W naszej kulturze istnieje dziś wielki głód sensu, głód rzeczy, które łączą nas ze światem i innymi ludźmi, i które naprawdę dają pokarm duszy – mówi. – Robienie na drutach to jeden ze sposobów, by poświęcić czas na docenienie świata, na odnalezienie tego sensu i nawiązanie więzi".

W domowych salonach, akademikach i biurowych kantynach całej Ameryki Północnej kobiety dołączają do kółek robienia na drutach i, łapiąc oczka, zawiązują przyjaźnie. Robione przez nie swetry, czapki i szaliki stanowią alternatywę wobec ulotnych przyjemności współczesnego konsumpcjonizmu. Wprawdzie towary fabryczne mogą być funkcjonalne, trwałe, piękne, a nawet inspirujące, to przez sam fakt, że pochodzą z masowej produkcji, człowiekowi łatwiej się ich pozbyć. Przedmiot wykonany ręcznie, na przykład szalik zrobiony na drutach, nosi w swojej wyjątkowości, wszystkich dziwactwach i niedoskonałościach odcisk autora. Czujemy czas i serce włożone w pracę i w konsekwencji silniej się do niego przywiązujemy.

„We współczesnym świecie, gdzie zakupy robi się łatwo, szybko i tanio, przedmioty, które kupujemy, tracą wartość. Ile warta jest jakaś rzecz, jeżeli w tym samym momencie można kupić jeszcze dziesięć identycznych egzemplarzy? – pyta Murphy. – Kiedy coś zostało zrobione ręcznie, to wiadomo, że ktoś włożył w to czas i dzięki temu ten przedmiot nabiera prawdziwej wartości".

Murphy odkryła robienie na drutach nieomal przypadkiem. W 1984 roku podczas wycieczki do Irlandii zerwała ścięgno Achillesa i przez dwa miesiące nie była w stanie chodzić. Zaczęła robić na drutach, żeby się czymś zająć i przekonała się, że działa to nad wyraz uspokajająco.

Robienie na drutach jest z natury Powolne. Nie da się wcisnąć guzika, przekręcić gałki czy przestawić dźwigni, żeby szybciej dziergać. Prawdziwa przyjemność tkwi bardziej w samym robieniu, a nie w dotarciu do mety. Badania wykazują, że rytmiczny, cykliczny taniec drutów może obniżać tętno i ciśnienie, wprowadzając robótkowicza w łagodny stan bliski medytacji. „W robieniu na drutach najlepsza jest powolność – mówi Murphy. – Jest tak powolne, że dostrzegamy piękno właściwe każdemu najmniejszemu gestowi składającemu się na sweter. Tak powolne, że zdajemy sobie sprawę, że robótki nie skończymy dzisiaj – że możemy nie skończyć jej miesiącami albo i dłużej – i to pomaga nam pogodzić się z niepojętą naturą życia. Robimy na drutach i stopniowo zwalniamy". Wielu robótkowiczów traktuje swoje hobby jako antidotum na stres i pośpiech współczesnego życia. Robią na drutach przed ważnymi spotkaniami i po nich, podczas telekonferencji lub na koniec ciężkiego dnia. Niektórzy twierdzą, że efekt uspokojenia trwa, gdy odłożą druty, co pozwala im zachować równowagę w miejscu pracy, gdzie wszystko dzieje się szybko. Murphy zauważyła, że robienie na drutach sprzyja Powolnemu Myśleniu. „Czuję, jak wyłącza się aktywna część mózgu. To pomaga rozwikłać splątany kłębek moich myśli – mówi. – To wspaniałe lekarstwo na blokadę u pisarza".

Czy szał robienia na drutach w XXI wieku okaże się czymś trwalszym? Trudno powiedzieć. Moda znana jest ze swojej niestałości. Robienie na drutach może być trendy dzisiaj, ale co stanie się, kiedy grube swetry i śmieszne szaliki znikną z okładek „Vogue"? Zapewne część robótkowiczów zawiesi druty na kołku i odda się kolejnemu przelotnemu szaleństwu. W świecie szybkości i nowoczesnej techniki dla wielu proste, staroświeckie hobby, które pomaga ludziom wyhamować, z pewnością zachowa swój urok.

To samo dotyczy ogrodnictwa. Niemal w każdej kulturze ogród stanowi sanktuarium, oazę odpoczynku i refleksji. Japońskie słowo *niwa*, ogród, oznacza „wyodrębnioną przestrzeń, którą oczyszczono w celu oddawania czci bogom". Samo zajmowanie się ogrodem – sadzenie, strzyżenie, pielenie, podlewanie i oczekiwanie, aż rośliny podrosną – może nam pomóc w zwolnieniu tempa. Podobnie jak robienie na drutach, ogrodnictwo leży poza zasięgiem przyspieszenia. Nawet w szklarni nie zmusisz roślin do szybszego kwitnienia, ani nie nagniesz pór roku do potrzeb własnego kalendarza. Przyroda ma własny rozkład jazdy. W świecie, który się spieszy, w którym wszystko poddano dyktaturze wydajności, powierzenie się rytmowi natury może przynosić terapeutyczny efekt.

Ogrodnictwo stało się popularną formą spędzania czasu w okresie rewolucji przemysłowej. Mieszczuchom pozwalało zasmakować wiejskiej idylli i stawało się buforem chroniącym przed obłędnym tempem życia w nowych miastach. Wielka Brytania, gdzie uprzemysłowienie dokonało się wcześnie, przewodziła temu zjawisku. W XIX wieku przez zanieczyszczenia powietrza w centrum Londynu i innych miast trudno było posadzić cokolwiek, ale na przedmieściach przedstawiciele klas średnich poczęli urządzać ozdobne ogródki pełne rabatek, krzewów i wodnych oczek.

Przewińmy taśmę do XXI wieku, a okaże się, że ogrodnictwo znów wróciło do łask. W świecie, gdzie tak wiele zawodów kręci się wokół danych przelatujących przez ekrany komputerów, ludzie z coraz większym entuzjazmem odnoszą się do prostej, Powolnej przyjemności polegającej na grzebaniu w ziemi. Podobnie jak robienie na drutach, ogrodnictwo uwolniło się od wizerunku zajęcia dla emerytów i stało się modnym sposobem na relaks dla ludzi w dowolnym wieku i z dowolnych środowisk. Niedawno „Time" witał entuzjastycznie narodziny „ogrodniczego stylu". W całym uprzemysłowionym świecie centra ogrodnicze i szkółki pełne są młodych klientów poszukujących doskonałej rośliny, krzewu lub ceramicznej donicy. Z ankiety przeprowadzonej w 2002 roku przez National Family Opinion wynika, że ogrodnictwem zajmuje się obecnie rekordowa liczba 78,3 milionów Amerykanów, co stawia je na pierwszym miejscu w kraju jeśli chodzi o sposoby spędzania czasu wolnego na świeżym powietrzu. Tak samo dzieje się w Wielkiej Brytanii, gdzie programy o ogrodnictwie mają do dyspozycji najlepsze godziny w ramówce, a sławę zyskują czempioni grządki, tacy jak Charlie Dimmock czy Alan

Titchmarsh. Liczba słuchaczy *Gardener's Question Time* (*Pytania do ogrodnika*), audycji radiowej, którą BBC zaczęła nadawać po drugiej wojnie światowej, od połowy lat dziewięćdziesiątych wzrosła dwukrotnie. Młody, wylansowany i wielkomiejski: Matt James jest nową twarzą ogrodnictwa. *Miejski ogrodnik*, jego program nadawany przez brytyjską telewizję, uczy zapracowanych mieszkańców miast, jak urządzić sobie podręczny Kącik Przyrody. James sądzi, że ogrodnictwo jest w stanie na nowo połączyć nas z porami roku. Może też zbliżać ludzi. „W ogrodnictwie nie chodzi tylko o powrót do natury – mówi. – Dobrze zaprojektowany ogród to świetne miejsce, żeby zaprosić przyjaciół, otworzyć parę piw, rozpalić grilla. Bardzo duże znaczenie ma właśnie aspekt towarzyski".

James przejął zamiłowanie do ogrodnictwa od matki, a odkąd skończył szkołę, stanowi ono zarówno jego pasję, jak i zawód. Szczególnie drogie jest mu uczucie spowolnienia, które daje praca na grządce. „Na początku ogrodnictwo może być niewiarygodnie frustrujące – rośliny umierają, wydaje się, że to mnóstwo roboty – ale kiedy człowiek ma już za sobą pierwsze wyboje, zyskuje dzięki niemu dużo spokoju i odprężenia. Można się wyłączyć, pobyć samemu, pozwolić, żeby umysł błądził, jak chce. Dzisiaj, kiedy wszystkim cały czas się spieszy, bardziej niż kiedykolwiek potrzebujemy takich powolnych zajęć jak ogrodnictwo".

Dominic Pearson przytaknąłby mu z pełnym przekonaniem. Ten dwudziestodziewięciolatek pracuje jako makler giełdowy w jednym z londyńskich banków, więc jego życie toczy się z szybkością właściwą autostradom. Szeregi cyfr lecą nieprzerwanie przez ekran komputera, zmuszając go do błyskawicznego podejmowania decyzji, które jego pracodawcy mogą przynieść milionowe zyski – lub straty. W kipiącej adrenaliną atmosferze parkietu giełdowego Pearson czuł się jak ryba w wodzie i dostawał duże premie. Jednak kiedy rynek załamał się po okresie silnej zwyżki, zaczęły mu dokuczać lęki.

Jego dziewczyna zasugerowała jako pomoc uprawianie ogródka. Jako supermęski facet kochający piwo i grający w rugby, Pearson miał pewne wątpliwości, ale postanowił w to wejść.

Rozkopał zaniedbane podwórko na tyłach swojego mieszkania w Hackney, a na miejscu starego bruku zasiał trawnik. Wzdłuż jego krawędzi zasadził róże, krokusy, lawendę, żonkile, jaśmin i glicynię, a także bluszcz i pomidory. Po jakimś czasie wypełnił swoje mieszkanie kwiatami w doniczkach. W trzy lata później jego dom jest ucztą dla zmysłów. W letnie popołudnie nad zalanym słońcem ogródkiem unosi się odurzający zapach.

Pearson uważa, że dzięki ogrodnictwu lepiej radzi sobie na giełdzie. Kiedy piele i przycina, jego umysł się uspokaja i w takiej ciszy rodzą się jego najlepsze pomysły związane z pracą. Na parkiecie jest mniej spięty i lepiej sypia w nocy. Niemal przy każdej czynności Pearson czuje się spokojniejszy, bardziej obecny, mniej poddany presji szybkości. „Ogrodnictwo jest jak terapia, tylko nie musisz płacić terapeucie" – mówi.

Mimo to po długim dniu w pracy większość ludzi zamiast po grabki albo druty i włóczkę prędzej sięgnie po pilota od telewizora. Oglądanie telewizji jest na pewno światową rozrywką numer jeden, która pożera większą część naszego wolnego czasu. Statystyczny Amerykanin ogląda ją dziennie przez około cztery godziny, statystyczny Europejczyk mniej więcej przez trzy. Telewizja może nas bawić, informować, rozrywać, a nawet zapewniać odprężenie, ale nie jest Powolna w najczystszym sensie tego słowa. Nie pozostawia czasu, by zatrzymać się i pomyśleć. To ona nadaje tempo, a tempo jest zwykle wysokie: obrazy pędzą, dialogi toczą się błyskawicznie, ujęcia zmieniają się co sekunda. Ponadto kiedy oglądamy telewizję, nie nawiązujemy łączności ze światem. Przeciwnie, siedzimy na kanapie, chłonąc obrazy i słowa, ale nie reagujemy w żaden aktywny sposób. Większość badań pokazuje, że nałogowi oglądacze poświęcają mniej czasu na czynności, które naprawdę czynią życie przyjemniejszym: gotowanie, pogaduszki w rodzinnym gronie, ćwiczenia sportowe, miłość, życie towarzyskie, pracę charytatywną.

W poszukiwaniu stylu życia, który niósłby z sobą więcej spełnienia, wiele osób rzuca nawyk oglądania telewizji. Ruch antytelewizyjny najaktywniej wojuje w Stanach Zjednoczonych. Od 1995 roku grupa nacisku o nazwie Sieć Wyłączonych Telewizorów (TV-Turnoff Network) zachęca ludzi, by każdego roku w kwietniu na cały tydzień wyłączyli swoje odbiorniki. W 2003 roku w akcji wzięła udział rekordowa liczba 7,04 miliona ludzi ze Stanów Zjednoczonych i nie tylko. Większość telewizyjnych leniwców po ograniczeniu oglądania zauważa, że więcej czasu zaczynają poświęcać na prawdziwie Powolne zajęcia.

Jednym z nich jest czytanie. Tak jak robienie na drutach i ogrodnictwo, akt zasiadania w fotelu i poddawania się fabule jest gestem sprzeciwu wobec kultu szybkości. Jak pisze Paul Virilio, francuski filozof: „Czytanie zakłada czas na refleksję i pewne spowolnienie, które niszczy dynamiczną wydajność mas". Nawet jeżeli ogólna sprzedaż książek tkwi w miejscu lub spada, to wielu ludzi, zwłaszcza wykształconych mieszkańców miast, posyła do diabła dynamiczną wydajność i układa się na kanapie z dobrą książką. Można wręcz mówić o renesansie czytelnictwa.

Wystarczy spojrzeć na fenomen Harry'ego Pottera. Jeszcze nie tak dawno potoczna opinia głosiła śmierć czytelnictwa wśród młodych. Książki były zbyt nudne i zbyt wolne dla pokolenia wychowanego na PlayStation. To wszystko jednak zmieniło się za sprawą J.K. Rowling. Dziś miliony dzieci na całym świecie pochłaniają książki o Harrym Potterze, z których jedna ma, bagatela, 766 stron. Odkrywszy przyjemność pisanego słowa, młodzież sięga po książki innych autorów. Czytanie jest nawet odrobinę *cool*. Z tyłu szkolnego autobusu dzieciaki przerzucają kartki najnowszych tomów Philipa Pullmana i Lemony Snicket. Przy okazji proza dla dzieci opuściła peryferie rynku wydawniczego i stała się czołowym graczem, czemu towarzyszą wysokie zaliczki i filmowe gadżety. W 2003 roku wydawnictwo Puffin Books zapłaciło Louisie Young milion funtów za książkę *Chłopiec-lew*, opowieść o chłopcu, który posiadł umiejętność rozmawiania z kotami po tym, jak został zadraśnięty przez lamparta. W Wielkiej Brytanii sprzedaż książek dla dzieci wzrosła od 1998 roku o 40%. Inną oznaką powrotu czytelnictwa jest popularność klubów książki. Koła czytelnicze pojawiły się po raz pierwszy w połowie XVIII wieku, częściowo jako forma dzielenia się książkami, które były drogie, a częściowo jako forum wymiany towarzyskiej i intelektualnej. Dwa i pół wieku później kluby książki mnożą się wszędzie, także w środkach przekazu. W 1998 roku BBC uruchomiła comiesięczną audycję *Book Club* w elitarnym Radio 4, a następnie, w 2002 roku, umieściła podobny program w stacji World Service. Oprah Winfrey zapoczątkowała swój sławny Klub Książki w roku 1996. Powieści przedstawiane w jej programie, nawet te nieznanych autorów, z zasady zdobywają szczyty list bestsellerów. W 2003 roku, po dziesięciomiesięcznej przerwie, Oprah wskrzesiła Klub Książki, tym razem skupiając się na klasyce literackiej. W 24 godziny po tym, jak poleciła telewidzom *Na wschód od Edenu* Johna Steinbecka, książkę wydaną po raz pierwszy w 1952 roku, powieść wzleciała z pozycji numer 2356 na drugie miejsce rankingu sprzedaży księgarni Amazon.

Kluby książki przyciągają zapracowanych wykształconych przedstawicieli różnych zawodów, którzy szukają jakiegoś rozwijającego sposobu, by odprężyć się i spotkać towarzysko. Paula Dembowski dołączyła do takiej grupy w Filadelfii w 2002 roku. Jest absolwentką anglistyki, ale w miarę jak rozwijała się jej kariera specjalistki od rekrutacji wyższych kadr, czytała coraz mniej. Wreszcie pewnego dnia trzydziestodwuletnia Dembowski nagle zauważyła, że od sześciu miesięcy nie miała w ręce żadnej powieści. „To był dzwonek alarmowy ostrzegający, że w moim życiu nastąpiło zachwianie – mówi. – Zależało mi, by wrócić do czytania, ale też patrzyłam na czytanie jako sposób, żeby w ogóle zrównoważyć tempo mojego życia". Chcąc znaleźć więcej miejsca na książki, zaczęła oglądać mniej telewizji i stopniowo ograniczać wykonywane po godzinach obowiązki związane z pracą. „Zdążyłam zapomnieć, jakie to kapitalnie odprężające uczucie – zasiąść na cały wieczór nad dobrą powieścią. Wchodzisz do innego świata, a wszystkie małe i większe troski oddalają się stopniowo".

Dla wielu ludzi sam akt czytania jest wystarczająco Powolny. Inni z kolei idą o krok dalej i podejmują wysiłki, by zwolnić tempo lektury. Cecilia Howard, amerykańska pisarka polskiego pochodzenia opisująca siebie jako „osobowość typu A ze skłonnością do szybkiego życia", przeprowadza porównanie między lekturą a ćwiczeniem: „Wyznaję zasadę, że wszystko, co w ogóle warte jest czytania, warte jest, by to czytać powoli. Wyobraź sobie, że to umysłowy ekwiwalent ćwiczeń SuperSlow. Jeśli na serio chcesz wzmocnić mięśnie, wykonuj wszystkie ruchy tak wolno, jak tylko możesz. Jeśli chcesz naprawdę ostro poćwiczyć, rób to tak wolno, jakbyś prawie się nie ruszał. I tak właśnie należy czytać Emily Dickinson".

Amos Oz, izraelski pisarz, jest tego samego zdania. W jednym z wywiadów namawia nas wszystkich, byśmy nie spieszyli się nad książkami. „Zalecam sztukę powolnego czytania – mówi. – Każda przyjemność, jaką potrafię sobie wyobrazić i każda, której doświadczyłem, staje się jeszcze rozkoszniejsza, kiedy dawkować ją sobie małymi łyczkami, jeśli podchodzić do niej powoli. Lektura nie jest wyjątkiem".

Powolne czytanie nie polega koniecznie na tym, że przyswaja się mniej słów na minutę. Opowiedzieć może o tym Jenny Hartley, wykładowczyni literatury angielskiej i specjalistka od grup czytelniczych. W roku 2000 jej londyńska grupa postanowiła przeczytać *Małą Dorrit* Dickensa w ten sam sposób, w jaki powieść była czytana w czasach, kiedy powstała: w miesięcznych ratach rozłożonych na półtora roku. Wszyscy uczestnicy byli zachwyceni lekturą w stylu *lento*. Hartley, która w związku z pracą wykładowcy przeczytała tę książkę wcześniej już sześć razy, z przyjemnością przekonała się, że wolniejsze czytanie odsłania przed czytelnikiem nowe uniwersum szczegółów i niuansów. „Kiedy odwalasz lekturę za jednym posiedzeniem, umykają ci niektóre żarty i zagrywki polegające na zwolnieniu akcji, ani nie dostrzegasz, jak Dickens bawi się tajemnymi opowieściami i ukrytymi wątkami – mówi. – Czytanie powoli przynosi więcej satysfakcji". Obecnie Hartley przeprowadza ze swoimi studentami z Uniwersytetu Surrey w Roehampton eksperyment polegający na poświęceniu całego semestru na przeczytanie *Miasteczka Middlemarch*.

Tysiące kilometrów od Surrey, na kanadyjskiej prerii, Dale Burnett, profesor pedagogiki Uniwersytetu Lethbridge opracował e-wersję Powolnego Czytania. Za każdym razem kiedy czyta książkę o pewnym ciężarze gatunkowym – książki z kiosków na lotniskach odpadają – opisuje ją w internetowym dzienniku. Po każdym posiedzeniu z książką, wrzuca do sieci ciekawe cytaty i spostrzeżenia, podstawowe dane o fabule i postaciach oraz wszelkie refleksje, jakie wzbudzi w nim lektura. Burnett wciąż czyta tyle samo słów na minutę, ale skończenie książki zabiera mu dwa do czterech razy więcej czasu niż przedtem. Kiedy się z nim spotykam, powoli podróżuje przez *Annę Kareninę*. Czyta przez godzinę lub dwie, a następnie spędza tyle samo czasu, przelewając myśli i wrażenia na bloga. Tołstojowski wgląd w ludzką naturę budzi w nim najżywszy entuzjazm. „Zauważyłem, że teraz mogę głębiej wniknąć w książki, które czytam – mówi. – Powolne czytanie jest jakby antidotum na stan podwyższonego tempa, w jakim się teraz znajdujemy".

To samo dotyczy sztuki. Malarstwo, rzeźba i każdy inny akt twórczy mają szczególny związek z powolnością. Jak zauważył kiedyś amerykański pisarz Saul Bellow: „Sztuka to coś jak stan bezruchu pośród chaosu. To

243

bezruch, typowy dla (...) oka cyklonu (...), zatrzymanie uwagi pośród zgiełku".

W galeriach na całym świecie nasz stosunek do szybkości jest poddawany wnikliwej analizie. Często celem dzieła jest wprowadzenie odbiorcy w inny, bardziej skupiony i kontemplacyjny nastrój. W zarejestrowanym jakiś czas temu nagraniu wideo oglądamy Maritę Folstad, norweską artystkę, jak z natężeniem nadmuchuje duży, czerwony balon tak, aż ten pęknie. Jej intencją jest sprawienie, że widz zwolni na tyle, by zacząć się zastanawiać. „Wykorzystując serię metafor skupionych wokół ciała, oddechu i poszerzonych granic wysiłku fizycznego, próbuję wywołać u odbiorcy sztuki reakcję spowolnienia" – tłumaczy.

W codziennym życiu, z dala od galerii i pokoików na poddaszu, wielu ludzi zapisuje się na zajęcia plastyczne, traktując je jako metodę spowalniania. Jeden z pierwszych napisów po angielsku, jaki widzę w Tokio, zaprasza na Kurs Relaksacji przez Sztukę. Dla Kazuhito Suzukiego malowanie jest sposobem, by zwolnić. Jako projektant stron internetowych w stolicy Japonii, żyje od jednego terminu do drugiego. Aby zabezpieczyć się przed – jak uważał – wiszącym nad jego głową widmem wypalenia, dwudziestosześcioletni mężczyzna zapisał się na kurs plastyki. Odtąd każdy środowy wieczór spędza w gronie innych uczniów, malując martwe natury i modeli. Bez terminów, bez rywalizacji, bez pośpiechu – tylko on i obraz. W domu, w swoim maleńkim mieszkaniu, Suzuki maluje akwarele, na których można znaleźć wszystko, od misek owoców po Microsoftowskie instrukcje obsługi. Jego ostatnie dzieło przedstawia górę Fuji w wiosenny poranek. W pracowni Suzukiego sztalugi stoją tuż obok komputera – *yin* i *yang*, rozrywka i praca w doskonałej harmonii. „Malowanie pozwala mi odnaleźć równowagę między szybkością i powolnością. Dzięki temu czuję się spokojniejszy i bardziej opanowany" – mówi.

Podobnie działa muzyka. Śpiew i gra na instrumentach lub przysłuchiwanie się, jak robią to inni, należą do najstarszych form wypoczynku. Muzyka może stymulować, prowokować i rozbudzać emocje. Może też działać kojąco i odprężająco, a właśnie tego większość z nas poszukuje. Celowe stosowanie muzyki z myślą o relaksacji nie jest nowym pomysłem. W 1742 roku hrabia von Keyserling, podówczas dyplomata w służbie rosyjskiej rezydujący na dworze saskim, zamówił u Bacha utwór muzyczny, który pomógłby mu pokonać bezsenność. Kompozytor stworzył Wariacje Goldbergowskie. W dwa i pół wieku później nawet szary obywatel sięga po muzykę klasyczną jako narzędzie do relaksacji. Składanki z muzyką klasyczną, opisywane takimi zwrotami jak „subtelny relaks", „kontemplacja", „do posłuchania przed snem", „wyciszenie złych emocji", wprost wysypują się z półek.

Nie tylko słuchacze tęsknią za wolniejszym tempem. Coraz więcej muzyków – około dwustu według ostatnich obliczeń – jest zdania, że sporą część muzyki klasycznej gramy zbyt szybko. Wielu z tych buntowników należy do ruchu o nazwie Tempo Giusto, który za cel stawia sobie przekonanie dyrygentów, orkiestry i solistów, by zrobili coś bardzo nienowoczesnego: zwolnili.

Chcąc dowiedzieć się więcej, lecę do Niemiec, by wysłuchać koncertu w stylu Tempo Giusto. W bezwietrzny letni wieczór niewielka grupa wchodzi gęsiego do domu kultury na przedmieściach Hamburga. Afisze na drzwiach zapowiadają znajomo brzmiący program złożony z sonat Beethovena i Mozarta. W nowoczesnej, oświetlonej słońcem sali koncertowej duży fortepian stoi samotnie pod rzędem okien. Widzowie moszczą się na siedzeniach, a następnie dokonują ostatnich przygotowań do spektaklu, wyłączając telefony i odchrząkując ostentacyjnie, jak lubią to robić bywalcy koncertów na całym świecie. To wprowadzenie przypomina mi wszystkie inne recitale, w jakich uczestniczyłem – do chwili, kiedy wkracza pianista. Uwe Kliemt jest krępym Niemcem w średnim wieku o rozkołysanym chodzie i z błyskiem w oku. Zamiast zasiąść do klawiatury i zacząć koncert, staje przed swoim błyszczącym steinwayem i zwraca się do widzów: „Chcę wam opowiedzieć o powolności". Następnie, tak jak ma to w zwyczaju robić podczas koncertów w całej Europie, wygłasza mini wykład, jakim złem jest ubóstwienie szybkości, a swoje frazy akcentuje wymachując okularami jak batutą. Pomruk aprobaty przetacza się przez widownię, kiedy Kliemt, który – jak się akurat składa – należy też do Stowarzyszenia na Rzecz Spowolnienia Czasu, wypowiada zgrabne podsumowanie filozofii powolnościowej. „Jest rzeczą bezcelową przyspieszać każdą czynność tylko dlatego, że możemy albo wydaje nam się, że musimy – oświadcza. – Tajemnica życia polega na tym, by zawsze szukać *tempo giusto*. A dotyczy to w szczególności muzyki".

Kliemt i jego sojusznicy uważają, że muzycy zaczęli grać szybciej u początków ery przemysłowej. Kiedy świat przyspieszał, oni przyspieszali wraz z nim. We wczesnym wieku XIX publiczność zakochała się w nowym pokoleniu wirtuozów fortepianu, którzy grali z olśniewającą maestrią, między innymi w Franciszku Liszcie. Dla Liszta podkręcenie tempa było sposobem, by ostentacyjnie zademonstrować błyskotliwą technikę – i wprawić słuchaczy w zachwyt.

Do szybszej gry mógł także skłaniać rozwój instrumentów. W XIX wieku na pierwszy plan wysunął się fortepian. Był potężniejszy i lepiej przystosowany do wirtuozerskich popisów niż jego poprzednicy, klawesyn i klawikord. W 1878 roku Brahms napisał, że „na fortepianie (...) wszystko dzieje się szybciej, jest żywsze i obdarzone lżejszym tempem".

Idąc w ślad za nowoczesną obsesją na punkcie skuteczności, edukacja muzyczna przejęła etykę przemysłową. Zamiast grać utwory, uczniowie w ramach ćwiczeń grali nuty. Zapanował kult długich godzin pracy. Dzisiejsi studenci gry na fortepianie spędzają sześć do ośmiu godzin dziennie na głaskaniu klawiatury. Chopin zalecał nie więcej niż trzy.

Zdaniem Kliemta wszystkie te tendencje przyczyniły się do przyspieszenia w muzyce klasycznej. „Pomyślcie o najwybitniejszych kompozytorach z przeddwudziestowiecznego kanonu – Bachu, Haydnie, Mozarcie, Beethovenie, Schubercie, Chopinie, Mendelssohnie i Brahmsie – mówi. – Każdego z nich gramy zbyt szybko".

Nie są to powszechnie wyznawane poglądy. Większość ludzi ze świata muzyki nigdy nie słyszała o Tempo Giusto, a ci, co słyszeli, zwykle odnoszą się doń z lekceważeniem. Są mimo to specjaliści, którzy z większą otwartością podchodzą do poglądu, że muzyka klasyczna cierpi przez nadmiar szybkości. Niewątpliwie istnieją dowody, że pewną muzykę gramy szybciej niż kiedyś. W liście z 26 października 1876 roku Liszt napisał, że zagranie Beethovenowskiej sonaty fortepianowej Hammerklavier zajęło mu „*presque une heure*"[1]. Pięćdziesiąt lat później Arthur Schnabel potrzebował zaledwie 40 minut. Dziś niektórzy pianiści przelatują przez te same nuty w 35 minut.

Dawni kompozytorzy ganili muzyków za uleganie bakcylowi pośpiechu. Sam Mozart miewał osobliwe napady złości z tego powodu. W 1778 roku nakreślił rozdrażniony list do ojca po tym, jak na proszonej kolacji usłyszał, jak Abbe Vogler, czołowy muzyk epoki, masakruje jego Sonatę C-dur, KV 330. „Jak łatwo sobie wyobrazić, sytuacja stała się nie do zniesienia i nie byłem w stanie powstrzymać się przed oznajmieniem mu: «znacznie za szybko»" – pisał kompozytor. Beethoven doskonale rozumiał uczucia Mozarta. „Nad wirtuozami ciąży klątwa – skarżył się kiedyś. – Ich wyćwiczone palce zawsze spieszą się gdzieś, a z nimi ich uczucia, a czasem nawet głowa". Nieufność wobec przyspieszonego tempa zawędrowała w wiek XX. Podobno Mahler radził obiecującym dyrygentom, by zwalniali zamiast przyspieszać, jeśli poczują, że publiczność się nudzi.

---

[1] *Presque une heure* (fr.) – prawie godzinę.

Podobnie jak przedstawiciele szerokiego ruchu powolnościowego, muzycy z Tempo Giusto nie walczą z szybkością jako taką. Ich sprzeciw budzi natomiast bardzo nowoczesne przekonanie, że szybsze jest zawsze lepsze. „Szybkość często działa fantastycznie podniecająco i jest na nią miejsce, zarówno w życiu, jak i w muzyce – mówi Kliemt. – Ale gdzieś trzeba powiedzieć «stop». Nie można zawsze posługiwać się szybkością. Głupotą jest wypijać duszkiem kieliszek wina. I głupotą jest grać Mozarta zbyt szybko".

Niemniej odnalezienie „właściwej" szybkości grania nie jest takie łatwe, jak się wydaje. Tempo muzyczne to w najlepszym razie pojęcie dość nieostre, bardziej z zakresu sztuki niż nauki. Szybkość wykonania danego utworu może różnić się zależnie od okoliczności – nastroju muzyka, typu instrumentu, okazji, rodzaju widowni, miejsca, akustyki, pory dnia, nawet temperatury pomieszczenia. Małe są szanse, by pianista lub pianistka zagrali Schuberta w ten sam sposób, występując w wypełnionej po brzegi sali koncertowej i grając dla kilkorga przyjaciół u nich w domu. Nawet kompozytorzy znani są z tego, że z jednego koncertu na drugi zmieniają tempo swoich dzieł. Wiele utworów sprawdza się dobrze w więcej niż jednym tempie. Robert Donington, brytyjski muzykolog, formułuje to następująco: „(...) odpowiednie tempo dla danego utworu muzycznego to tempo, które pasuje – tak jak rękawiczka pasuje do dłoni – do tej konkretnej interpretacji utworu podczas tego konkretnego wykonania przez tego konkretnego muzyka.

Ale wybitni kompozytorzy musieli przecież wyjaśnić, co rozumieli przez „właściwe" tempo wykonywania ich muzyki? Cóż, niezupełnie. Wielu nie pozostawiło żadnych wskazówek dotyczących tempa. Niemal wszystkie instrukcje odnoszące się do dzieł Bacha zostały naniesione przez jego podopiecznych i badaczy po jego śmierci. Z nadejściem XIX wieku większość kompozytorów definiowała tempo za pomocą włoskich słów, takich jak *presto*, *adagio* i *lento* – a ich sens można interpre-

tować na wiele sposobów. Czy *andante* znaczy to samo
dla współczesnego pianisty, co dla Mendelssohna? Wy-
nalezienie w 1816 metronomu przez Mälzla również nie
rozwiązało problemu. Wielu dziewiętnastowiecznych
kompozytorów trudziło się, by przełożyć mechaniczne
tykanie tej zabawki na przydatne wskazówki dotyczące tempa. Brahms, który zmarł w 1897 roku, podsumowywał to zamieszanie w liście do Henschla: „O ile mi
wiadomo, każdy kompozytor, który umieszcza w zapisie
wskazówki oparte na liczbie uderzeń metronomu, prędzej czy później wycofuje je". Żeby było jeszcze trudniej,
na przestrzeni dziejów wydawcy mieli w zwyczaju dodawać i zmieniać instrukcje dotyczące tempa w publiko-
wanych przez siebie nutach.

W celu ustalenia prawdziwych intencji dawniejszych
kompozytorów Tempo Giusto obiera kontrowersyjne
metody. W 1980 roku W.R. Talsma, holenderski muzykolog, położył filozoficzne fundamenty ruchu w książce
Wiedergeburt der Klassiker. Jego teza, wysnuta na podstawie wyczerpujących badań materiałów historycznych
i struktury muzycznej, głosi, że regularnie dokonujemy
błędnej interpretacji oznaczeń opartych na liczbie uderzeń metronomu. Każdej nucie powinny odpowiadać
dwa tyknięcia wskazówki (z prawej do lewej i z powrotem), a nie, jak to jest powszechnie przyjęte, jedno tyk-
nięcie. Zatem aby zastosować się do życzeń kompozytorów sprzed XX wieku, powinniśmy zredukować tempo gry o połowę. Talsma uważa jednak, że niektórych
utworów – dajmy na to *Sonaty Księżycowej* Beethovena
– nie należy spowalniać aż tak bardzo, o ile w ogóle,
ponieważ od zarania epoki przemysłowej muzycy grają je wolniej lub w oryginalnym tempie, aby podkreślić
ich sentymentalny charakter i zaakcentować kontrast
z szybszymi pasażami. Nie wszyscy członkowie Tempo
Giusto podzielają tę opinię. Grete Wehmeyer, niemiecka
kompozytorka i autorka wydanej w 1989 roku książki
*Prestissimo: die Wiederentdeckung der Langsamkeit in
der Musik*, sądzi, że całą muzykę klasyczną sprzed XX

wieku, szybką i wolną, należy grać w dwa razy mniejszym tempie, niż jest to dzisiaj przyjęte.

Muzycy z Tempo Giusto przychylają się do zdania Talsmy albo Wehmeyer lub sytuują się gdzieś pomiędzy nimi. Niektórzy mniejszą wagę przywiązują do oznaczeń opartych na metronomie, bardziej skupiając się na historycznym przekazie oraz własnych intuicjach co do właściwego tempa. Wszyscy członkowie ruchu zgadzają się jednak, że wolniejsza gra pozwala wydobyć wewnętrzne szczegóły utworu, nuty i niuanse, które nadają mu jego prawdziwy charakter.

Nawet sceptycy dają się czasem przekonać. Wiodącym propagatorem Tempo Giusto w muzyce orkiestrowej jest dziś zapewne Maximianno Cobra, urodzony w Brazylii dyrygent kierujący Narodową Operą Węgierską i Filharmonią Budapeszteńską. Mimo że zrealizowane przez niego w 2001 roku nagranie legendarnej IX Symfonii Beethovena trwa dwa razy dłużej niż wykonania z głównego nurtu, zebrało ono pewną liczbę przychylnych recenzji. Jeden z krytyków, Richard Elen, zgodził się, że „wykonanie to ujawnia bardzo liczne wewnętrzne szczegóły, które na ogół przelatują tak szybko, że człowiek ledwie je słyszy". Choć Elenowi nie spodobało się powolne podejście, to niechętnie przyznał, że ta interpretacja może być bliższa intencjom Beethovena i nagrodził wykonanie Cobry oceną bardzo dobrą.

Narzuca się więc pytanie: jeśli faktycznie gramy część muzyki klasycznej szybciej, niż robili to nasi przodkowie, to czy naprawdę jest to takie złe? Zmienia się świat, a wraz z nim wrażliwość. Nie da się uciec od faktu, że nauczyliśmy się kochać szybsze tempo muzyczne. Cały dwudziesty wiek przebiegał pod znakiem podbijania rytmu: ragtime utorował drogę dla rock and rolla, disco, speed metalu i wreszcie techno. Kiedy w 1977 roku Mike Jahn opublikował książkę *How to Make a Hit Record*, jego rada dla przyszłych gwiazd pop głosiła, że 120 jednostek taktowych na minutę jest idealnym tempem tanecznego kawałka. Wszystko, co przekracza 135 jednostek na minutę – twierdził – będzie trafiać do gustu jedynie maniakom szybkości. Z nadejściem wczesnych lat dziewięćdziesiątych drum'n bass i jungle nawalały w tempie około 170 jednostek na minutę. W 1993 roku gigant muzyki techno Moby wypuścił coś, co *Księga rekordów Guinnessa* namaściła jako najszybszy singiel wszechczasów. *Thousand* osiągał oszałamiającą prędkość 1000 jednostek taktowych na minutę i doprowadzał niektórych słuchaczy do łez.

Muzyka klasyczna także ewoluuje. Radykalnie szybkie wersje utworów weszły w modę w XX wieku. Orkiestry grają znacznie głośniej niż w przeszłości. Zmienił się również nasz sposób obcowania z klasycznym repertuarem. Kto na tym ruchliwym i szybkim świecie ma czas, by usiąść i od początku do końca wysłuchać symfonii lub opery? Częściej sięgamy po płytowe składanki z wyborem najbardziej atrakcyjnych fragmentów. Stacje radiowe grające muzykę klasyczną boją się jak ognia, że znudzą słuchaczy, więc podkręcają program, ładując do niego szybko mówiących didżejów, listy Top Ten i konkursy. Niektóre rozgłośnie preferują krótsze utwory i szybsze wykonania, inne przycinają pauzy wpisane w partyturę.

Wszystko to wywiera wpływ na nasz odbiór muzyki z odległej przeszłości. O ile sto uderzeń na minutę mogło sprawiać, że osiemnastowieczne serca biły szybciej, o tyle w epoce Moby'ego większe są szanse, że wywołają ziewanie. Być może w XXI wieku, chcąc sprzedawać płyty i zapełniać sale koncertowe, muzycy faktycznie muszą szybciej grać niektórych klasyków. I może nie jest to koniec świata. Nawet Kliemt nie pragnie zakazywać szybszej gry. „Nie chcę przyjmować dogmatycznej postawy i mówić każdemu, jak dokładnie ma grać, ponieważ istnieje miejsce na różnorodność – mówi. – Myślę tylko, że jeśli ludzie dostaną szansę, by posłuchać swojej ulubionej muzyki zagranej w wolniejszym tempie, to poczują bardzo silnie, że w tej wersji brzmi ona lepiej".

Kiedy w Hamburgu Kliemt wreszcie zasiada do fortepianu, w mojej głowie huczy wielka debata o tempie.

Później odbywa się coś pomiędzy koncertem a seminarium. Przed każdym utworem Kliemt gra kilka taktów w szybszym tempie preferowanym przez pianistów głównego nurtu, po czym powtarza ten sam fragment po swojemu, wolniej. Następnie opowiada o różnicach. Pierwszy punkt programu to znana sonata Mozarta, C-dur, KV 279. Często słucham jej na płycie w wykonaniu Daniela Barenboima. Na początek Kliemt gra kawałek sonaty w tempie dobrze znanym współczesnemu uchu. Brzmi dobrze. Później zwalnia do szybkości wykonania, którą uważa za *tempo giusto*. Kołysze głową w rozmarzeniu, jego palce pieszczą klawiaturę. „Kiedy gra się zbyt szybko, muzyka traci urok, subtelniejsze detale, charakter – tłumaczy nam Kliemt. – Każdy dźwięk potrzebuje czasu, żeby się rozwinąć, dlatego do wydobycia melodii i swawolnego tonu potrzebna jest powolność". Z początku sonata KV 279 w tempie poniżej normy brzmi dziwnie. Ale później zaczyna to nabierać sensu. Wersja grana w *tempo giusto*, przynajmniej na moje, niewyćwiczone ucho, ma bogatsze brzmienie, o gęstszej fakturze, bardziej melodyjne. Naprawdę działa. Według stopera, który przemyciłem ze sobą na koncert, Kliemtowi zagranie trzech części sonaty zabiera 22 minuty i 6 sekund. Na mojej płycie Barenboim przelatuje przez te same nuty w 14 minut.

Podobnie jak Talsma, Kliemt uważa, że spowalniać należy szybsze utwory klasyczne, zaś te wolniejsze pozostawiać tak, jak się je gra współcześnie. Twierdzi jednak, że gra w *tempo giusto* to coś więcej niż tylko reinterpretacja oznaczeń opartych na metronomie. Należy przeniknąć do wnętrza muzyki, wyczuć każdy jej kontur, odkryć naturalny rytm dzieła, jego *Eigenzeit*. Kliemt mocno wierzy w dostosowanie tempa muzycznego do rytmu ludzkiego ciała. W 1784 roku Mozart przedstawił słynną sonatę *Rondo alla Turca*, czyli *Marsz turecki*. Większość współczesnych pianistów gra to dzieło w szalonym tempie galopady lub przynajmniej truchtu. Kliemt gra wolniej, w tempie wojskowego marszu. Kolejnym punktem odniesienia jest taniec. Wiele wczesnych utworów muzyki klasycznej napisano z myślą o tańcu, a to oznacza, że upudrowani arystokraci dawnych epok musieli być w stanie słyszeć nuty, aby wiedzieć, kiedy mają wykonać kolejny krok. „Za czasów Mozarta muzyka ciągle jeszcze była czymś w rodzaju języka – mówi Kliemt. – Jeśli zagra się za szybko, nikt nic nie zrozumie".

Koncert toczy się dalej. Kliemt w taki sam sposób obchodzi się z trzema finałowymi kompozycjami, fantazją Mozarta i dwiema sonatami Beethovena, i wszystkie trzy brzmią cudownie, żadna nie jest powolna, ociężała ani nudna. Wykonawca najwyraźniej może obniżyć tempo, a mimo to, akcentując rytm utworu, zachować wrażenie szybkości i żywiołowości. Czy powolny Mozart brzmi lepiej niż szybki Mozart? Naturalnie zależy to od gustu, podobnie jak wtedy, gdy gwiazdy pop swoje piosenki o szybkim rytmie wykonują na MTV w wersji *„unplugged"*. Być może w szybkim świecie jest miejsce na jedno i drugie. Osobiście lubię styl Tempo Giusto, ale w dalszym ciągu z przyjemnością słucham Mozarta i Beethovena w wykonaniu Barenboima.

Aby poznać opinię słuchaczy, przeprowadzam po zakończeniu hamburskiego recitalu nieformalną ankietę. Jeden z mężczyzn, starszy profesor ze zmierzwioną czupryną, reaguje krytycznie. „Zbyt wolno, zbyt wolno, zbyt wolno" – mruczy. Inni natomiast zdają się zachwyceni tym, co przed chwilą słyszeli. Gudula Bischoff, inspektorka podatkowa w średnim wieku, ubrana w kremowy kostium i bluzkę w kwiaty, jest od dawna wielbicielką Kliemta. Twierdzi, że to jemu zawdzięcza docenienie geniuszu Bacha. „Słuchanie gry Uwe to piękne, zupełnie nowe doświadczenie – mówi z rozmarzeniem, jakiego na ogół nie przypisuje się inspektorom podatkowym. – Kiedy gra, jesteś w stanie usłyszeć nuty i dzięki temu melodia wypada dużo lepiej, a muzyka wydaje się dużo żywsza".

Tego wieczoru Kliemt odnotował na swoim koncie co najmniej jedno nawrócenie. Wśród widzów, którzy ustawiają się w kolejce, by spotkać go po recitalu, jest Natascha Speidel, poważna dwudziestodziewięciolatka w białym golfie. Jako studentka klasy skrzypiec przywykła do błyskawicznego przelatywania przez utwory w tempie preferowanym przez muzyków głównego nurtu. „W szkołach muzycznych technika jest zdecydowanym priorytetem, więc jest dużo szybkiego grania – opowiada mi. – Słuchamy, jak inni grają szybko, ćwiczymy szybko i gramy szybko. Dobrze czuję się z szybkim tempem". „Co sądzisz na temat Kliemta?" – pytam. „Fantastyczny! – odpowiada. – Sądziłam, że od powolnego tempa zrobi się nudno, a było dokładnie na odwrót. Muzyka była o wiele ciekawsza, bo usłyszałam znacznie więcej szczegółów, niż jest to możliwe przy wyższym tempie. Na zakończenie spojrzałam na zegarek i pomyślałam: «Wow, już dwie godziny». Czas zleciał dużo szybciej, niż się spodziewałam".

Mimo to Speidel nie dołączy zaraz do ruchu Tempo Giusto. Wciąż lubi grać szybko i wie, że wolniejsza gra zaszkodziłaby jej ocenom w szkole muzycznej. Mogłaby również pogrzebać jej marzenia o pracy w orkiestrze. „Nie mogę w tym momencie zadecydować, że będę publicznie grała powoli, ponieważ ludzie oczekują szybszego tempa – mówi. – Ale może czasem będę grała wolniej, kiedy będę sama. Muszę się nad tym zastanowić".

Dla Kliemta już to stanowi triumf. Ziarno powolności zostało zasiane. Kiedy tłum odpływa w przyjemny, pogodny wieczór, zostajemy jeszcze na parkingu, rozkoszując się krwistopomarańczowym zachodem słońca. Kliemt tryska optymizmem. Jasne, zdaje sobie sprawę, że Tempo Giusto ma przed sobą długą drogę pod górkę. Najtężsi zawodnicy muzycznego ringu, którzy troszczą się o swoją reputację i sprzedaż nagrań, nie zaprzątają sobie głowy ruchem, który głosi, że przez całe życie grali i dyrygowali w nieodpowiednim tempie. Nawet Kliemt kontynuuje coraz subtelniejsze poszukiwania własnego *tempo giusto*. Odnalezienie właściwej szybkości poprzedza spora liczba prób i błędów, a w niektórych ze swoich ostatnich nagrań gra w szybszym tempie niż dziesięć lat wcześniej. „Być może kiedy stawiałem pierwsze kroki z koncepcją powolności, posunąłem się trochę za daleko – mówi. – Jest jeszcze sporo kwestii do przedyskutowania".

Niemniej Kliemt kipi mesjanistycznym zapałem. Podobnie jak inni członkowie Tempo Giusto, jest zdania, że ruch ten może być największą rewolucją w świecie muzyki klasycznej od ponad stu lat. Otuchy dodaje mu też postęp innych kampanii powolnościowych. „Czterdzieści lat temu ludzie śmiali się z rolnictwa ekologicznego, a teraz wygląda na to, że w całych Niemczech stanie się ono standardem – mówi Kliemt. – Może za czterdzieści lat każdy będzie wolniej grać Mozarta?".

W czasie gdy ruch Tempo Giusto stara się na nowo pisać historię muzyki klasycznej, inni posługują się muzyczną powolnością, by w symboliczny sposób stawić czoła kultowi szybkości.

W starej latarni morskiej na brzegu Tamizy we wschodnim Londynie trwa coś, co być może stanie się najdłuższym koncertem w dziejach. Projekt zatytułowany Longplayer zaplanowano na tysiąc lat. Muzykę stanowi dwudziestominutowy zapis dźwięków granych na tybetańskich misach. Co dwie minuty iMac odtwarza w różnych tonacjach sześć odcinków nagrania, tworząc ścieżkę dźwiękową, która nigdy nie powtórzy się na przestrzeni tysiąca lat. Jem Finer, twórca Longplayera, chce przeciwstawić się zawężonym horyzontom naszego świata pogrążonego w obłędzie na punkcie szybkości. „W sytuacji, gdy wszystko robi się coraz szybsze i szybsze, a zakres uwagi u ludzi coraz krótszy i krótszy, zapominamy, jak się zwalnia – tłumaczy mi. – Chciałem zrobić coś, co pokazywałoby czas jako długi, powolny proces, a nie coś, przez co się przebiega w pośpiechu". Siedzenie na czubku latarni morskiej, skąd rozciąga się widok na Tamizę, i słuchanie refleksyjnego pomruku śpiewających mis jest bardzo spowalniającym doświadczeniem. Longplayer dociera do publiczności większej niż grono osób pielgrzymujących do wschodniego Londynu. W 2000 roku drugi iMac wypełniał kojącymi tonami Strefę Wypoczynku[1] w Millennium Dome po drugiej stronie rzeki. W 2001 roku państwowa holenderska rozgłośnia radiowa puszczała je przez cztery godziny bez żadnej przerwy. Longplayer do teraz można usłyszeć za pośrednictwem Internetu.

Inne długodystansowe przedsięwzięcie muzyczne rozpoczęło się w Halberstadt, małym niemieckim mieście słynącym z prastarych organów. Miejscowy kościół świętego Burcharda, dwunastowieczne gmaszysko splądrowane swego czasu przez Napoleona, gości w swoich murach koncert, który, ze sponsorską pomocą, potrwa do 2640 roku. Wykonywane dzieło napisał w 1992 roku awangardowy kompozytor amerykański, John Cage. Ma ono bardzo adekwatny tytuł *Tak Powoli, Jak Tylko Możliwe* (*As Slowly As Possible* – ASLSP). To, ile powinien trwać utwór, przez długi czas było kością niezgody wśród koneserów. Niektórzy uważali, że wystarczy 20 minut, radykałowie nalegali, by nie schodzić poniżej nieskończoności. Po konsultacjach z zespołem muzykologów, kompozytorów, organistów, teologów i filozofów Halberstadt zdecydowało się na 639 lat – dokładnie tyle samo czasu, ile upłynęło od zbudowania średniowiecznych organów, z których słynie miasto.

Aby oddać sprawiedliwość utworowi Cage'a, organizatorzy wybudowali organy, które przetrwają przez stulecia. Dzięki ciężarkom przymocowanym do klawiszy dźwięki rozbrzmiewają na długo po tym, gdy odejdzie organista. Koncert *ASLSP* rozpoczął się we wrześniu 2001, po czym nastąpiła siedemnastomiesięczna przerwa. W tym czasie jedynym dźwiękiem był odgłos pompowanych miechów organów. W lutym 2003 roku organista zagrał trzy pierwsze dźwięki, które rozbrzmiewały w kościele do lata 2004 roku, gdy zagrano kolejne dwie nuty.

---

[1] Część wystawowa londyńskiego Millennium Dome podzielona jest na czternaście stref tematycznych, z których każda opowiada o ważnym aspekcie ludzkiego życia (np. ciele lub wierzeniach religijnych, ale też pieniądzach, podróżowaniu czy właśnie wypoczynku).

Idea koncertu, który jest tak powolny, że nikt z uczestników ceremonii rozpoczęcia nie dożyje finałowego dźwięku, ewidentnie uderzyła w czułą strunę u publiczności. Setki widzów zjawiają się w Halberstadt za każdym razem, kiedy organista przychodzi, by zagrać zestaw kolejnych dźwięków. W trakcie długich miesięcy pomiędzy goście tłumnie przybywają, by wsłuchać się w trwające dźwięki, które odbijają się echem po kościele.

Uczestniczyłem w koncercie *ASLSP* latem 2002 roku, kiedy miechy wciąż nabierały powietrza, a organów ciągle jeszcze nie zainstalowano. Moim przewodnikiem był Norbert Kleist, specjalista prawa handlowego i członek John Cage Project. Spotkaliśmy się przed kościołem świętego Burcharda. Stare budynki gospodarskie po drugiej stronie dziedzińca przerobiono na lokale socjalne i warsztat meblarski. Obok kościoła stała rzeźba współczesna złożona z pięciu osobnych żelaznych filarów. „Przedstawia złamany czas" – wyjaśnił Kleist, wygrzebując z kieszeni pęk kluczy.

Wkroczyliśmy do kościoła przez ciężkie drewniane wrota. Panująca w środku pustka robiła wrażenie. Nie było ławek, ołtarza ani obrazów – tylko pokryta żwirem podłoga i wysoki strop przecięty na krzyż drewnianymi belkami nośnymi. Powietrze było chłodne i pachniało starymi kamieniami. W górze, na parapetach, gołębie trzepotały skrzydłami. W półcieniu jednej z naw stała duża drewniana skrzynia, w której spoczywały miechy, sapiąc ciężko jak miniaturowa elektrownia. Ich świst był łagodny, bliski muzyce, jak odgłos parowozu wjeżdżającego na stację u kresu długiej podróży.

Kleist opisał sześćset trzydziestodziewięcioletnie wykonanie *As Slow As Possible* jako wyraz sprzeciwu wobec pędzącej do utraty tchu współczesnej cywilizacji. Kiedy wychodziliśmy z kościoła, zostawiając organy, by napełniały swoje potężne płuca, powiedział: „To może być początek rewolucji w powolności".

10

DZIECI:

WYCHOWANIE BEZ ZADYSZKI

Najskuteczniejszy rodzaj wychowania jest taki,
że dziecko bawi się wśród pięknych rzeczy.

PLATON (427-347 P.N.E.)

Harry Lewis jest dziekanem na wydziale studiów licencjackich Uniwersytetu Harvarda. W początkach 2001 roku uczestniczył w spotkaniu, na którym studenci mieli okazję przedstawić swoje zażalenia dotyczące personelu tej prestiżowej uczelni. Jeden z nich wywołał wtedy awanturę. Chciał równolegle studiować anglistykę i biologię, a cały program upchnąć w trzy lata, a nie cztery, jak to jest przyjęte. Był zirytowany i zniecierpliwiony postawą swojego opiekuna akademickiego, który nie chciał lub nie był w stanie opracować planu mogącego pomieścić wszystkie zajęcia. Słuchając studenta jęczącego, że hamuje się jego rozwój, Lewis nagle doznał olśnienia.

261

„Pamiętam, jak sobie pomyślałem: «Momencik, faktycznie potrzebujesz pomocy, ale nie takiej, jak myślisz» – opowiada dziekan. – Zamiast ładować w plan zajęć ile wlezie, lepiej usiądź i zastanów się porządnie, co jest naprawdę ważne".

Po spotkaniu Lewis zaczął dumać nad tym, jak student XXI wieku stał się wyznawcą religii pośpiechu, a stąd były już tylko dwa kroki do zabrania głosu przeciw pladze przepełnionych planów zajęć i przyspieszonych programów studiów. Latem 2001 roku dziekan napisał list do każdego studenta pierwszego roku studiów licencjackich w Harvardzie. Było to żarliwe wołanie o nowe podejście do życia na kampusie i poza nim, a także zgrabne streszczenie koncepcji leżących u podstaw filozofii powolnościowej. List, który obecnie co roku trafia do każdego pierwszoroczniaka, nosi tytuł *Zwolnij*.

Na siedmiu stronach Lewis przekonuje, że można wyciągnąć więcej korzyści z uniwersytetu – i z życia – dzięki temu, że robi się mniej. Namawia studentów, żeby dobrze się zastanowili, zanim ruszą, by jak najprędzej kończyć swoje kierunki. Opanowanie każdej dziedziny wymaga czasu – argumentuje dziekan i wskazuje, że najlepsze wydziały medycyny, prawa i biznesu coraz częściej preferują dojrzałych kandydatów, mogących zaproponować więcej niż „intensywne, skrócone wykształcenie licencjackie". Lewis przestrzega przed nagromadzeniem zbyt wielu zajęć spoza programu. Jaki jest sens – pyta – grania w *lacrosse*, przewodniczenia debatom, organizowania konferencji i redagowania uniwersyteckiej gazety, jeśli koniec końców cały pobyt w Harvardzie ma człowiekowi upłynąć w stanie przemęczenia i na nadganianiu zaległości? Znacznie lepiej robić mniej rzeczy i znajdować czas, by wydobyć z nich jak najwięcej.

W życiu akademickim Lewis również popiera to samo nastawienie pod tytułem „mniej znaczy więcej". Porządnie wypocznijcie i zrelaksujcie się – doradza – i pamiętajcie, by kultywować sztukę nicnierobienia. „Wolny czas nie jest pustką, którą trzeba zapełnić – pisze dziekan. – To właśnie on pozwala w twórczy sposób na nowo ułożyć sprawy, które mamy w głowie, tak jak wolne pole w kwadratowej układance cztery na cztery, dzięki któremu można przesuwać pozostałych piętnaście kwadratów". Innymi słowy nicnierobienie i bycie Powolnym są nieodzowne dla sprawnego posługiwania się inteligencją.

Zwolnij nie jest kartą praw dla obiboków i nowych wcieleń bitników. Lewis ceni ciężką pracę i sukces akademicki tak samo jak każda inna gruba ryba z Harvardu. Twierdzi po prostu, że nieco powolności w wybranych momentach może spowodować, że studentom będzie się lepiej żyć i pracować. „Kiedy radzę wam, abyście zastanowili się nad zmniejszeniem tempa i ograniczeniem zorganizowanych zajęć, moją intencją nie jest przekonywanie was, byście rezygnowali ze znakomitych osiągnięć, przeciwnie, zachęcam was do podążania ku doskonałości – zamyka swój list. – Ale wasze szanse, by wytrwać w intensywnym wysiłku koniecznym do osiągnięcia pierwszorzędnych rezultatów w danej dziedzinie, będą wyższe, jeśli pozwolicie sobie na trochę wolnego czasu, rekreacji i samotności".

Jego pełen pasji apel nadchodzi w ostatniej chwili. W naszym świecie napędzanym silnikami turbo wirus pośpiechu zdążył przenieść się z dorosłych na młodszych. Dziś dzieci w każdym wieku dojrzewają szybciej. Sześciolatki organizują swoje życie towarzyskie za pomocą telefonów komórkowych, a nastolatki uruchamiają przedsiębiorstwa, nie ruszając się z własnego pokoju. Niepokoje związane z ciałem, seksem, markowymi towarami i karierą pojawiają się coraz wcześniej. Samo dzieciństwo zdaje się robić coraz krótsze, co widać choćby po tym, że więcej dziewczynek wkracza w wiek dojrzewania przed ukończeniem trzynastu lat. Młodzi ludzie są dziś niewątpliwie bardziej zajęci, podporządkowani planom zajęć i zagonieni niż kiedyś moje pokolenie. Niedawno znajoma nauczycielka chciała porozmawiać z rodzicami dziecka, które było pod jej opieką. Miała poczucie, że chłopiec spędza zbyt wiele czasu w szkole i bierze udział w zbyt licznych zajęciach dodatkowych. Niech trochę odpocznie, sugerowała. Ojciec wpadł we wściekłość. „Musi się nauczyć wyrabiać dziesięć godzin dziennie tak jak ja" – odburknął. Dziecko miało cztery lata.

W 1989 roku David Elkind, amerykański psycholog, opublikował książkę *Zagonione dziecko: o dojrzewaniu zbyt szybkim i zbyt wczesnym*. Jak sugeruje tytuł, Elkind przestrzega przed zbyt pospiesznym wprowadzaniem dzieci w dorosłe życie. Ilu ludzi go posłuchało? Najwyraźniej bardzo niewielu. Dwadzieścia lat później przeciętne dziecko jest zagonione bardziej niż kiedykolwiek.

Dzieci nie rodzą się opętane obsesją na punkcie szybkości i wydajności – to my je tak kształtujemy. W niepełnych rodzinach stykają się z dodatkową presją, by udźwignąć obowiązki dorosłego. Twórcy reklam zachęcają je, by wcześniej stawały się konsumentami. Szkoła uczy żyć według zegarka i jak najskuteczniej wykorzystywać czas. Rodzice dodatkowo umacniają tę naukę, ładując do ich planu mnóstwo zajęć pozalekcyjnych. Wszystko dookoła mówi dziecku, że mniej nie znaczy więcej, a to, co szybsze, jest zawsze lepsze. Jedno z pierwszych zdań, jakich nauczył się mój syn, brzmiało: „No już, pospiesz się!".

Rywalizacja skłania rodziców do narzucania dzieciom wysokiego tempa. Wszyscy chcemy, by nasze potomstwo odniosło sukces w życiu. W ruchliwym świecie oznacza to, że szybkość obowiązuje wszędzie – w szkole, w sporcie, na zajęciach plastycznych i muzycznych. Już nie wystarczy, że nasze pociechy dotrzymują kroku małym Kowalskim; dziś muszą wyprzedzić je w każdej dziedzinie.

Strach, że dziecko zostanie w tyle, nie jest czymś nowym. W XVIII wieku Samuel Johnson przestrzegał rodziców przed guzdralstwem: „Kiedy ty stoisz i deliberujesz, którą książkę twój syn ma przeczytać najpierw, inny chłopiec zdążył już przeczytać obie". Niemniej w epoce globalnej gospodarki działającej 24/7 presja, by utrzymać się na czele peletonu, jest bardziej zaciekła niż kiedykolwiek i doprowadza do zjawiska, które specjaliści nazywają „hiperrodzicielstwem" (hyper-parenting): nieopanowanego popędu do doskonalenia własnych dzieci. Aby zapewnić swemu potomstwu przewagę, ambitni rodzice w trakcie trwania ciąży puszczają im Mozarta; zanim skończą sześć miesięcy uczą je języka migowego, a od pierwszych urodzin wprowadzają naukę słówek przy pomocy zestawów flash cards dla najmłodszych. Na kolonie komputerowe i warsztaty motywacyjne przyjmuje się dziś nawet czteroletnie dzieci. Lekcje golfa zaczynają się w wieku dwóch lat. W sytuacji, gdy wszyscy inni planują dla swoich dzieci szybką karierę, presja, by włączyć się do wyścigu, jest ogromna. Kilka dni temu trafiłem na reklamę kursu języków obcych dla dzieci organizowanego przez BBC. „Naucz się francuskiego w przedszkolu! Hiszpańskiego w zerówce! – krzyczał nagłówek. – Nie zwlekaj, potem będzie za późno!". W pierwszym odruchu chciałem pędzić do telefonu, żeby rezerwować miejsce. W drugim miałem wyrzuty sumienia, że nie posłuchałem pierwszego.

W świecie morderczej konkurencji szkoła jest polem bitwy, na którym liczy się tylko zajęcie miejsca w klasowej czołówce. Najlepiej widać to w Azji Południowo-Wschodniej, gdzie systemami kształcenia rządzą iście piekielne zasady. Miliony dzieci spędzają wieczory i weekendy w instytucjach zwanych „zakuwalniami" – tylko po to, by nadążyć za programem. Poświęcanie osiemdziesięciu godzin tygodniowo na naukę nie jest rzadkością.

W bezrefleksyjnej pogoni za lepszymi wynikami międzynarodowych testów szkoły anglojęzycznego świata ze szczególnym upodobaniem naśladują model wschodnioazjatycki. Od dwudziestu lat rządy wyznają doktrynę „intensyfikacji", co oznacza zwiększanie presji przez nadmierne obciążanie pracami domowymi, wprowadzanie nowych egzaminów i sztywniejsze programy nauczania. Często mozolna praca zaczyna się jeszcze przed rozpoczęciem oficjalnej edukacji. Mając trzy lata, mój syn zaczął się uczyć w swoim londyńskim przedszkolu – bez większych sukcesów – jak trzymać długopis i pisać. Także na Zachodzie szaleje moda na prywatne indywidualne lekcje dla coraz młodszych dzieci. Pragnąc zdobyć miejsce w odpowiednim przedszkolu, amerykańscy rodzice posyłają swoich czterolatków na szkolenia z zakresu technik używanych podczas rozmowy kwalifikacyjnej. W Londynie nauczyciele przyjmują nawet trzyletnich uczniów na indywidualne lekcje.

Intensyfikacja dotyczy nie tylko programów szkolnych. Pomiędzy lekcjami wiele dzieci biega z jednych zajęć dodatkowych na drugie, co sprawia, że nie mają czasu, żeby się odprężyć, pobawić samemu albo pobujać w obłokach. Nie mają czasu na Powolność.

Dzieci coraz częściej ponoszą konsekwencje pospiesznego trybu życia. Już nawet pięciolatki zmagają się z rozstrojami żołądka, bólami głowy, depresją i zaburzeniami odżywiania wywoływanymi przez stres. Jak wszyscy inni członkowie naszego społeczeństwa będącego „zawsze na wysokich obrotach", dzieci często za mało śpią. W związku z tym bywają marudne, nadpobudliwe i niecierpliwe. Niedosypiające dzieci mają kłopoty ze znajdywaniem kolegów i są bardziej narażone na niedowagę, ponieważ to właśnie w czasie głębokiego snu uwalniają się ludzkie hormony wzrostu.

Jeśli chodzi o naukę, przygotowywanie dziecka do ekspresowej kariery często przynosi więcej szkody niż pożytku. Amerykańska Akademia Pediatrii przestrzega, że zbyt wczesna specjalizacja w dyscyplinie sportowej może spowodować fizyczne i psychiczne urazy. To samo dotyczy edukacji. Coraz więcej dowodów naukowych wskazuje, że dzieci lepiej uczą się w wolniejszym tempie. Kathy Hirsh-Pasek, profesor psychologii dziecięcej na Uniwersytecie Temple w Filadelfii w stanie Pensylwania, przebadała niedawno 120 amerykańskich dzieci w wieku przedszkolnym. Połowa z nich uczęszczała do przedszkoli, w których kładziono nacisk na interakcję społeczną i rozrywkowe podejście do nauki; reszta chodziła do przedszkoli, gdzie liczyły się wyniki w myśl zasady zwanej przez specjalistów *„drill and kill"* („morderczą musztrą"). Hirsh-Pasek zaobserwowała, że dzieci ze swobodniejszego, bardziej Powolnego otoczenia są mniej nerwowe i chętniej się uczą oraz że łatwiej przychodzi im niezależne myślenie.

W 2003 roku Hirsh-Pasek wydała jako współautorka *Einstein Never Used Flash Cards: How Our Children Really Learn – and Why They Need to Play More and Memorize Less*. Książka jest pełna popartych dowodami materiałów obalających mit, że dzięki „wczesnemu nauczaniu" lub wyprzedzaniu treści programowych wychowuje się większych bystrzaków. „Jeśli chodzi o kwestię wychowania i uczenia dzieci, to współczesne przekonanie, że «szybciej znaczy lepiej» i «musimy wykorzystać każdą chwilę», jest najzwyczajniej błędne – mówi Hirsh--Pasek. – Jeśli przypatrzyć się dowodom naukowym, staje się jasne, że dzieci uczą się lepiej, a ich osobowości rozwijają się bardziej harmonijnie, gdy ich edukacja przebiega w sposób swobodniejszy oraz mniej rygorystyczny i pospieszny".

W Azji Południowo-Wschodniej wyczerpująca etyka pracy, która niegdyś uczyniła z tamtejszych szkół przedmiot zazdrości całego świata, teraz ewidentnie się mści. Wychowankowie tracą przewagę w wynikach międzynarodowych testów i nie potrafią wypracować umiejętności twórczych potrzebnych w gospodarce informacyjnej. Studenci i uczniowie coraz bardziej buntują się przeciw etosowi nauki do upadłego. Rosną wskaźniki przestępczości i samobójstw, a wagarowanie, kiedyś postrzegane jako problem Zachodu, osiąga poziom epidemii. Ponad sto tysięcy uczniów japońskich podstawówek i gimnazjów zrywa się z lekcji w sumie na ponad miesiąc w ciągu roku. Wielu innych w ogóle odmawia chodzenia do szkoły.

W całym uprzemysłowionym świecie narasta jednak opór wobec tego ponaglającego nastawienia wobec dzieci. List Lewisa pod tytułem *Zwolnij* trafił do przekonania wszystkim – od gazetowych felietonistów po uczniów i nauczycieli. Rodzice, którzy mają dzieci na Harvardzie, pokazują go ich młodszemu rodzeństwu. „Wygląda na to, że w niektórych rodzinach ten tekst jest jak Biblia" – mówi Lewis. Wiele z pomysłów zawartych w *Zwolnij* umacnia swoją pozycję w mediach. Czasopisma dla rodziców regularnie publikują artykuły o niebezpieczeństwach związanych z wywieraniem nadmiernej presji na młodych. Każdy rok przynosi świeży plon książek pisanych przez psychologów i pedagogów, którzy z naukowego punktu widzenia przedstawiają argumenty przeciw wychowywaniu dzieci w tempie, z jakim zwykł przemieszczać się Struś Pędziwiatr.

Jakiś czas temu „New Yorker" opublikował rysunek satyryczny, który streszcza narastającą obawę, że współczesnej młodzieży odbiera się prawo do prawdziwego dzieciństwa. Dwóch chłopców z podstawówki idzie ulicą z książkami pod pachą i bejsbolówkami na głowie. Jeden, z nad wiek zrezygnowaną miną, mruczy do drugiego: „Tak wiele zabawek – i tak mało wolnego czasu". Już to kiedyś oglądaliśmy. Jak wiele innych poczynań ruchu powolnościowego, korzenie batalii o przywrócenie dzieciom dzieciństwa sięgają rewolucji przemysłowej. W rzeczy samej, współczesne wyobrażenie dzieciństwa jako czasu niewinności i wyobraźni bierze początki w ruchu romantycznym, który po raz pierwszy ogarnął Europę w końcu XVIII wieku. Do tego czasu dzieci postrzegano jako minidorosłych, których czym prędzej należy uczynić zdatnymi do użytku. W dziedzinie edukacji sygnał do zmian dał francuski filozof Jean-Jacques Rousseau, który zaatakował zwyczaj uczenia dzieci tak, jak gdyby były dorosłymi. W *Emilu*, epokowym traktacie o edukacji dzieci w zgodzie z naturą, pisał: „Dzieciństwo zna właściwe sobie sposoby widzenia, myślenia, czucia; nie ma nic obłędniejszego, niż chcieć je zastąpić sposobami właściwymi ludziom dorosłym"[1]. W wieku XIX oczy reformatorów zwróciły się na plagę dziecięcej siły roboczej zatrudnionej w fabrykach i kopalniach nowej gospodarki przemysłowej. W 1819 roku poeta Samuel Taylor Coleridge ukuł termin „biali niewolnicy" dla opisania dzieci ciężko pracujących w angielskich przędzalniach bawełny. Wraz ze schyłkiem XIX wieku w Wielkiej Brytanii poczęto przenosić dzieci z miejsca pracy do szkolnej sali, aby zapewnić im prawdziwe dzieciństwo.

Dziś rodzice i pedagodzy na całym świecie po raz kolejny podejmują starania, by zapewnić młodym ludziom wolność, dzięki której można zwolnić i być dzieckiem. Szukając rozmówców, zamieszczam wiadomości na kilku stronach internetowych dla rodziców. W przeciągu

---

[1] Jean-Jacques Rousseau, *Emil czyli o wychow*aniu, przeł. Wacław Husarski.

paru dni moja skrzynka zapełnia się mailami spływającymi z trzech kontynentów. Niektóre pochodzą od nastolatków żalących się na życie pełne pośpiechu. Jess, dziewczyna z Australii, przedstawia się jako „zagoniona nastolatka" i skarży mi się: „Nie mam czasu na nic!". Większość maili pochodzi jednak od rodziców, którzy z entuzjazmem opowiadają, jak ich dzieci na różne sposoby zwalniają.

Zacznijmy od sal szkolnych, gdzie narasta poparcie dla bardziej Powolnych sposobów uczenia. Pod koniec 2002 roku Maurice Holt, emerytowany profesor Uniwersytetu Colorado w Denver, ogłosił manifest wzywający do stworzenia światowego ruchu na rzecz Powolnej Edukacji. Tak jak innym, inspiracji dostarcza mu Slow Food. Zdaniem Holta, intensywne tuczenie dzieci informacjami jest równie pożywne jak opędzlowanie big maca. Znacznie lepiej uczyć się w powściągliwszym tempie, poświęcając czas na dogłębne zbadanie przedmiotu, dostrzeżenie różnych powiązań, naukę myślenia, a nie zdawania egzaminów. Jak jedzenie Powoli pobudza podniebienie, tak Powolna nauka ożywia umysł.

„Koncepcja powolnej szkoły za jednym zamachem rozprawia się z przekonaniem, że edukacja polega na zakuwaniu, testowaniu i uniformizacji całego szkolnego doświadczenia – pisze Holt. – Powolne podejście do jedzenia stwarza pole do odkrywania, do rozwoju koneserstwa. Na slowfoodowych festiwalach przedstawia się nowe dania i składniki. Podobnie jest z powolnymi szkołami, które są otwarte na innowacje i kulturalne przemiany, podczas gdy szybkie szkoły tylko serwują w kółko te same stare kotlety".

Holt i jego zwolennicy nie są radykałami. Nie namawiają, by dzieci uczyły się mniej lub by spędzały szkolne godziny na wygłupach. W Powolnej klasie jest miejsce na ciężką pracę. Chodzi jednak o to, by zamiast obsesyjnie skupiać się na testach, celach i programach, dać dzieciom szansę, by polubiły naukę. W miejsce lekcji polegającej na tym, że nauczyciel recytuje daty i fakty dotyczące kryzysu kubańskiego, klasa może zorganizować własną debatę w stylu ONZ. Każdy uczeń wyszukałby informacje na temat stanowiska jednego większego państwa podczas sytuacji z 1962 roku, a następnie przedstawił jego argumenty na forum klasowym. Dzieci wciąż ciężko pracują, ale odbywa się to bez znojnego zakuwania na pamięć. Tak jak w całym ruchu powolnościowym, w Powolnej Edukacji chodzi o zachowanie równowagi.

Kraje wybierające Powolne podejście do edukacji już czerpią z tego korzyści. W Finlandii dzieci rozpoczynają edukację przedszkolną, kiedy mają sześć lat, a oficjalną szkolną – mając lat siedem. W późniejszych latach zdają mniej stresujących standardowych egzaminów, które są zmorą uczniowskiego życia od Japonii po Wielką Brytanię. Efekt? Finlandia stale plasuje się na szczycie prestiżowych rankingów osiągnięć szkolnych i alfabetyzacji opracowywanych przez Organizację Współpracy Gospodarczej i Rozwoju, a delegaci z całego uprzemysłowionego świata tłumnie studiują „model fiński".

Gdzie indziej rodzice życzący sobie, by ich dzieci uczyły się w Powolnym środowisku, decydują się na szkoły prywatne. W Niemczech okresu międzywojnia Rudolf Steiner stał się prekursorem metody nauczania będącej biegunowym przeciwieństwem szybkiej edukacji. Steiner uważał, że dzieci nigdy nie należy ponaglać do uczenia się, póki nie będą na to gotowe i sprzeciwiał się uczeniu ich czytania, zanim ukończą siedem lat. Był natomiast zdania, że we wczesnych latach powinny zajmować się zabawą, rysowaniem, opowiadaniem historii i poznawaniem przyrody. Steiner unikał również sztywnych planów zajęć zmuszających uczniów, by przeskakiwali od jednego przedmiotu do drugiego podług widzimisię zegara i wolał, by zajmowali się tematem tak długo, aż uznają, że są gotowi przejść dalej. Dziś na świecie istnieje ponad osiemset szkół steinerowskich, a ich liczba stale rośnie.

W Szkole Laboratorium przy Instytucie Badań nad Dzieckiem w Toronto również stawia się na Powolne metody. Dwustu uczniów w wieku od czterech do dwunastu lat dowiaduje się, jak bezinteresownie uczyć się, rozumieć i zdobywać wiedzę. Są wolni od powszechnej obsesji na punkcie stopni, testów i planów zajęć. Mimo to, kiedy już podchodzą do standardowych egzaminów, zwykle osiągają bardzo wysokie wyniki. Wielu zdobywa stypendia umożliwiające studia na najlepszych uniwersytetach świata, co dodaje wiarygodności poglądowi Holta, głoszącemu, że „jak na ironię zapewniając uczniom intelektualną pożywkę, powolna szkoła daje efekt w postaci dobrych wyników na testach. Do sukcesu, tak jak do szczęścia, najlepiej dążyć okrężną drogą". Szkoła Laboratorium działa wprawdzie od 1926 roku, ale jej wartości nigdy nie cieszyły się taką popularnością jak dziś. Choć roczne czesne wynosi 7 tysięcy dolarów kanadyjskich, na liście oczekujących jest ponad tysiąc dzieci.

W Japonii eksperymentalne szkoły pojawiają się jak grzyby po deszczu, aby zaspokajać popyt na nauczanie prowadzone w bardziej swobodnym duchu. Przykładem takiego miejsca może być Apple Tree, szkoła założona w 1988 roku przez grupę zdesperowanych rodziców w tokijskiej prefekturze Saitama. Jej filozofia odbiega o lata świetlne od tego, co znajdziemy w przeciętnej japońskiej klasie: wojskowej dyscypliny, rywalizacji prowadzonej do utraty tchu i atmosfery turbokształcenia. W Apple Tree uczniowie przychodzą i wychodzą, kiedy im się podoba i nie zdają żadnych egzaminów. Choć brzmi to jak przepis na anarchię, ten wyluzowany system sprawdza się całkiem nieźle.

Jest popołudnie. Dwadzieścioro uczniów w wieku od sześciu do dziewiętnastu lat drapie się po skrzypiących drewnianych schodach do znajdującej się na pierwszym piętrze szkoły. Nie wyglądają na szczególnie zbuntowanych – niektórzy noszą pofarbowane włosy, ale nie widać tatuaży ani kolczyków. Zgodnie z japońskim zwyczajem starannie ustawiają buty przed wejściem, by następnie uklęknąć do pracy przy niskich stolikach rozproszonych po pokoju w kształcie litery L. Czasami ktoś wstaje, by zaparzyć w kuchni zieloną herbatę albo odebrać komórkę. Poza tym wszyscy pracują w skupieniu, robiąc notatki albo dyskutując z nauczycielami lub kolegami z klasy.

Hiromi Koike, ubrana w dżinsy i dżinsową czapeczkę z daszkiem siedemnastolatka podobna do amorka, tłumaczy mi, dlaczego szkoły w rodzaju Apple Tree są zrządzeniem opatrzności. Ona sama nie potrafiła znieść szybkiego tempa i nieustannej presji panującej w tradycyjnej szkole państwowej. Przestała nadążać i stała się celem szkolnych prześladowców znęcających się nad słabszymi. Kiedy kategorycznie odmówiła chodzenia do szkoły, rodzice zapisali ją do Apple Tree, gdzie przygotowuje się teraz do matury, poświęcając na to cztery lata, a nie trzy, jak to jest ogólnie przyjęte. „W normalnej szkole człowiek zawsze jest pod presją, żeby działać szybko, żeby wszystko robić na wyznaczony termin – mówi. – Sto razy wolę Apple Tree, bo tutaj mam

wpływ na mój plan zajęć i uczę się we własnym tempie. Tutaj powolność nie jest zbrodnią".

Krytycy ostrzegają, że Powolna Edukacja najlepiej odpowiada potrzebom dzieci uzdolnionych lub pochodzących z rodzin, w których dużą wagę przywiązuje się do wykształcenia. Jest w tym trochę prawdy, ale elementy doktryny powolnościowej mogą się sprawdzać w zwyczajnej szkole i dlatego właśnie niektóre z najszybszych społeczeństw zaczynają zmieniać nastawienie do edukacji. W Azji Wschodniej władze podejmują działania mające odciążyć uczniów. W Japonii wprowadza się „słoneczną", jak ją tam nazywają, formułę nauczania. Polega ona na tym, że uczniowie mają więcej swobody w szkole, więcej czasu poświęca się na twórcze myślenie, lekcje trwają krócej. W 2002 roku rząd zlikwidował wreszcie sobotnie – tak, sobotnie – lekcje. Zaczyna także udzielać poparcia prywatnym szkołom, których liczba rośnie i które wyznają bardziej Powolne metody uczenia.

W 2001 roku Apple Tree udało się wreszcie wywalczyć pełne uznanie ze strony rządu. Szkoły w Wielkiej Brytanii również poszukują rozwiązań, by ulżyć zestresowanym uczniom. W 2001 roku w Walii zrezygnowano ze sprawdzianu kompetencji dla siedmiolatków. W 2003 roku w Szkocji zaczęto badać rozwiązania, które pozwoliłyby zmniejszyć nacisk kładziony na oficjalne egzaminy. W ramach nowego planu angielskie szkoły podstawowe mają dołożyć starań, by nauka w nich stała się przyjemniejsza.

Również rodzice zaczynają kwestionować turbo-kształcenie dominujące w tylu prywatnych szkołach. Wielu wywiera naciski na dyrektorów, by zadawano mniej prac domowych i przeznaczano więcej czasu na Powolność: zajęcia plastyczne, muzykę lub po prostu myślenie. Inni najzwyczajniej zabierają swoje dzieci i przenoszą je do szkół, gdzie hołduje się mniej Szybkim zasadom.

Tak właśnie postąpił Julian Griffin, londyński pośrednik w wynajmie powierzchni biurowych. Jak wielu dobrze sytuowanych rodziców, chciał posłać syna do szkoły, którą uważał za najlepszą. Rodzina nawet się przeprowadziła, aby zamieszkać koło jednej z renomowanych szkół prywatnych w południowym Londynie, w takiej odległości, żeby można było do niej chodzić pieszo. Jednak wkrótce James, dziecko o artystycznym i marzycielskim temperamencie, zaczął mieć kłopoty. Choć dobrze rysował i wykonywał różne prace ręczne, trudno mu było poradzić sobie z nauką – długimi godzinami w klasie, zadaniami domowymi, sprawdzianami. Wielu rodziców z tej szkoły miało kłopoty z dopilnowaniem, by ich dzieci przedarły się przez dżunglę prac domowych, ale u Griffinów sprawy się miały wyjątkowo źle. James zaczął dostawać ataków paniki i popłakiwał, kiedy rodzice wysadzali go pod szkołą. Po dwóch latach dramatu i po wydaniu fortuny na psychologów Griffinowie postanowili poszukać innej szkoły. Wszystkie prywatne odprawiły ich z kwitkiem. Jedna dyrektorka zasugerowała nawet, że James może mieć uszkodzony mózg. Ostatecznie na rozwiązanie problemu wpadła lekarka rodzinna. „Z Jamesem wszystko jest w porządku – powiedziała. – Potrzebuje się trochę wyluzować. Poślijcie go do szkoły państwowej".

W brytyjskich szkołach państwowych nie praktykuje się turbokształcenia. Tak więc we wrześniu 2002 roku Griffinowie zapisali Jamesa do publicznej podstawówki, która cieszy się popularnością wśród ambitnych rodziców z klasy średniej. Wszystko zmieniło się na lepsze. Choć James wciąż ma skłonności do marzycielstwa, to polubił naukę i pod względem ocen plasuje się pośrodku swojej klasy. Wyczekuje chwili pójścia do szkoły i bez scen odrabia prace domowe, co zajmuje mniej więcej godzinę tygodniowo. Uczęszcza też na zajęcia z ceramiki. Przede wszystkim jednak jest szczęśliwy i odzyskuje pewność siebie. „Czuję się, jakby mi zwrócono syna" – opowiada Julian. Rozczarowani kulturą turboedukacji panującą w sektorze prywatnym, Griffinowie planują posłać swojego młodszego syna, Roberta, do tej samej szkoły, do której chodzi jego brat. „To inny typ niż James i jestem pewien, że poradziłby sobie z tempem w szkole prywatnej, ale dlaczego miałby to robić? – mówi Julian. – Jaki ma sens doprowadzanie własnych dzieci do wypalenia?".

Chcąc zapewnić im lepsze warunki rozwoju twórczych zdolności, inni rodzice zabierają dzieci z prywatnych szkół nawet wówczas, gdy idzie im tam dobrze. W wieku czterech lat Sam Lamiri zdał egzamin wstępny do jednej z najlepszych prywatnych szkół w Londynie. Jego matka Jo była dumna jak paw. Ale chociaż Sam radził sobie z obowiązkami szkolnymi, to miała poczucie, że szkoła zanadto obciąża dzieci. Szczególnie rozczarowujące było to, jak niewiele uwagi poświęcano zajęciom plastycznym. Odbywały się one raz w tygodniu, w piątek po południu – i to tylko jeżeli nauczyciel miał ochotę. Lamiri uważała, że Sama omija coś ważnego. „Głowę miał tak wypełnioną różnymi faktami i nauką, i był pod taką presją, by przodować, że zabrakło miejsca i czasu na wyobraźnię – opowiada. – Nie tego pragnęłam dla własnych dzieci. Chciałam, żeby miały wyobraźnię i były wszechstronnie wykształcone i obyte i ciekawe świata".

Kiedy zmieniły się okoliczności finansowe i rodzina miała mniej pieniędzy na czesne, Lamiri nagle zyskała pretekst, żeby dokonać zmian. W połowie roku szkolnego 2002 przeniosła Sama do popularnej szkoły państwowej. Jest zadowolona z łagodniejszego tempa i nacisku, jaki kładzie się tutaj na poznawanie świata poprzez sztukę. Sam poweselał i ma teraz więcej energii. Zaczął się żywo interesować przyrodą, szczególnie wężami i gepardami. Lamiri jest też zdania, że stał się bardziej kreatywny. Kilka dni wcześniej zastanawiał się na głos, co by było, gdyby wybudować naprawdę wielkie schody sięgające w przestrzeń kosmiczną. „Sam w życiu by nie zapytał o coś takiego wcześniej – mówi jego matka. – W tym, co teraz mówi, jest znacznie więcej wyobraźni".

Bunt przeciw tendencji do turbokształcenia może jednak kosztować wiele nerwów. Rodzice, którzy pozwalają dzieciom, by zwolniły, nieuchronnie zmagają się z dojmującym strachem, że być może działają na ich niekorzyść. Mimo to coraz więcej postanawia rzucić się na głęboką wodę. „Kiedy tylu ludzi dookoła decyduje się na turboedukację, czasem zaczynasz się zastanawiać, czy dobrze wybrałaś – mówi Lamiri. – Koniec końców trzeba po prostu polegać na własnym instynkcie".

Innym rodzicom instynkt podpowiada, żeby w ogóle zabrać dzieci ze szkoły. Edukacja domowa zyskuje na popularności, a Stany Zjednoczone przewodzą tej tendencji. Statystyki są wszędzie nieprecyzyjne, ale National Home Education Research Institute (Narodowy Instytut Badań nad Edukacją Domową) szacuje, że w USA ponad milionowa grupa dzieci i młodzieży uczy się w domu. Według innych szacunków liczba ta wynosi: 100 tysięcy w Kanadzie, 90 tysięcy w Wielkiej Brytanii, 30 tysięcy w Australii i 8 tysięcy w Nowej Zelandii.

Istnieje szereg powodów, dla których rodzice postanawiają uczyć swoje potomstwo w domu – by uchronić je przed dręczeniem przez szkolnych prześladowców, przed narkotykami i innymi społecznymi zagrożeniami; by wychować je według konkretnej tradycji religijnej lub moralnej; by zapewnić im lepsze wykształcenie. Wielu jednak widzi w edukacji domowej sposób, by wyzwolić dzieci spod jarzma planu zajęć, by umożliwić im naukę i życie we własnym tempie. By umożliwić im Powolność. Nawet rodziny, które zaczynają edukację domową od rygorystycznego rozplanowania porządku dnia, koniec końców obierają na ogół bardziej płynny, luzacki kurs. Może się zdarzyć, że pod wpływem chwili, jeśli akurat świeci słońce, wybiorą się pospacerować na łonie natury albo odwiedzić muzeum. Wcześniej przyjrzeliśmy się, w jaki sposób sprawowanie kontroli nad własnym czasem powoduje, że ludzie czują mniejszą presję w miejscu pracy. To samo odnosi się do kształcenia. Zarówno rodzice, jak i dzieci twierdzą, że możność zmienienia rozkładu zajęć lub samodzielnego wyboru własnego tempa pomaga zapanować nad odruchem, który nakazuje się spieszyć. „Kiedy już raz zapanujesz nad własnym planem dnia, presja, żeby pędzić, znacznie maleje – mówi osoba ucząca w domu z Vancouver. – Po prostu automatycznie wyhamowujesz".

Edukacja domowa często idzie w parze z przyjęciem bardziej Powolnego trybu życia przez całą rodzinę. Wielu rodziców zauważa, że ich priorytety zmieniają się, w miarę jak mniej czasu spędzają w pracy, a więcej na doglądaniu edukacji swoich dzieci. „Kiedy człowiek zacznie się zastanawiać nad kształceniem, to szybko okazuje się, że zaczyna zastanawiać się nad wszystkim – polityką, środowiskiem, pracą – mówi Roland Meighan, brytyjski specjalista od edukacji domowej. – Dżin wydostał się z butelki".

Edukacja domowa jest wierna filozofii powolnościowej i nie oznacza, że ktoś odpada lub wlecze się w ogonie. Wręcz przeciwnie, uczenie w domu okazuje się wyjątkowo skuteczne. Jak powszechnie wiadomo, przez szkołę marnuje się dużo czasu: uczniowie muszą dojeżdżać tam i z powrotem, robić przerwy, kiedy ktoś inny im każe, wysiadywać na lekcjach, których tematy już przyswoili, przedzierać się przez bezsensowne prace domowe. Kiedy ktoś uczy się sam w domu, czas można wykorzystywać znacznie wydajniej. Badania pokazują, że dzieci uczone w domu uczą się szybciej i lepiej niż ich rywale chodzący do konwencjonalnej szkoły. Uniwersytety kochają ich, ponieważ łączą ciekawość, kreatywność i wyobraźnię z dojrzałością i umiejętnością samodzielnego mierzenia się z zadaniami.

Obawa, że dzieci ucierpią towarzysko wskutek porzucenia szkoły również jest bezpodstawna. Rodzice uczący dzieci w domu zwykle tworzą w swojej okolicy sieci kontaktów, aby dzielić się obowiązkami nauczycielskimi, razem robić wycieczki w teren i organizować spotkania towarzyskie. A ponieważ dzieci uczące się w domu szybciej przerabiają materiał, to mają więcej czasu na rekreację, na kluby czy drużyny sportowe, gdzie pełno rówieśników chodzących do tradycyjnych szkół.

277

Beth Wood, która przerzuciła się na edukację domową na początku 2003 roku, w życiu nie śniłoby się, żeby wracać do szkoły. Jako mała dziewczynka chodziła do szkoły steinerowskiej opodal swojego domu rodzinnego w Whitstable, niedużym porcie rybackim położonym o 80 kilometrów na wschód od Londynu. W tym stosunkowo mało rygorystycznym otoczeniu bystra ponad swój wiek Beth czuła się jak ryba w wodzie. Jednak kiedy klasa się powiększyła i dołączyło do niej kilku uczniów, którzy zakłócali spokój, zaczęła czuć się tam tak źle, że jej matka, Claire, postanowiła ją przenieść. Państwowe podstawówki z okolicy stały na niskim poziomie, więc matka i córka zaczęły zwiedzać miejscowe szkoły prywatne. Kilka z nich proponowało Beth stypendium, obiecując, że trafi prosto w tryby „przyspieszonego nauczania". Claire, nie chcąc fundować córce ekspresowego tempa, podjęła trudną decyzję o przejściu na edukację domową. Sprowadzenie Beth na wolniejsze tory zbiegło się ze zmianą w jej własnym życiu: w 2002 roku porzuciła wyczerpującą i czasochłonną pracę rzeczoznawcy od ubezpieczeń morskich i założyła w domu warsztat mydlarski.

W przypadku Beth edukacja domowa przyniosła cudowne efekty. Jest bardziej rozluźniona i pewna siebie i delektuje się wolnością, która pozwala jej uczyć się we własnym tempie. Jeśli w poniedziałek nie ma ochoty na geografię, zajmie się nią w dalszej części tygodnia. A jeżeli jakiś temat przypadnie jej do gustu, zaczytuje się w nim zachłannie. Dzięki płynnemu planowi zajęć i temu, że obowiązki szkolne wykonuje dwa razy szybciej, niż gdy była w szkole, zostaje jej dużo czasu na zajęcia nadprogramowe: ma wielu kolegów i koleżanek, gra na skrzypcach w orkiestrze młodzieżowej, chodzi na cotygodniowe zajęcia plastyczne i jest jedyną dziewczynką w drużynie piłki wodnej na lokalnym basenie. Dla Beth, która jest wysoka i wygląda na więcej lat, niż ma, być może najważniejszą rzeczą w tym wszystkim jest to, że nigdy nie czuje się zagoniona ani uzależniona od zegarka. Władza nad własnym czasem uodpornia ją na chorobę niedoczasu. „Znajomi, którzy chodzą do szkoły, są zawsze zabiegani, zestresowani albo mają dosyć. Ja nigdy się tak nie czuję – mówi. – Nauka naprawdę sprawia mi przyjemność".

Pod dyskretnym nadzorem ze strony swojej matki Beth realizuje państwowy program nauczania, a w niektórych przedmiotach nawet poza ten program wykracza. Jej pasją jest historia i postanowiła, że chciałaby studiować archeologię w Oksfordzie lub Cambridge. Wkrótce zacznie przygotowywać się do GCSE, egzaminu, do którego w wieku szesnastu lat przystępują wszyscy uczniowie w Wielkiej Brytanii. Claire uważa, że jej córka mogłaby śmignąć przez ten materiał w jeden rok zamiast w standardowe dwa lata, ale zamierza ją przystopować. „Mogłaby to machnąć raz-dwa, ale nie widzę sensu w spieszeniu się – mówi. – Jeżeli podejdzie do tego wolniej i zachowa zdrową równowagę między nauką a zabawą, nauczy się dużo więcej".

We wszystkich dyskusjach nad koniecznością zapewnienia dzieciom większej powolności ważnym tematem jest zabawa. Wiele badań pokazuje, że niezagospodarowany odgórnie czas na zabawę pomaga młodszym dzieciom rozwijać kompetencje językowe i społeczne, potencjał twórczy i zdolność uczenia się. Spontaniczna zabawa stanowi przeciwieństwo „poważnych zajęć", które wiążą się z pilnym zaangażowaniem, planowaniem, ustalonym harmonogramem i celem. Nie chodzi więc o lekcję baletu czy trening piłkarski. Spontaniczną zabawą będzie wykopywanie dżdżownic w ogrodzie, bezładne wygłupy z zabawkami u siebie w pokoju, budowanie z klocków lego, uganianie się z innymi dzieciakami po podwórku lub najzwyczajniej w świecie patrzenie przez okno. Dorosłemu przyzwyczajonemu do wykorzystywania każdej sekundy spontaniczna zabawa wydaje się marnotrawieniem czasem. Ulegamy odruchowi, żeby zapełniać te „puste" rubryki w kalendarzu wzbogacającymi i rozrywkowymi czynnościami.

Angelika Drabert, terapeutka zajęciowa, jeździ po monachijskich przedszkolach, żeby opowiadać rodzicom, jak ważną rzeczą jest czas na spontaniczną zabawę. Jej cel to nauczenie rodziców, by nie zwiększali tempa życia swoich dzieci i nie przeciążali ich nadmiarem zajęć. Drabert przynosi ze sobą torbę wypełnioną listami od wdzięcznych matek. „Kiedy już pokażesz rodzicom, że nie muszą wypełniać każdej chwili rozrywkami i zajęciami, każdy może się rozluźnić. I dobrze – opowiada. – Życie dziecka musi być czasem powolne albo nudne".

Wielu rodziców dochodzi do takich wniosków bez pomocy terapeuty. W Stanach Zjednoczonych tysiące z nich przyłączają się do grup w rodzaju Putting Family First (Rodzina Na Pierwszym Miejscu), które prowadzą kampanię przeciw epidemii przesadnego planowania. W 2002 roku w Ridgewood, dwudziestopięciotysięcznym mieście w stanie New Jersey, zaczęto obchodzić doroczną imprezę o nazwie Na Miejsca, Gotowi, Luz!. W wybrany dzień marca miejscowi nauczyciele zgadzają się nie zadawać żadnych prac domowych, a wszystkie treningi sportowe, lekcje indywidualne i spotkania klubowe zostają odwołane. Rodzice tak organizują swój czas, żeby wrócić z pracy dość wcześnie, by zjeść kolację z dziećmi i spędzić wieczór w ich towarzystwie. Impreza na stałe zagościła w kalendarzu Ridgewood, a niektóre rodziny zaczęły kierować się Powolnymi zasadami przez resztę roku.

Często podpowiedź, by zwolnić, przychodzi od samych dzieci. Za przykład może posłużyć rodzina Barnesów z zachodniego Londynu. Nicola, matka, pracuje na niepełnym etacie w firmie zajmującej się badaniami rynku. Jej mąż Alex jest dyrektorem finansowym w wydawnictwie. Oboje są zapracowanymi ludźmi, a ich terminarze pękają w szwach. Do niedawna tak samo było z ich synem Jackiem. Chodził na treningi piłki nożnej i krykieta, brał lekcje pływania i tenisa, występował w teatrzyku szkolnym. W weekendy rodzina przeczesywała galerie i muzea, uczęszczała na imprezy muzyczne dla dzieci i odwiedzała dziecięce parki przyrody wokół Londynu. „Organizowaliśmy nasze życie, w tym życie Jacka, jakby to była operacja wojskowa – mówi Nicola. – Liczyła się każda sekunda".

Aż wreszcie, pewnego wiosennego popołudnia, wszystko się zmieniło. Zamiast iść na tenisa, Jack zapragnął zostać w domu i pobawić się u siebie w pokoju. Matka nalegała, żeby poszedł. Kiedy z piskiem opon na zakrętach pruli przez zachodni Londyn, przelatując na żółtych światłach, siedzący na tylnym siedzeniu Jack przestał się odzywać. „Spojrzałam we wsteczne lusterko, a on spał. Wtedy to do mnie dotarło – wspomina Nicola. – Nagle pomyślałam: «To jakiś obłęd. Ciągnę go gdzieś, gdzie wcale nie ma ochoty iść. Doprowadzę moje własne dziecko do wypalenia»".

Tamtego wieczoru rodzina Barnesów zebrała się przy kuchennym stole, żeby odchudzić terminarz Jacka. Postanowili, że wystarczą mu nie więcej niż trzy rodzaje zajęć pozalekcyjnych. Jack wybrał piłkę, pływanie i kółko teatralne. Podjęli też decyzję o rezygnacji z logistycznie zaplanowanych zajęć weekendowych. W efekcie Jack ma teraz więcej czasu, by dokazywać w ogrodzie, spotykać się z kolegami w pobliskim parku i bawić się u siebie w pokoju. W sobotnie wieczory zamiast paść na łóżko zaraz po kolacji, przyjmuje kolegów, którzy u niego nocują. W niedzielę rano razem ze swoim gościem robi popcorn i naleśniki. Nowe, wolniejsze tempo wymagało oswojenia, przynajmniej w wypadku rodziców. Nicola obawiała się, że Jack będzie się nudzić i niecierpliwić, zwłaszcza w weekendy. Alex – że będzie tęsknić za tenisem i krykietem. Tymczasem żyjąc według nowego planu zajęć, Jack rozkwitł. Ma więcej energii, więcej mówi i przestał obgryzać paznokcie. Jego trener od piłki twierdzi, że poprawił podania. Nauczycielka prowadząca kółko teatralne uważa, że nabrał odwagi. „Wydaje mi się, że po prostu całe życie sprawia mu teraz większą frajdę – mówi jego matka. – Żałuję tylko, że nie odciążyliśmy go wcześniej".

Teraz, kiedy więcej czasu spędzają na zwykłym szwendaniu się razem, Nicola ma poczucie, że zbliżyli się z synem. Uważa też, że jej własne życie nie jest aż taką gonitwą jak wcześniej. Jeżdżenie z jednych zajęć na drugie było wyczerpujące i czasochłonne.

Barnesowie zamierzają teraz ograniczyć rządy królowej czasu pozaszkolnego: telewizji. Porównałem wcześniej miasto do gigantycznego akceleratora cząstek. Ta metafora równie dobrze pasuje do telewizji, zwłaszcza w wypadku młodych. Wprowadzając dzieci w dorosłe tematy i zmieniając je we wczesnym wieku w konsumentów, telewizja przyspiesza ich wchodzenie w dorosłość. Dzieci spędzają przed telewizorem tak wiele czasu – w Stanach Zjednoczonych statystycznie do czterech godzin dziennie – że muszą gnać, żeby wyrobić się ze wszystkim innym. W 2002 roku dziesięć czołowych państwowych organizacji zdrowia, w tym Amerykańskie

Stowarzyszenie Lekarzy i Amerykańska Agencja Pediatrii, opublikowało list z ostrzeżeniem, że zbyt częste oglądanie telewizji pobudza agresję u dzieci i młodzieży. Istnieją różne badania, które wskazują, że dzieci obcujące z programami telewizyjnymi lub grami komputerowymi zawierającymi przemoc częściej są niespokojne i nie potrafią usiedzieć w skupieniu w jednym miejscu.

W szkołach całego świata, gdzie u rosnącej liczby dzieci diagnozuje się ADHD, nauczyciele coraz częściej winą obarczają telepudło. Szybko się zmieniające obrazki na małym ekranie niewątpliwie wywierają wpływ na młody mózg. W 1997 roku, kiedy japońska telewizja wyemitowała odcinek kreskówki o Pokemonach, jasne migotliwe światełka wywołały ataki epilepsji u blisko 700 oglądających je dzieci. Dziś firmy produkujące oprogramowanie, chcąc zabezpieczyć się przed procesami, umieszczają na opakowaniach swoich gier ostrzeżenia zdrowotne.

Nic dziwnego, że wiele rodzin mówi „dosyć". W ruchliwych, pełnych elektroniki domostwach całego świata rodzice zaczynają ograniczać dzieciom dostęp do szklanego ekranu i przekonują się, że bez niego życie staje się mniej szalone. Chcąc bezpośrednio doświadczyć strefy wolnej od telewizora, umawiam się na odwiedziny u Susan i Jeffreya Clarke'ów, zapracowanej pary czterdziestolatków mieszkających z dwojgiem małych dzieci w Toronto. Do niedawna życie rodzinne koncentrowało się wokół telewizora. Dziesięcioletni Michael i ośmioletnia Jessica, wmurowani przed ekranem jak para zombie, regularnie tracili poczucie czasu i koniec końców musieli gnać, żeby się nie spóźniać. Oboje połykali posiłki w mgnieniu oka, żeby powrócić przed pudło.

Przeczytawszy gdzieś o ruchu antytelewizyjnym, Clarke'owie postanowili spróbować. Rzucili nałóg od razu, a dwudziestosiedmiocalowego panasonica schowali w szafce pod schodami. Kiedy wygasły wstępne protesty, efekty były zdumiewające. Nie minęło więcej niż tydzień, a dzieci wyłożyły podłogę w piwnicy materacami i zaczęły odstawiać numery gimnastyczne, w tym gwiazdy i stawanie na rękach. Jak wiele innych rodzin wolnych od telewizji, Clarke'owie nagle zdali sobie sprawę, że sami ponoszą odpowiedzialność za swój czas. Dzięki tej konkluzji łatwiej było im wykorzenić pośpiech z codziennego życia. Znaczną część godzin przeznaczanych kiedyś na oglądanie telewizji wykorzystują teraz na Powolniejsze zajęcia – czytanie, gry planszowe, uganianie się po podwórku za domem, poznawanie muzyki lub zwyczajnie na rozmowy. Dzieci wydają się zdrowsze i lepiej radzą sobie w szkole. Jessice łatwiej zasnąć w nocy. Michael, który miał kłopoty z koncentracją i czytaniem, teraz sam pochłania kolejne książki.

W czwartkowy wieczór w domostwie Clarke'ów panowała budząca zazdrość atmosfera błogości. W kuchni Susan gotowała makaron. Na kanapie w salonie Michael czytał *Harry'ego Pottera i czarę ognia*. Obok niego Jeffrey przerzucał „Globe and Mail". Na podłodze Jessica pisała list do babci.

Clarke'owie nie są tak przesłodzeni i bezgrzeszni, jak się wydaje. Telewizor wrócił już do salonu i dzieciom wolno od czasu do czasu coś pooglądać. Jeffrey zapewnia, że w domu często panuje znacznie większy chaos niż podczas mojej wizyty. Ograniczenie telewizji zmieniło jednak zasadnicze tempo życia rodzinnego z szaleńczego *prestissimo* na obdarzone większą godnością *moderato*. „Na pewno pojawił się spokój, którego wcześniej nie było – mówi Susan. – Wciąż prowadzimy aktywne, ciekawe życie. Różnica jest taka, że już nie biegamy dookoła jak kot z pęcherzem".

W świecie ogarniętym obsesją, by wszystko robić szybciej, niektórym będzie jednak łatwiej niż innym wychować dzieci w Powolnym stylu. Pewne formy spowolnienia mają swoją cenę, na którą nie każdego stać. Żeby posłać dziecko do szkoły kierującej się Powolnymi zasadami potrzebne są pieniądze. Żeby wygospodarować czas na edukację domową, przynajmniej jeden rodzic musi pracować mniej, co nie jest możliwe w każdej rodzinie. Mimo to istnieje wiele darmowych sposobów sprowadzenia dziecka na Powolną drogę. Ograniczenie telewizji lub zajęć pozalekcyjnych nie kosztuje na przykład nic.

Główną przeszkodą na drodze do Powolnego wychowania dzieci są jednak nie tyle koszta, co współczesna mentalność. Silna chęć fundowania dzieciom ekspresowej drogi do kariery wciąż jest zakorzeniona głęboko. Wielu japońskich rodziców, zamiast z zadowoleniem powitać rządowe wysiłki w celu złagodzenia szkolnych obciążeń, zmusza swoje dzieci, by jeszcze więcej czasu spędzały w lokalnych zakuwalniach. W całym uprzemysłowionym świecie rodzice i politycy poddają się dyktatowi wyników egzaminów.

Ocalenie następnego pokolenia przed kultem szybkości wymaga wymyślenia na nowo całej naszej filozofii dzieciństwa, tak jak zrobili to przed dwustu laty romantycy. Potrzeba więcej wolności i elastyczności w kształceniu, więcej nacisku na nauczanie pojmowane jako przyjemność, więcej miejsca na spontaniczną zabawę, a mniej obsesji na punkcie wykorzystywania każdej sekundy i mniej presji, by naśladować obyczaje dorosłych. Ci ostatni na pewno muszą odrobić swoją działkę: powściągnąć żądzę bycia hiperrodzicami i własnym życiem dać przykład Powolności. Żaden z tych kroków nie jest łatwy, ale na pewno warto je podjąć.

Nicola Barnes jest szczęśliwa, że jej syn Jack nie uwija się już w pośpiechu przez cały dzień, próbując wykorzystać do maksimum każdą chwilę. „To ważna lekcja, zarówno dla dorosłych, jak i dla dzieci – mówi. – Kiedy człowiek potrafi zwolnić, życie jest po prostu lepsze".

ZAKOŃCZENIE

ODNALEŹĆ *TEMPO GIUSTO*

Cała życiowa walka jest poniekąd walką o to,
jak wolno lub jak szybko wykonuje się każdą czynność.

STEN NADOLNY, AUTOR *ODKRYWANIA POWOLNOŚCI* (1996)

W 1898 roku Morgan Robertson opublikował *Futility*, niesamowitą w swoim profetyzmie powieść o obłąkańczym pędzie do pobicia rekordu w rejsie przez Atlantyk. Historia zaczyna się wodowaniem największego statku pasażerskiego, jaki kiedykolwiek zbudowano, „praktycznie niezatapialnego" okrętu, który może pełną parą przemierzać otwarte morze przy każdej pogodzie. W trakcie swojego dziewiczego rejsu statek wbija się w górę lodową. Świadek katastrofy potępia tę „bezsensowną zagładę ludzi i dobytku w imię szybkości". Powieściowy liniowiec nazywał się *Titan*. Czternaście lat później, w 1912 roku, *Titanic* zderzył się z górą lodową, powodując śmierć ponad tysiąca pięciuset osób.

Zatonięcie niezatapialnego *Titanica* posłużyło jako wezwanie do opamiętania pod adresem świata poddanego dyktaturze szybkości. Wielu liczyło, że tragedia zmusi ludzkość, by przystanęła dla odsapnięcia, spojrzała krytycznie na kult przyspieszania i dostrzegła, że nadeszła pora, by nieco zwolnić.

Stało się jednak inaczej. Wiek później świat wciąż wytęża siły, by wszystko robić szybciej – i płaci za to wysoką cenę. O żniwie, które zbiera kult pośpiechu, powiedziano już wiele. Szybkimi krokami zmierzamy ku powszechnemu wypaleniu. Cierpimy na tak dotkliwy brak czasu, że zaniedbujemy znajomych, rodziny i partnerów. Już prawie nie potrafimy się cieszyć z niczego, bo zawsze wybiegamy myślą do tego, co czeka nas później. Jemy niezdrowo i niesmacznie. A ponieważ nasze dzieci wpadły w ten sam wir, przyszłość maluje się niewesoło.

Ale nie wszystko stracone. Jeszcze jest czas, żeby zmienić kurs. Chociaż szybkość, zapracowanie i obsesja oszczędzania czasu pozostają wyznacznikami współczesnego życia, to szykuje się wobec nich potężny opór. Nadciąga ruch powolnościowy. Wielu ludzi, zamiast robić wszystko szybciej, zwalnia, by się przekonać następnie, że dzięki powolności żyją, pracują, myślą i bawią się lepiej.

Ale czy ruch powolnościowy jest faktycznie ruchem? Niewątpliwie zawiera wszystkie elementy, na jakie zwracają uwagę przedstawiciele świata akademickiego – przychylność społeczeństwa, koncepcję nowego sposobu życia, działania oddolne. To prawda, że nie ma formalnej struktury, ani rozpoznawalnej marki. Ludzie zwalniają, mniej pracują albo znajdują czas na samodzielne gotowanie bez poczucia, że należą do ogólnoświatowej krucjaty. Niemniej każdy akt spowolnienia jest wodą na młyny Powolności.

Włochom jest zapewne najbliżej do miana duchowej ojczyzny ruchu powolnościowego. Dzięki właściwemu sobie przywiązaniu do przyjemności i wypoczynku, tradycyjny śródziemnomorski styl życia jest naturalną odtrutką na szybkość. Slow Food, Powolne Miasta i Slow Sex mają korzenie we Włoszech. Ale w ruchu powolnościowym nie chodzi o to, by całą planetę obrócić w wakacyjny kurort śródziemnomorski. Większość z nas nie chce zastępować kultu szybkości kultem powolności. Szybkość też bywa miła, produktywna i ważna, i bylibyśmy bez niej ubożsi. Świat potrzebuje czegoś innego i właśnie tu ogromną rolę ma do odegrania ruch powolnościowy, który proponuje coś w pół drogi, przepis na pożenienie *la dolce vita* z dynamizmem ery informacji. Sekret tkwi w równowadze: zamiast robić wszystko szybciej, róbcie to w odpowiednim tempie. Czasem szybko. Czasem wolno. Czasem jakoś pomiędzy. Być Powolnym lub Powolną znaczy nigdy się nie spieszyć, nigdy nie silić się, by oszczędzać czas dla samego oszczędzania. Znaczy to zachować spokój i nie tracić głowy nawet wtedy, gdy okoliczności zmuszają nas, by przyspieszyć. Jednym ze sposobów na rozwijanie wewnętrznej Powolności jest znalezienie czasu na zajęcia, które stanowią sprzeciw wobec przyspieszania – medytację, robienie na drutach, ogrodnictwo, jogę, malowanie, czytanie, spacerowanie, *chi kung*.

Nie istnieje jedna recepta na spowolnienie, uniwersalny poradnik właściwego tempa. Każda osoba, każde działanie i każdy moment mają własny *Eigenzeit*. Niektórzy są szczęśliwi, żyjąc na takich obrotach, które resztę z nas doprowadziłyby przedwcześnie na cmentarz. Każdy musi mieć prawo wyboru tempa, które mu odpowiada. Jak mówi niemiecki pianista Uwe Kliemt: „Świat jest bogatszy, kiedy znajdujemy w nim miejsce na różne szybkości".

Oczywiście ruch powolnościowy nadal napotyka na nieoczekiwane przeszkody – przede wszystkim nasze własne uprzedzenia. Nawet tęskniąc za spowolnieniem, czujemy, że powstrzymuje nas mieszanina chciwości, inercji i strachu przed niedotrzymaniem kroku innym. W świecie zaprojektowanym dla potrzeb szybkości, żółwiowi potrzeba wiele czasu na przekonanie do swoich racji.

Krytycy lekceważą ruch powolnościowy, widząc w nim przelotną modę lub marginalną filozofię, która nigdy nie trafi do głównego nurtu. Faktycznie, od czasów rewolucji przemysłowej apele o spowolnienie nie zdołały powstrzymać przyspieszenia, jakiemu ulegał świat. Wiele osób wyznających powolność w latach sześćdziesiątych i siedemdziesiątych w latach osiemdziesiątych i dziewięćdziesiątych gnało, by nadrobić zaległości. Czy kiedy światowa gospodarka znów zacznie się kręcić albo gdy nadejdzie kolejny szał w stylu bańki internetowej, cała gadka o powolności poleci do kosza, a wszyscy popędzą, żeby zgarnąć szybką kasę? Nie jestem pewien. Dziś lepiej niż jakiekolwiek pokolenie przed nami rozumiemy niebezpieczeństwo i daremność nieustannego przyspieszania i jesteśmy bardziej zdeterminowani, by powstrzymać kult szybkości. Po stronie spowolnienia stoi też demografia. W całym rozwiniętym świecie społeczeństwa starzeją się, a w miarę jak przybywa nam lat, większość z nas zyskuje jedną wspólną cechę: robimy się wolniejsi.

Ruch powolnościowy rozwija się we własnym tempie. Potrzeba odwagi, aby powiedzieć „nie" szybkości, a człowiekowi łatwiej podjąć tę trudną decyzję, kiedy wie, że nie jest sam, że inni dzielą z nim tę samą wizję i ponoszą to samo ryzyko. W dużej grupie raźniej. Za każdym razem kiedy gazety napiszą o organizacji w rodzaju Slow Food czy Stowarzyszenia na Rzecz Spowolnienia Czasu, każdemu z nas, pozostałych, łatwiej zwolnić. Ponadto, kiedy odczujemy pozytywne skutki spowolnienia w jednej sferze życia, często zaczynamy stosować płynącą stamtąd naukę w pozostałych. Alice Waters, założycielka słynnej restauracji Chez Panisse w Berkeley w Kalifornii i gwiazda ruchu Slow Food, w 2003 roku zaczęła propagować zalety Powolnej Edukacji. Ten sam efekt działa również na poziomie życia pojedynczych osób czy rodzin. Roger Kimber, po tym jak odkrył niespieszne rozkosze tantrycznego seksu, postanowił krócej pracować. Claire Wood porzuciła dynamiczną pracę w branży ubezpieczeniowej i zajęła się wyrobem mydła oraz domową edukacją własnej córki. Jim Hughes opanował sztukę *chi kung* i wykorzystuje jej zasady najpierw na korcie do squasha, a potem w pracy zawodowej. Bankierka Jill Hancock zaczęła od wieczornego wyłączania telefonu komórkowego, teraz po pracy namiętnie gotuje. „Kiedy w pracy człowiek przestaje sobie powtarzać «jedziesz, nie przestajesz», to szybko wyzbywa się tego nastawienia we wszystkich innych sferach życia – opowiada. – Ma się wtedy ochotę głębiej doświadczać różnych rzeczy, a nie tylko prześlizgiwać się po powierzchni".

Poczucie, że czegoś nam w życiu brakuje, stanowi fundament globalnej tęsknoty za Powolnością. Pytanie, czy to „coś" ma głębszy sens niż poprawa jakości życia, pozostaje jednak otwarte. Wielu dochodzi do przekonania, że spowolnienie zawiera w sobie wymiar duchowy. Wielu innych nie. Ruch powolnościowy jest wystarczająco rozległy, by pomieścić jednych i drugich. Tak czy inaczej różnica między nimi niekoniecznie jest tak znaczna, jak się wydaje. Podstawową zaletą spowolnienia jest to, że człowiek odzyskuje czas i spokój potrzebne, by nawiązywać głębokie relacje – z ludźmi, kulturą, pracą, naturą, z własnym ciałem i umysłem. Jedni nazywają to lepszym życiem. Inni opisaliby to jako doświadczenie duchowe.

Ruch powolnościowy niewątpliwie wiąże się z zakwestionowaniem niepohamowanego materializmu, który napędza światową gospodarkę. Dlatego jego krytycy uważają, że nie możemy sobie nań pozwolić, a spowolnienie pozostanie elementem stylu życia, który jest przywilejem bogatych. To prawda, nie każdy może sobie pozwolić na pewne produkty filozofii powolnościowej – alternatywną medycynę, osiedla bez ruchu samochodowego, wołowinę z ekologicznych farm. Ale na większość tak. Więcej czasu poświęcanego przyjaciołom i rodzinie nic nie kosztuje. Nic nie kosztują spacery, gotowanie, medytacja, kochanie się, czytanie czy zjadanie kolacji przy stole, a nie przed telewizorem. Poskromienie gwałtownej chęci pośpiechu też jest za darmo.

Ruch powolnościowy nie walczy z kapitalizmem. Przeciwnie, rzuca mu koło ratunkowe. Światowy kapitalizm w swojej obecnej postaci zmusza nas, żebyśmy szybciej produkowali, szybciej pracowali, szybciej konsumowali i szybciej żyli, bez względu na cenę. Traktując ludzi i środowisko jako cenne zasoby, a nie źródło zasilania tymczasowego użytku, Powolnościowa alternatywa mogłaby sprawić, że to gospodarka będzie pracować dla nas, a nie na odwrót. Być może Powolny kapitalizm to niższy wzrost i trudne warunki sprzedaży w świecie ogarniętym obsesją na punkcie indeksu Dow Jones, ale koncepcja głosząca, że życie to coś więcej niż maksymalizacja PKB lub zwycięstwo w wyścigu szczurów, zyskuje uznanie, zwłaszcza w bogatszych społeczeństwach, gdzie ludzie zaczynają zastanawiać się nad wysokimi kosztami swojego szaleńczego trybu życia.

W naszej hedonistycznej epoce ruch Powolnościowy ma w rękawie asa marketingowego: handluje przyjemnością. Główna nauka filozofii Powolności nakazuje, by na wykonywanie różnych czynności poświęcać tyle czasu, by wykonywać je przyzwoicie, a tym samym czerpać z nich większą radość. Bez względu na to, jak wypadnie jej podliczenie w tabelce ekonomisty, filozofia ta niesie z sobą źródła prawdziwego szczęścia: dobre zdrowie, rozkwitające środowisko, silne społeczności lokalne i związki międzyludzkie, wolność od nieustannego pośpiechu.

Jednak przekonanie ludzi o pożytkach płynących ze spowolnienia to zaledwie początek. Zmniejszanie tempa zawsze będzie walką, dopóki nie napiszemy na nowo praw rządzących niemal każdą dziedziną naszego życia – gospodarką, pracą, urbanistyką, edukacją, medycyną. Będzie to wymagać przebiegłego połączenia łagodnej perswazji, wizjonerskiego przywództwa, twardego prawodawstwa i międzynarodowego konsensusu. Poważne wyzwanie, ale konieczne. Już istnieją podstawy do optymizmu. Jako zbiorowość wiemy, że nasze życie toczy się w zbyt obłąkańczym tempie, i chcemy zwolnić. Jako jednostki coraz więcej z nas naciska na hamulec i odkrywa, że nasze życie uległo zmianie na lepsze. Kluczowe pytanie brzmi zatem: kiedy jakość jednostkowa przejdzie w jakość zbiorową? Kiedy liczne pojedyncze akty spowolnienia na całym świecie osiągną masę krytyczną? Kiedy ruch powolnościowy zmieni się w powolnościową rewolucję?

Żeby tak się stało, każdy z nas powinien znaleźć w życiu przestrzeń na Powolność. Na dobry początek warto na nowo ułożyć swoje relacje z czasem. Larry Dossey, amerykański lekarz, który ukuł pojęcie „choroby niedoczasu", pomaga pacjentom zwalczyć to schorzenie, ucząc ich, jak wykroczyć poza czas. Posługuje się przy tym biofeedbackiem, medytacją lub modlitwą, które wykorzystuje do skonstruowania „korytarzy prowadzących poza czas". Pacjenci odkrywają, w jaki sposób zegarek kierował ich dotychczasowym życiem i dzięki temu są w stanie zwolnić. Wszyscy możemy wyciągnąć z tego naukę. Postarajcie się pomyśleć o czasie nie jako o skończonych złożach, które nieustannie się kurczą, nie jako o prześladowcy, którego trzeba się bać lub którego trzeba pokonać, lecz jako o łagodnym żywiole, w którego otoczeniu żyjemy. Przestańcie przeżywać każdą sekundę, jakby tuż obok stał Frederick Taylor i, zerkając na stoper, psykał z dezaprobatą.

Jeśli nasze podejście do czasu stanie się mniej neurotyczne, będziemy w stanie rozsądniej korzystać z życia w społeczeństwie działającym 24/7. Na początku tej książki przekonywałem, że świat, w którym wszystko jest otwarte całą dobę, to świat, który zachęca do pośpiechu. Gdy dać nam szansę wykonywania wszystkich czynności o dowolnej porze, nasze terminarze zaczynają pękać w szwach. Ale społeczeństwo typu 24/7 nie jest z natury złe. Jeśli przyjąć wobec niego Powolną postawę   293
– polegającą na tym, by robić mniej i mniej się przy tym spieszyć – otrzymamy w zamian elastyczność, której potrzebujemy, by zwolnić.

W tym celu dobrze jest zacząć od małych kroków. Ugotujcie posiłek od zera. Pójdźcie na spacer z przyjacielem zamiast pędzić do centrum handlowego i kupować rzeczy, których nie potrzebujecie. Poczytajcie gazetę, nie włączając telewizora. Wzbogaćcie swój seks o masaż. Albo po prostu usiądźcie na kilka minut w jakimś zacisznym miejscu.

Jeżeli spodoba wam się mały akt Powolności, przejdźcie do czegoś większego. Zastanówcie się ponownie nad tym, ile pracujecie, albo podejmijcie kampanię na rzecz uczynienia waszej okolicy miejscem bardziej przyjaznym dla pieszych. W miarę jak jakość waszego życia będzie się poprawiać, zaczniecie stawiać sobie pytanie, które sam często sobie zadaję: dlaczego nie zwolniłem wcześniej?

Krok po kroku uwalniam się od uzależnienia od szybkości. Czas nie jawi się już jako okrutny i nieprzebłagany tyran. Pomaga mi w tym praca wolnego strzelca, podobnie jak medytacja i chowanie zegarka do szuflady. Częściej gotuję, czytam i wyłączam telefon komórkowy. Zasadę głoszącą, że mniej znaczy więcej, zastosowałem do swoich hobby – koniec z tenisem póki moje dzieci nie podrosną – dzięki czemu presja, by pędzić ,straciła na sile. Aby opanować odruch przyspieszania, wystarczy, że przypomnę sobie, że szybkość nie jest zawsze najlepszą strategią, a pośpiech bywa często bezcelowy lub wręcz przynosi efekt przeciwny do zamierzonego. Za każdym razem, kiedy przyłapię się na tym, że spieszę się dla samego pośpiechu, staję, biorę głęboki oddech i myślę: „Nie ma powodu, żeby gnać. Wyluzuj. Zwolnij".

Ludzie wokół mnie dostrzegają różnicę. Kiedyś jako bojownik na rzecz szybkości i skuteczności nie znosiłem ogonków w supermarketach, a szczególnie kobiet grzebiących powoli w portmonetkach w poszukiwaniu 294 dokładnej kwoty. Dziś nie mam z tym problemu. Nie ponosi mnie nawet wtedy, gdy inne kolejki zdają się przesuwać szybciej. Nie gryzę się już „zmarnowanymi" sekundami i minutami. Podczas niedawnej wyprawy na zakupy zdarzyło mi się wręcz przepuścić stojącego za mną mężczyznę, który miał mniej rzeczy w koszyku. Żona była w szoku. „Naprawdę zwalniasz" – powiedziała z uznaniem.

Kiedy zabierałem się do pisania tej książki, prawdziwym testem na spowolnienie miało być to, czy zdołam wyrugować pośpiech z lektury bajek na dobranoc. Wieści są pomyślne. Dziś mogę przeczytać kilka książeczek za jednym posiedzeniem i ani przez chwilę nie martwi mnie upływ czasu, ani nie czuję pokusy, by pominąć stronę. Czytam powoli, smakując każde słowo, zmieniam głos w zależności od sytuacji i robię stosowne miny. Mój syn, który ma dziś cztery lata, uwielbia to. Czas czytania nie jest już wojną na słowa, lecz spotkaniem umysłów. Dawne pojedynki „Chcę więcej!" kontra „Nie, wystarczy!" odeszły w przeszłość.

Pewnego wieczoru, niedawno, wydarzyło się coś wyjątkowego. Położyłem się obok syna, żeby poczytać mu długą baśń o olbrzymie. Miał wiele pytań, więc wyjaśnienie wątpliwości zajęło sporo czasu. Później przeczytałem jeszcze dłuższą historię, tym razem o smoku i synu gospodarza. Zamknąłem książkę na ostatniej stronie i nagle uświadomiłem sobie, że choć nie mam pojęcia, jak długo czytałem – piętnaście minut, pół godziny, może więcej – to z przyjemnością mogę kontynuować. Nie w głowie były mi już Jednominutowe Bajki na Dobranoc. Spytałem syna, czy chce, żeby mu jeszcze poczytać.

– Tatusiu, myślę, że na dzisiaj już wystarczy bajek – powiedział, trąc oczy. – Właściwie to jestem dosyć zmęczony.

Pocałował mnie w policzek i wsunął się pod kołdrę. Przykręciłem światło nocnej lampki i wyszedłem z pokoju. Idąc powoli po schodach w dół, uśmiechałem się.

Podziękowania

Nie byłbym w stanie napisać tej książki, gdyby nie pomoc wielu osób.

Moje poszukiwania dotyczące ruchu powolnościowego zaczęły się od serii artykułów dla „National Post": jestem wdzięczny mojemu ówczesnemu redaktorowi naczelnemu z tamtej gazety, Johnowi Geigerowi. Napisanie tej książki umożliwiły sprawność i obrotność mojego agenta Patricka Welsha. Michael Schellenberg był doskonałym redaktorem, cierpliwym, wnikliwym i sumiennym. Louise Dennys i Angelika Glover z Knopf Canada, Gideon Weil z HarperCollins San Francisco i współredaktorka Sue Sumeraj również pomogli nadać kształt tej książce.

Mam dług wdzięczności wobec setek osób, które poświęciły czas, aby podzielić się ze mną swoimi historiami, poglądami i doświadczeniem. Tylko część z nich została wymieniona w książce, ale każdy wywiad przynosił nową, cenną wiedzę. Specjalne podziękowania niech zechcą przyjąć: Lou Abato, Danira Caleta, Jeff Crump, Diane Dorney, Kyoko Goto, Kathy Hirsh-Pasek, Uwe Kliemt, George Popper, Carlo Petrini i cała ekipa Slow Food, Val Sampson, Alberto Vitale i Gabriele Wulff.

Chciałbym podziękować moim rodzicom za dodawanie mi odwagi i za pomoc w nadaniu książce ostatecznego szlifu. Przede wszystkim jestem wdzięczny mojej żonie, Mirandzie France, za hojne wsparcie, za jej dryg do słów i dar widzenia śmiesznej strony w różnych rzeczach.

297

ODWOŁANIA

WSTĘP • WŚCIEKŁE CZASY

- „CHOROBA NIEDOCZASU": Larry Dossey, *Space, Time and Medicine*, Shambhala Publications, Boston 1982.

- WEWNĘTRZNA PSYCHOLOGIA PRĘDKOŚCI: mój wywiad z Guyem Claxtonem z lipca 2002 roku.

- KAMEI SHUJI: Scott North, *Karoshi and Converging Labor Relations in Japan and America*, „Labor Center Reporter" 302.

- AMFETAMINA W MIEJSCU PRACY: w oparciu o testy przeprowadzane w miejscach pracy przez Quest Diagnostics w 2002 roku.

- SIEDEM PROCENT HISZPANÓW ROBI SOBIE SJESTĘ: przytoczone w „Official Journal of the American Academy of Neurology" (czerwiec 2002).

- PRZEMĘCZENIE I KATASTROFY: Leon Kreitzman, *The 24-hour Society*, Profile Books, London 1999, s. 109.

- ROCZNIE GINIE PONAD 40 TYSIĘCY LUDZI: dane Komisji Europejskiej.

- TO, CO MUZYCY NAZYWAJĄ *TEMPO GIUSTO*: Percy A. Scholes, *Oxford Companion to Music*, Oxford University Press, Oxford 1997, s. 1018.

1 RÓB WSZYSTKO SZYBCIEJ

- MNISI BENEDYKTYŃSCY: Jeremy Rifkin, *Time Wars: The Primary Conflict in Human History*, Touchstone, New York 1987, s. 95.

- UVATIARRU: Jay Griffiths, *Boo to Captain Clock*, „Internationalist" 342, marzec 2002.

- ZEGAR Z KOLONII: Gerhard Dorn-Van Rossum, *History of the Hour: Clocks and Modern Temporal Orders*, University of Chicago Press, Chicago 1996, s. 234-235.

- LEON ALBERTI: Allen C. Bluedorn, *The Human Organization of Time: Temporal Realities and Experience*, Stanford University Press, Stanford 2002, s. 227.

- OPRACOWANIE STANDARDOWEGO CZASU DLA CAŁEGO ŚWIATA: Clark Blaise, *Time Lord: The Remarkable Canadian Who Missed His Train, and Changed the World*, Knopf, Toronto 2000.

- LANSOWANIE PUNKTUALNOŚCI JAKO OBOWIĄZKU OBYWATELSKIEGO: Robert Levine, *A Geography of Time: The Temporal Adventures of a Social Psychologist*, Basic Books, New York 1997, s. 67-70.

- FREDERICK TAYLOR: tamże, s. 71-72.

- POWSZEDNIENIE PRĘDKOŚCI: Mark Kingwell, *Fast Forward: Our High-Speed Chase to Nowhere*, „Harper's Magazine", maj 1998.

- PIĘĆSET MILIONÓW NANOSEKUND: Tracy Kidder, *The Soul of a New Machine*, Little, Brown, Boston 1981, s. 137.

2 POWOLNE JEST PIĘKNE

- SZKODLIWE SKUTKI SZYBKOŚCI: Stephen Kern, *The Culture of Time and Space, 1880-1918*, Harvard University Press, Cambridge, MA 1983, s. 125-126.

- „TWARZ ROWEROWA": tamże, s. III.

3 JEDZENIE: WYRZUCIĆ SZYBKOŚĆ OD STOŁU

- PRZECIĘTNY POSIŁEK W MCDONALDZIE TRWA JEDENAŚCIE MINUT: Nicci Gerrard, *The Politics of Thin*, „The Observer", 5 stycznia 2003.

- POSIŁKI W GRONIE BLISKICH OSÓB SĄ ZBYT WOLNE: Margaret Visser, *The Rituals of Dinner: the Origins, Evolutions, Eccentricities, and Meaning of Table Manners*, HarperCollins, New York 1991, s. 354.

- ŚWINIE ROSNĄ SZYBCIEJ: Barbara Adam, *Timescapes of Modernity: The Environment and Invisible Hazards, Global Environmental Change*, Routledge, New York 1998.

- ŁOSOSIE ROSNĄ SZYBCIEJ: James Meek, *Britain Urged to Ban GM Salmon*, „The Guardian", 4 września 2002.

- 30 RÓŻNYCH DAŃ OD TADA: Eric Schlosser, *Kraina Fast Foodów: ciemna strona amerykańskich dań*, przeł. Lech Niedzielski, Muza, s. 206.

- *RESTAURATION RAPIDE*: Adam Sage, *Au Revoir to the Leisurely Lunch*, „Times" (wydanie londyńskie), 16 października 2002.

- ZARAŻENIE *ESCHERICHIA COLI* PRZEZ HAMBURGERY: Eric Schlosser, *Kraina fast Foodów*, dz. cyt., s. 351-354.
- SPADA LICZEBNOŚĆ ODMIAN KARCZOCHA: dane pochodzące od Renato Sarda, dyrektora Slow Food International, cytowane przez Annę Muoio w: *We All Go to the Same Place. Let Us Go There Slowly*, „Fast Company", 5 stycznia 2002.
- CUKRY *YACÓN* NIE ULEGAJĄ METABOLIZMOWI: National Research Council, *Lost Crops of the Incas: Little Known Plants of the Andes with Promise for Worldwide Cultivation*, National Academy Press, Washington, DC 1989, s. 115.
- BIZNES LUNCH TRWA TRZYDZIEŚCI SZEŚĆ MINUT: na podstawie ankiety czasopisma „Fast Company".
- PLEMIĘ KWAKIUTLÓW O SZYBKIM JEDZENIU: Margaret Visser, *Rituals of Dinner*, dz. cyt., s. 323.
- PATRICK SEROG O JEDZENIU POWOLI: Adam Sage, *Au Revoir*, dz. cyt.
- WŁOSKI TELEFON KOMÓRKOWY I WYDATKI NA JEDZENIE: wywiad z Carlo Petrinim, „New York Times", 26 lipca 2003.

4 MIASTO: TAM GDZIE STARE STAPIA SIĘ Z NOWYM

- 1500 OSÓB TYGODNIOWO UCIEKA Z BRYTYJSKICH MIAST: na podstawie raportu *Social and Economic Change and Diversity in Rural England* opracowanego przez Rural Evidence Research Centre.
- MIEJSKA POLITYKA CZASU: Jean-Yves Boulin, Ulrich Muckenberger, *Times in the City and Quality of Life*, European Foundation for the Improvement of Living and Working Conditions, Brussels 1999.
- WOJNA Z HAŁASEM W EUROPIE: Emma Daly, *Trying to Quiet Another City That Barely Sleeps*, „New York Times", 7 października 2002.
- RUCH SAMOCHODOWY A STAN WSPÓLNOTY LOKALNEJ: Donald Appleyard, profesor urbanistyki na Uniwersytecie Kalifornijskim w Berkeley przeprowadził w 1970 roku pionierskie badania na ten temat.
- NAPŁYW LUDNOŚCI NA PRZEDMIEŚCIA TRACI NA SILE: Philip J. Longman, *American Gridlock, US News and World Report*, 28 maja 2001.
- NAJPRZYJEMNIEJ MIESZKA SIĘ W PORTLAND: Charles Siegel, *Slow Is Beautiful: Speed Limits as Political Decisions on Urban Form*, Preservation Institute Policy Study, Berkeley 1996.

5 CIAŁO/UMYSŁ: *MENS SANA IN CORPORE SANO*

• RELAKS POPRZEDZA POWOLNE MYŚLENIE: Guy Claxton, *Hare Brain, Tortoise Mind: Why Intelligence Increases When You Think Less*, Fourth Estate, London 1997, s. 76-77.

• NAJWYBITNIEJSZE UMYSŁY MYŚLĄ POWOLI: tamże, s. 4

• MEDYTACJA TRANSCENDENTALNA ZMNIEJSZA RYZYKO HOSPITALIZACJI: wyniki pięcioletnich badań przeprowadzonych na dwóch tysiącach osób w różnych miejscach w Stanach Zjednoczonych, opublikowane w „Psychosomatic Medicine" 49 (1987).

• GRAĆ „JAK W TRANSIE": Robert Levine, *A Geography of Time*, dz. cyt., s. 33-34.

• 15 MILIONÓW AMERYKANÓW UPRAWIA JOGĘ: na podstawie badań przeprowadzonych przez Harris Interactive Service Bureau dla „Yoga Journal" w 2003 roku.

• CHODZENIE ZAJMUJE WIĘCEJ CZASU...: Edward Abbey, *The Journey Home: Some Words in Defense of the American West*, Dutton, New York 1977, s. 205.

• TRENING *SUPERSLOW* PODNOSI POZIOM HDL: tekst przekazany portalowi health101.org przez dr. Philipa Alexandra, dyrektora personelu medycznego w College Station Medical Center Faculty przy Wydziale Medycznym Texas A&M University.

6 CIERPLIWOŚĆ W POCZEKALNI

• „BEEPER MEDICINE": James Gleick: *Szybciej: przyspieszenie niemal wszystkiego*, przeł. Jacek Bieroń, Zysk i S-ka, Wrocław 2003, s. 92.

• BADANIA NAD PŁODNOŚCIĄ W 2002 ROKU: przeprowadzone przez Davida Dunsona z National Institute of Environmental Health Sciences w Północnej Karolinie, zawierające zbiór danych z siedmiu europejskich miast.

• LEKARZE OFERUJĄCY LECZENIE ZA POMOCĄ CAM LICZNIEJSI NIŻ LEKARZE PIERWSZEGO KONTAKTU: dane ogłoszone w 1998 roku przez British Medical Association.

7 SEKS: NIE BĄDŹ TAKI SZYBKI BILL

• PÓŁ GODZINY W TYGODNIU NA SEKS: badania z 1994 roku przeprowadzone przez naukowców z Uniwersytetu w Chicago. Cytowane w: James Gleick, *Szybciej*, dz. cyt., s. 134.

• DZIEŃ DOBRY, BARA-BARA, DZIĘKUJĘ: zob. Judith Mackay, *The Penguin Atlas of Human Sexual Behavior*, Penguin Books, New York 2000, s. 20.

- ARVIND I SHANTA KALE: cytowani w: Val Sampson, *Tantra: The Art of Mind-Blowing Sex*, Vermilion, London 2000, s. 112.

- PROBLEMY MAŁŻEŃSKIE SZKODZĄ WYDAJNOŚCI: Melinda Forthofer, Howard Markman, Martha Cox, Scott Stanley, Ronald Kessler, *Association Between Marital Distress and Work Loss in a National Sample*, „Journal of Marriage and the Family" 58 (sierpień 1996), s. 597.

8 PRACA: DLACZEGO WARTO LŻEJ PRACOWAĆ

- BENJAMIN FRANKLIN O KRÓTSZYM CZASIE PRACY: John De Graaf, David Wann, Thomas H. Naylor, *Affluenza: The All Consuming Epidemic*, Berrett-Koehler, San Francisco 2001, s. 129.

- PROGNOZA GEORGE'A BERNARDA SHAWA: z wykładu Benjamina Kline'a Hunnicutta podczas: Symposium on Overwork; Causes and Consequences w Baltimore, MA, 11-13 marca 1999.

- RICHARD NIXON I CZTERODNIOWY TYDZIEŃ PRACY: Dennis Kaplan, Sharon Chelton, *Is It Time to Dump the Forty-Hour Week?*, „Conscious Choice", wrzesień 1996.

- SENAT USA ZAPOWIADA, ŻE BĘDZIE SIĘ KRÓCEJ PRACOWAĆ: De Graaf i in., *Affluenza*, dz. cyt., s. 41.

- AMERYKANIE PRACUJĄ TYLE SAMO...: według liczb podawanych przez Międzynarodową Organizację Pracy oraz Organizację Współpracy Gospodarczej i Rozwoju, liczba godzin przepracowywanych przez Amerykanów wzrosła między 1980 a 2000 rokiem, a następnie nieco zmalała wraz z zastojem gospodarczym.

- STATYSTYCZNY AMERYKANIN PRACUJE O 350 GODZIN DŁUŻEJ: John De Graaf, strona inicjatywy Dzień Odzyskiwania Czasu: www.timeday.org.

- USA PRZEŚCIGNĘŁY JAPONIĘ POD WZGLĘDEM CZASU PRACY: dane Międzynarodowej Organizacji Pracy.

- JEDEN NA PIĘCIU TRZYDZIESTOKILKULETNICH BRYTYJCZYKÓW: na podstawie krajowej ankiety poświęconej przepracowaniu, zamówionej w 2002 roku przez brytyjskie Ministerstwo Handlu i Przemysłu i czasopismo „Management Today".

- MARILYN MACHLOWITZ O PRACOHOLIZMIE: Matthew Reiss, *American Karoshi*, „New Internationalist" 343 (marzec 2002).

- PONAD 15% KANADYJCZYKÓW U PROGU SAMOBÓJSTWA: na podstawie badań przeprowadzonych przez Ipsos-Reid w 2002 roku.

- Wydajność pracowników z Belgii, Francji i Norwegii: dane dotyczące wydajności pracy na godzinę w oparciu o statystyki zaczerpnięte z raportu Międzynarodowej Organizacji Pracy z 2003 roku.

- 70% badanych chciałoby lepszej równowagi praca-życie: ankieta ogłoszona w 2002 roku przez Andrew Oswalda z Warwick University w Wielkiej Brytanii i Davida Blanchflowera z Dartmouth College w USA.

- Pokolenie Fureeta: Robert Whymant, magazyn „Times" (wydanie londyńskie), 4 maja 2002.

- Statystyczny Niemiec pracuje 15% krócej: na podstawie danych Międzynarodowej Organizacji Pracy.

- Przełomowa ankieta na temat 35-godzinnego tygodnia pracy: przeprowadzona przez CSA (Conseil Sondages Analyses) na zlecenie czasopisma „L'Expansion" (wrzesień 2003).

- Japonia bada „model holenderski": Asako Murakami, *Work Sharing Solves Netherlands' Woes*, „Japan Times", 18 maja 2002.

- Wolą krócej pracować niż wygrać na loterii: na podstawie krajowej ankiety poświęconej przepracowaniu, zamówionej w 2002 roku przez brytyjskie Ministerstwo Handlu i Przemysłu i czasopismo „Management Today".

- Dwukrotnie wyższa liczba Amerykanów wybrałaby urlop: ankieta przeprowadzona przez Yankelovich Partners, Inc.

- Kanadyjczycy pracujący mniej mają więcej pieniędzy: ankieta przeprowadzona przez związek zawodowy Communications, Energy and Paperworkers Union of Canada.

- Projekt pilotażowy w sieci hoteli Marriott: Bill Munck, *Changing a Culture of Face Time*, „Harvard Business Review" (listopad 2001).

- Donald Hensrud: Anne Fisher, *Exhausted All the Time? Still Getting Nowhere?*, „Fortune", 18 marca 2002.

- Niedawne badania przeprowadzone przez NASA: Jane E. Brody, *New Respect for the Nap, a Pause That Refreshes*, „Science Times", 4 stycznia 2000.

- Churchill o drzemce: Walter Graebner, *My Dear Mister Churchill*, Michael Joseph, London 1965.

9 WYPOCZYNEK: DOBRZE BYĆ WYPOCZĘTYM

- NAJWYŻSZA FORMA WYPOCZYNKU WG PLATONA: Joseph Pieper, *Leisure: The Basis of Culture*, St Augustine's Press, South Bend, IN 1998, s. 141.

- PONAD CZTERY MILIONY AMERYKANÓW: dane pochodzące od Craft Yarn Council of America.

- UMYSŁOWY EKWIWALENT ĆWICZEŃ *SUPERSLOW*: przytoczone za blogiem Cecilii Howard Cloudwatcher: <www.morelife.org/cloudwatcher/cloudwatch_112001.html>.

- LISZT GRAŁ *PRESQUE UNE HEURE*: Grete Wehmeyer, *Prestissimo: die Wiederentdeckung der Langsamkeit in der Musik*, Rowolth, Hamburg 1993.

- MOZART ROZJUSZONY TEMPEM: Uwe Kliemt, *On Reasonable Tempi*, esej opublikowany na stronie ruchu Tempo Giusto: <www.tempogiusto.de>.

- BEETHOVEN O WIRTUOZACH: tamże.

- RICHARD ELEN: recenzja opublikowana na stronie: <www.audiorevolution.com>.

- ORKIESTRY GRAJĄ DUŻO GŁOŚNIEJ: Norman Lebrecht, *Turn it Down!*, „Evening Standard", 21 sierpnia 2002.

10 DZIECI: WYCHOWANIE BEZ ZADYSZKI

- NIEWYSPANYM DZIECIOM TRUDNIEJ ZNALEŹĆ KOLEGÓW: Samantha Levine, *Up Too Late*, „US News and World Report", 9 września 2002.

- ZEMSTA POŁUDNIOWOAZJATYCKIEJ ETYKI PRACY: *Asian Schools Go Back to the Books*, „Time", 9 kwietnia 2002.

- FINLANDIA REGULARNIE NA SZCZYCIE ŚWIATOWYCH RANKINGÓW: John Crace, *Heaven and Helsinki*, „The Guardian", 16 września 2003.

ZAKOŃCZENIE • ODNALEŹĆ *TEMPO GIUSTO*

- CAŁA ŻYCIOWA WALKA: fragment mojego wywiadu ze Stenem Nadolnym z 2003 roku.

- NIESAMOWITY PROFETYZM POWIEŚCI *DAREMNOŚĆ*: Stephen Kern, *The Culture of Time and Space...*, dz. cyt., s. 110.

Bibliografia

Prowadząc badania nad szybkością, przeczytałem wiele książek i artykułów. Poniżej te z nich, które się wyróżniały. Część z nich to teksty naukowe, większość jednak jest skierowana do zwykłego czytelnika. Dalej znajduje się lista pożytecznych stron internetowych. Są one dobrym miejscem, by zacząć poznawanie korzyści płynących z powolności i by nawiązywać kontakty z ludźmi, którzy postanowili zwolnić.

Książki[1]

Blaise Clark, *Time Lord: The Remarkable Canadian Who Missed His Train, and Changed the World*, Knopf Canada, Toronto 2000.

Bluedorn Allen C., *The Human Organization of Time: Temporal Realities and Experience*, Stanford Business Books, Stanford 2002.

Boorstin Daniel J., *Odkrywcy: dzieje ludzkich odkryć i wynalazków*, przeł. Marcin Stopa, Bertelsmann Media, Warszawa 2001.

Claxton Guy, *Hare Brain, Tortoise Mind: How Intelligence Increases When You Think Less*, Fourth Estate, London 1997.

De Graaf John, Wann David, Naylor Thomas, *Affluenza: The All-Consuming Epidemic*, Berret-Koehler, San Francisco 2001.

Gleick James, *Szybciej: przyspieszenie niemal wszystkiego*, przeł. Jacek Bieroń, Zysk i S-ka, Wrocław 2003.

Glouberman Dina, *The Joy of Burnout: How the End of the Road Can Be a New Beginning*, Hodder and Stoughton, London 2002.

Hirsch-Pasek Kathy, Michnick Golinkoff Roberta, Eyer Diane, *Einstein Never Used Flashcards: How Our Children Learn – and Why They Need to Play More and Memorize Less*, Rodale, Emmaus, PA 2003.

Hutton Will, *The World We're In*, Little, Brown, London 2002.

James Matt, *The City Gardener*, HarperCollins, London 2003.

Kern Stephen, *The Culture of Time and Space, 1880-1918*, Harvard University Press, Cambridge, MA 1983.

Kerr Alex, *Psy i demony: ciemne strony Japonii*, przeł. Tadeusz Stanek, Universitas, Kraków 2008.

---

[1] W wypadku książek przetłumaczonych na język polski, podano adres bibliograficzny przekładu.

KREITZMAN LEON, *The 24-Hour Society*, Profile Books, London 1999.

KUMMER CORBY, *The Pleasures of Slow Food: Celebrating Authentic Traditions, Flavors, and Recipes*, Chronicle Books, San Francisco 2002.

KUNDERA MILAN, *Powolność*, przeł. Marek Bieńczyk, PIW, Warszawa 1997.

LEVINE ROBERT, *A Geography of Time: The Temporal Misadventures of a Social Scientist*, Basic Books, New York 1997.

MCDONNELL KATHLEEN, *Honey, We Lost the Kids: Rethinking the Childhood in the Multimedia Age*, Second Story Press, Toronto 2001.

MEISKINS PETER, WHALLEY PETER, *Putting Work in Its Place: A Quiet Revolution*, Cornell University Press, Ithaca 2002.

MILLAR JEREMY, SCHWARTZ MICHAEL (red.), *Speed: Visions of an Accelerated Age*, The Photographers' Gallery, London 1998.

MURPHY BERNADETTE, *Zen and the Art of Knitting: Exploring the Links Between Knitting, Spirituality and Creativity*, Adams Media Corporation, Avon 2002.

NADOLNY STEN, *Odkrywanie powolności*, przeł. Sława Lisiecka, Wyd. Literackie, Kraków 1998.

OIWA KEIBO, *Powolne jest piękne*, Heibon-sha, Tokio 2001 (książka dostępna tylko po japońsku).

PETRINI CARLO, *Slow Food: Collected Thoughts on Taste, Tradition, and the Honest Pleasures of Food*, Chelsea Green Publishing, White River Jct., VT 2001.

PIEPER JOSEF, *Leisure: The Basis of Culture*, St. Augustine's Press, South Bend, IN, 1998.

PUTNAM ROBERT D., *Samotna gra w kręgle: upadek i odrodzenie wspólnot lokalnych w Stanach Zjednoczonych*, przeł. Przemysław Sadura i Sebastian Szymański, Wydawnictwa Akademickie i Profesjonalne, Warszawa 2008.

RIFKIN JEREMY, *Time Wars: The Primary Conflict in Human History*, Touchstone, New York 1987.

RUSSELL BERTRAND, *Pochwała lenistwa*, przeł. Andrzej Dominiczak, strona Towarzystwa Humanistycznego <http://humanizm.free.ngo.pl/pochwala.html>, data dostępu: 17.07.2011.

SAMPSON VAL, *Tantra: The Art of Mind-Blowing Sex*, Vermilion, London 2002.

SCHLOSSER ERIC, *Kraina fast foodów: ciemna strona amerykańskich szybkich dań*, przeł. Lech Niedzielski, Muza, Warszawa 2005.

Visser Margaret, *The Rituals of Dinner: The Origins, Evolution, Eccentricities, and Meaning of Table Manners*, Harper-Collins, New York 1991.

Czasopisma

Kingwell Mark, *Fast Forward: Our High-Speed Chase to Nowhere*, „Harper's Magazine", maj 1998.

Strony internetowe[1]
Ogólne

www.zeitverein.com (Stowarzyszenie na Rzecz Spowolnienia Czasu)

www.sloth.gr.jp (Japonia)

www.longnow.org (USA)

www.simpleliving.net (USA)

Jedzenie

www.slowfood.com (Włochy)

www.farmersmarkets.net (Wlk. Brytania)

www.localharvest.org (USA)

www.farmersmarketscanada.ca (Kanada)

Miasta

www.cittaslow.net (Powolne Miasta, Włochy)

www.homezones.org (Wlk. Brytania)

www.newurbanism.org (Ameryka Północna)

Ciało/umysł

www.tm.org (Medytacja Transcendentalna, USA)

www.internationalmeditationcentre.org (Międzynarodowe Centra Medytacji)

http://superslowzone.com/ (Ćwiczenia fizyczne, USA)

309

---

[1] Od chwili kiedy Carl Honoré skończył pisać *Pochwałę powolności* część zasobów dostępnych w Internecie zdążyła zmienić adres, a część – jak się zdaje – zniknęła definitywnie. Tam, gdzie było to możliwe, zaktualizowano adresy, w innych wypadkach (np. strony ruchu Slow Sex) zrezygnowano z przytaczania nieaktualnego linku i nie zastąpiono go żadnym innym odsyłaczem (przyp. tłum.).

MEDYCYNA

www.slowhealing.com (Wlk. Brytania)

www.haleclinic.com (Wlk. Brytania)

SEKS

www.tantra.com (USA)

www.diamondlighttantra.com (Wlk. Brytania)

PRACA

www.swt.org (strona Shorter Work Time Group, amerykańskiego ruchu na rzecz skrócenia czasu pracy)

www.worktolive.info (USA)

www.theworkfoundation.com (Wlk. Brytania)

www.worklessparty.org (Kanada)

www.timeday.org (USA)

WYPOCZYNEK

www.tvturnoff.org (USA)

http://www.ausweb.scu.edu.au/aw01/papers/edited/burnett/ (Powolne Czytanie, Kanada)

www.tempogiusto.de (Niemcy)

DZIECI

http://www.homeschool-curriculum-and-support.com/national-home-education-network.html (Edukacja domowa w USA)

www.home-education.org.uk (Wlk. Brytania)

http://www.flora.org/homeschool-ca/ (Kanada)

WYDANIE PIERWSZE • NAKŁAD 5 000 EGZ • PRINTED IN POLAND

DRZEWO BABEL

WARSZAWA, MARZEC 2012

Wyłączny dystrybutor

firma księgarska
fK
J&K Olesiejuk

www.olesiejuk.pl

Druk i oprawa:
Z.P. DRUK-SERWIS, G. GÓRSKA SP. J.
ul. Tysiąclecia 8b • 06-400 Ciechanów